今 日 人 类 学 民 族 学 论 丛
Anthropology and Ethnology Today Series

中国少数民族
非物质文化遗产调查研究

主 编◎色 音

副主编◎刘正爱 郭金良

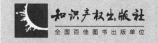知识产权出版社

全国百佳图书出版单位

图书在版编目（CIP）数据

中国少数民族非物质文化遗产调查研究/色音主编. —北京：知识产权出版社，2019.6

ISBN 978 - 7 - 5130 - 6204 - 6

Ⅰ.①中… Ⅱ.①色… Ⅲ.①少数民族—非物质文化遗产—调查研究—中国 Ⅳ.①K28

中国版本图书馆 CIP 数据核字（2019）第 069448 号

内容提要

非物质文化遗产或称无形文化遗产，是相对于物质文化遗产或有形文化遗产而言的。有形文化遗产通常是以文物的形态出现，主要指历史上的物质文化遗产；而非物质文化遗产通常指现存的民族传统文化，是以活的形态出现的，非物质文化更注重技能和知识的传承。本书挑选了基于人类学田野调查的有关少数民族非物质文化遗产的论文和调查报告，以期推动我国非物质文化遗产的学术研究。

责任编辑：冯 彤　　　　　　　责任校对：潘凤越

封面设计：张 冀　　　　　　　责任印制：孙婷婷

中国少数民族非物质文化遗产调查研究

色 音 主编

出版发行：知识产权出版社 有限责任公司		网　　址：http：//www.ipph.cn	
社　　址：北京市海淀区气象路 50 号院		邮　　编：100081	
责编电话：010 - 82000860 转 8386		责编邮箱：fengtong@ cnipr.com	
发行电话：010 - 82000860 转 8101/8102		发行传真：010 - 82000893/82005070/82000270	
印　　刷：北京建宏印刷有限公司		经　　销：各大网上书店、新华书店及相关专业书店	
开　　本：787mm×1092mm　1/16		印　　张：14.75	
版　　次：2019 年 6 月第 1 版		印　　次：2019 年 6 月第 1 次印刷	
字　　数：236 千字		定　　价：69.00 元	

ISBN 978 -7 -5130 -6204 -6

目 录

试论蒙古族非物质文化遗产的旅游开发[*]

——以成吉思汗祭奠为例

色 音[**]

一、非物质文化遗产的概念界定及基本特征

国际上对非物质文化遗产的认识和保护理念经历了几个发展阶段。以联合国为例，联合国教科文组织对无形文化遗产的认同和实践，经历了不同的阶段。早在 1950 年，联合国教科文组织就着手从事记录保存非洲及美洲大陆土著民族传统文化的工作。当时的主要目的就是在外来文化大量侵入之前及时记录和保存原住民族固有的文化，以防他们的文化传统在外来文化的影响下发生变化乃至原貌消失。出于相同的考虑，联合国教科文组织 1955 年开始在印度、缅甸、印度尼西亚、巴基斯坦等南亚和东南亚国家进行了为期四年的传统文化调查研究工作。这项工作起初（1955—1956 年）被列入联合国教科文组织的"人文科学研究事业"项目中，后来（1957—1958 年）又被列入"人类文化遗产保存事业"项目。1959 年，非洲文化同样成为人类学、民俗学的研究对象，1961 年设立了地域文化研究事业项目，亚洲、非洲、拉丁美洲等正在发生急剧变化的地域社会文化遗产的保留和发展问题成为工作的重点。这一项目主要重视民俗文化的记录、保存和研究，然而，结果是学术研究成为主流，保存工作却退居次要位置。1977—1983 年的联合国教科文组织第一次中期计划提出文化遗产由有形和无形两部分组成，然而保存事业的范

 * 本文发表在韓敏·末成道男. 中国社会的家族·民族·国家的話語及其動態——東亜人類学者的理論探索. SENRI ETHNOLOGICAL STUDIES, National Museum. 2014.
 ** 色音，中国社会科学院民族学与人类学研究所研究员。

围仍然被限定在有形遗产的范围之内。制订第二次中期计划（1984—1989年）时改变了这一状况，将文化遗产分为有形和无形两大类，并把艺术、文学、语言、口头传承、工艺、故事、神话、信仰、习惯、仪式及游戏等列入无形文化遗产的范围。从此，无形文化遗产的保护有了理论依据。在第三次中期计划（1990—1995 年）中设置了保存口头传承的工作框架。

"非物质文化遗产"或称"无形文化遗产"，是相对于"物质文化遗产"或"有形文化遗产"而言。根据联合国教科文组织 2003 年 10 月通过的《保护非物质文化遗产公约》的定义，非物质文化遗产"指被各群体、团体、有时为个人视为其文化遗产的各种实践、表演、表现形式、知识和技能及其有关的工具、实物、工艺品和文化场所。各个群体和团体随着其所处环境、与自然界的相互关系和历史条件的变化，不断使这种代代相传的非物质文化遗产得到创新，同时使他们自己具有一种认同感和历史感，从而促进了文化多样性和人类的创造力"。具体地说，非物质文化遗产包括各种类型的民族传统和民间知识，包括五个方面：①口头传说和表述，包括作为非物质文化遗产媒介的语言；②表演艺术，包括音乐、舞蹈、戏剧、曲艺等；③社会风俗、礼仪、节庆；④有关自然界和宇宙的知识和实践；⑤传统的手工艺技能。❶

非物质文化遗产有三个基本特征。

一是相对性。非物质文化与物质文化或科技文化不同，具有明显的相对性。每一个民族的非物质文化都有其独特的价值，都是适应本民族生存环境的体系。一切非物质文化的价值都是相对的，绝对的价值标准是不存在的。例如，风俗习惯、宗教信仰、音乐、舞蹈等，没有优劣之分，高低之别。

二是活态性。物质文化遗产通常是以文物的形态出现，主要是指历史上的物质文化遗产。而非物质文化遗产通常是指现存的民族传统文化，是以活的形态出现的，与人本身是密不可分的，是以人为本的活态文化。非物质文化更注重的是技能和知识的承传，它是人类历史发展过程中各国或各民族的生活方式、智慧与情感的活的载体，是活态的文化财富。

三是大众性。非物质文化的载体是民族或族群，它属于该民族或该族群

---

❶ 联合国教科文组织：《保护非物质文化遗产公约》第一章"总则"第 2 条，2003 年 10 月 17 日。引自向云驹. 人类口头和非物质文化遗产［M］. 宁夏：宁夏人民教育出版社，2004.

全体成员，是满足广大人民大众需要的文化，具有很强的大众性。任何一种非物质文化遗产都离不开特定的民族或族群，否则它就无法传承和发展。历史上许多民族的文化没有得到传承和延续，主要是因为承载该文化的民族在历史上消失，被其他民族同化或融合❶。

尽管非物质文化遗产的保存和保护事业被纳入联合国教科文组织的工作框架之内，但由于非物质文化遗产的评价、认定标准较模糊，所以各国在具体实施过程中难免遇到各种实际困难。

二、作为非物质文化遗产的成吉思汗祭奠

随着各国非物质文化遗产保护工作的进展，对非物质文化遗产的认识也在不断深入，非物质文化遗产已经开始由一种单纯、静态的"遗产保护"逐步走向一种动态的"资源化"的高度。高丙中在《非物质文化遗产：作为整合性的学术概念的成型》一文中提到，"正面界定非物质文化遗产潜在价值的一个关键概念是'资源'，在各种具体的论述中常常用作'人文资源''民俗资源'。'资源开发'是由此衍生的一个概念。较多的研究涉及的非物质文化遗产的资源开发主要是民俗旅游"❷。

面对国家文化事业的发展保护政策，成吉思汗陵也经历一个不断响应国家政策调整发展思路的变迁，"随着中国社会的进步，改革开放的深入，成吉思汗陵于 1985 年向国内外打开了封闭几百年的大门，而且通过逐步的扩建，到 1985 年，建设了 99 级台阶式步道、仿元门庭、牌楼，种植了大量树木，完成第一批壁画，使陵园基本具备了接待游客的条件。1985 年 5 月 1 日，中国共产党伊克昭盟委员会和伊克昭盟行政公署决定将成吉思汗陵对外开放。从此，成吉思汗陵旅游事业迈出了第一步"❸。此后，成吉思汗陵先后得到了多次大规模的扩建，先后荣获内蒙古自治区"文明旅游景区示范点""中国旅游胜地四十佳"、全国首批"国家 AAAA 级旅游景区"的称号。

进入 21 世纪，作为一个较早的国家重点文物保护单位，在发展现代旅游

---

❶ 何星亮. 非物质文化遗产的保护与民族文化现代化［J］."文化遗产与民族服饰"学术研讨会会议文集，2004.

❷ 高丙中. 非物质文化遗产：作为整合性的学术概念的成型［J］. 河南社会科学，2007.

❸ 旺楚格. 成吉思汗陵［M］. 呼和浩特：内蒙古人民出版社，2004：248.

业的同时，也加入国家非物质文化遗产保护的行列。2003 年，成吉思汗祭奠作为蒙古族代表性的民族文化经典登上了第一批国家非物质文化遗产保护的殿堂。

成吉思汗祭奠，是指成吉思汗八白室和苏勒德等成吉思汗所有圣物祭奠的总称。古老神秘的成吉思汗祭祀是蒙古民族最高祭祀形式，是蒙古民族原始文化的代表和蒙古民族文化的源头，对蒙古民族文化的形成和发展起了决定性的作用，是人类珍贵的文化遗产。❶

成吉思汗于 1227 年病逝至今 700 多年来，对他的祭奠活动在草原上一代接一代地进行着。据记载，成吉思汗的各种祭奠活动每年要进行 30 多次，这些祭奠都有不同的时间、方式和祭品。过去，由于受逐水草而居的游牧生活方式所限，加之成吉思汗圣物分散在鄂尔多斯各地，所以祭奠活动也分散在各地举行。1955 年，当地政府征得守陵的达尔扈特人和蒙汉同胞的同意，将分散在伊克昭盟（今鄂尔多斯市）各旗的成吉思汗画像、苏勒德、宝剑、马鞍等圣物集中到成吉思汗陵所在地，并把各种祭奠活动适当集中，分别在每年的农历三月廿一、五月十五、八月十二和十月初三举行一年四次的大祭。祭祀形式独特、内容丰富、内涵深刻，既包括了蒙古民族对天地自然的敬畏，也体现了蒙古民族对成吉思汗伟人精神的崇拜，是蒙古族传统文化的集中体现。包括一年的四次大祭在内，成吉思汗祭奠每年进行 30 多次，每次祭奠都有其特定的内容、程序和时间，700 多年不变，一直延续至今。每到祭日，牧民们不远千里而来，将纯洁的奶食、酥油、马奶酒、肥硕的羊背子等圣洁的祭品摆放在成吉思汗灵柩前，虔诚地祈祷大汗保佑风调雨顺、五谷丰登、六畜兴旺，达尔扈特人高颂着"圣主颂"等古老的祭文。整个祭奠庄严肃穆，散发着浓浓的民族文化气息。

成吉思汗陵的核心——成吉思汗祭奠是在蒙古族原始的萨满教、大自然信仰和蒙古族古老制度文化的基础上形成的全体蒙古民族共同信仰的精神民俗，是全体蒙古族的集体心理习惯，是成吉思汗八白室和苏勒德等成吉思汗所有圣物祭奠的总称。而作为被列为国家非物质文化遗产的成吉思汗祭祀，这里的非物质是一个相对的概念，指"重点保护的是物质因素承载的非物质

---

❶ 旺楚格. 论成吉思汗祭祀对蒙古族文化的影响 [J]. 成吉思汗研究, 2007 (1)：35.

的、精神的因素，多数非物质文化遗产都是以物质为依托，通过物质的媒介或载体反映出了其精神、价值、意义"❶。成吉思汗祭祀文化的非物质部分仅是从祭祀仪式而论，而整个仪式的举行是离不开物质的承载，从仪式本身来看"仪式表述也是某种超越仪式中的单一主题、人物、器具等独立功能的整体效应"❷。由此可见，作为物质部分的器物、器具等物质性的存在物，是整个非物质性的仪式存在的重要依托物，是仪式得以展开的前提和基础。因此，作为蒙古族精神民俗文化集中体现的成吉思汗祭奠既不是单纯的非物质性的文化也不是物质性的单一存在，而是物质文化与精神文化的结合体。

三、旅游业背景下的成吉思汗祭奠

现在的成吉思汗陵不仅是国家重点文物保护单位、国家非物质文化遗产保护的重点对象，同时也是现代著名的人文景观、旅游胜地，是发展民族旅游业的依托资源。成吉思汗陵具有非常珍稀的文化价值和资源优势，借助现代旅游业以文化为依托的产业性质，依托成吉思汗陵深厚的民族文化底蕴，可以促进民族地区的经济发展。但是，"成吉思汗陵的主体文化是对成吉思汗的祭祀和供奉，这种神圣的文化内涵，虽然具有旅游资源的世界性、唯一性，是蒙古民族朝拜的圣地，但是很难形成除拜谒观光旅游以外的旅游项目，经过审慎的探索与论证，东联集团将成吉思汗祭祀文化做了放大和延伸，将新建的旅游区的文化主题明确定位为'成吉思汗文化'。将成吉思汗的军事、政治思想以及他缔造的蒙古族辉煌历史与文化，从旅游文化的角度加以全方位的诠释"❸。这也是现代化发展过程中对成吉思汗陵文化遗产的延伸和利用。

成吉思汗陵有形民俗文化遗产构成了富有古老和现代蒙古族文化为一体的成吉思汗陵文化景观，祭祀活动和达尔扈特人作为活的文化载体又使成吉思汗陵成为一个富有生命力的、活的文化空间。这样，既形成了一个完整的祭祀现象，也形成了一个完整的旅游景观。其中达尔扈特人是一个重要的组成部分，成吉思汗陵没有达尔扈特人就没有了祭祀文化，该旅游点缺少了达尔扈特人也就成为一个没有活力的静态的景观或博物馆。旅游景观满足了游

---

❶ 王文章. 非物质文化遗产概论［M］. 北京：文化艺术出版社，2006：49.
❷ 彭兆荣. 人类学仪式的理论与实践［M］. 北京：民族出版社，2007：29.
❸ 杨勇. 弘扬成吉思汗文化，打造文化旅游品牌［J］. 鄂尔多斯旅游，2008（3）.

客参观游览的需求，祭祀活动在其中的举行，达尔扈特人在与游客的不断接触中不仅提升了"文化自觉"的意识，也在保持传统文化的同时满足了部分游客深度旅游体验的需求，从而更好地调和了全球化背景下旅游业发展与传统文化保护的矛盾。

旅游业对促进经济发展、传承和保护非物质文化遗产做出了贡献，但是，同时也对非物质文化遗产人文生态环境造成了严重"污染"，人文生态环境污染成为目前除自然消亡原因外，造成非物质文化遗产被破坏的又一重大原因。

具有特色的民俗风情是非物质文化遗产旅游开发的重要内容，祭祀民俗这一标志性民俗事项最能体现一个民族的风土人情和民族意识。这些"非常民俗"既具有一般民俗的特点，又具有其"非常"之处：严格的礼仪禁忌，特别是宗教祭祀具有神圣性、严肃性、民族性。但是，成吉思汗陵成为旅游景点后，经常向游客表演祭祀仪式等节目，这些"非常民俗"的日常化、表演化虽然获得了一定的经济报酬，但是给旅游地带来的负面影响较大。不按民族宗教习俗办事，把一些少数民族不愿意展示的文化要素商业化，如果涉及某些敏感的内容，就很容易伤害民族自尊和宗教感情，甚至影响民族团结，升级为民族矛盾。"某些可能会引起旅游者强烈兴趣的信息，也许在文化上是十分敏感的或者不适宜向旅游者提供的，尽管它们有着潜在的吸引力"[1]，所以，"对于那些比较严肃的祭祀礼仪、宗教、婚俗，我们还是尽量避免过分商业炒作，以确保这类遗产的严肃性和纯真性"[2]，"民族宗教无小事"，这是个很严峻的问题，对旅游开发者来说是一个考验。

非物质文化遗产旅游中人文生态环境的污染正在加快非物质文化遗产消逝的速度，同时，消耗着形成民族凝聚力的源头活水，弱化文化和民族认同，另外，将制约旅游业的可持续发展。文化遗产保护和开发利用之间的矛盾，一直是令人纠结的一道难题。如何促进二者协调发展，是一大问题，矛盾升级，甚至恶化，难以两全的时候，如何分出谁先、谁后，是需要探索破解的最大难题。问题产生的原因错综复杂，但笔者认为问题的根源在于理论认识上的片面性，导致价值观偏差，由此，政策、制度制订以及执行发生相应的

---

[1] ［加］Bob McKcrcher，［澳］Hilary du Cros. 文化旅游与文化遗产管理［M］. 天津：南开大学出版社，2006：99.

[2] 苑利，顾军. 非物质文化遗产的产业化与商业化经营［J］. 河南社会科学，2009 (7)：21.

偏差。因此，从长远着眼，政府和社会各界应当深化和强化理论认识，为科学制订政策和制度提供正确的理论依据，同时，配套有效的管理机制，这才是解决问题的根本之道。

非物质文化遗产旅游开发中人文生态环境污染问题的产生源于对"现代化"和"发展"理论认识的片面、模糊导致的价值观异化，非物质文化遗产旅游开发本质上就是保护与"现代化"和"发展"的问题。在文化遗产保护和开发的问题上，要正确把握"现代化"和"发展"的目标、本质和思想精髓，以此作为处理保护和开发矛盾的思想指南和相关制度、政策的制订依据，非物质文化遗产保护和旅游开发才可能逐步朝着可持续的方向发展。

在民俗旅游日渐成为各地尤其是民族地区发展民族经济的依靠力量之时，非物质文化遗产，一个全世界掀起的新的文化保护热潮又与现代民俗旅游的发展产生新的理论碰撞和现实的交锋。我们主张文化遗产保护和旅游业发展共赢，因此，提出了保护优先、合理开发，或者在保护中开发的开发利用原则。

任何民族对待自己传统文化和文化遗产的态度往往是较复杂的。既想保存传统文化，又想发展传统文化是各民族中普遍存在的矛盾心理。然而所谓的"传统"都是在社会历史发展的过程中逐渐形成的，任何民族的传统文化都是在不断创新的过程中逐步累积而形成的。把传统文化看作停滞不前、一成不变的观念本身是一种错误的观念，在文化遗产保护的实践中应不断克服这种固有观念，用发展的观念对待"活态文化遗产"，不能够以"保存""保护"的名义阻挡或阻碍一些民族和相关族群的传统文化的合理发展。所以在今后的"活态文化遗产"保护工作中，各地各级政府以及有关部门应根据不同的情况和条件，采取灵活多样的方式和政策，将传统的保存方式和新型的保存方式有机地结合在一起，并在实际的运作过程和工作实践中根据具体情况不断地调整和改进保存方式和保护模式，这样才能够达到既要保存和保护，又要开发和发展的"一举多得"的最终目的。

人类学视野下的非物质文化遗产研究[*]

——以台江苗族姊妹节为例

彭雪芳[**]

一、人类学对非物质文化遗产研究的重要性

根据联合国教科文组织颁布的《保护非物质文化遗产公约》，非物质文化遗产是指：被各社区、群体，有时是个人，视为其文化遗产组成部分的各种社会实践、观念表述、表现方式、知识、技能，以及与之相关的工具、实物、手工艺品和文化场所。

中国是世界上非物质文化遗产项目最多的国家之一，少数民族丰富多彩的非物质文化遗产是中国"非遗"宝库的重要组成部分。然而，在经济全球化的背景下，在少数民族地区现代化建设的过程中，如何保护非物质文化遗产成为一个不容忽视的问题。近年来，少数民族非物质文化遗产的保护引起了我国各级政府的高度重视，也得到了全社会的支持。

21 世纪以来，非物质文化遗产研究作为一个新兴的学术研究领域引起中国学界的广泛关注。不同研究领域的学者根据各自的学科背景从不同的学科范式对"非遗"开展研究。"非遗"研究领域涉及面的广泛性也需要从不同学科理论对其进行多维视角的研究，吸收相关学科的理论精华，从而形成自己独具特色的理论体系。人类学是一门研究人类的起源及其文化的起源与发

　＊ 本文是中国社科院创新工程项目"中国少数民族非物质文化遗产调查研究"课题的阶段性成果之一。

　＊＊ 彭雪芳，中国社科院民族学与人类学研究所研究员，本文发表于《云南民族大学学报》2014 年第 3 期。

展的综合性的边缘学科。在现阶段"非遗"研究缺少理论支持的背景下，人类学独特的学科视角和方法论为构建"非遗"研究的理论体系起到至关重要的作用。其理由如下。

（1）田野调查法是人类学标志性的研究方法，也是"非遗"研究的基本方法。只有当研究者置身于特定的文化场所进行参与观察，亲身感受"非遗"赖以生存的自然生境和文化生境，与"非遗"的文化主体进行交流对话，才有可能认识和理解非遗的"原生性"与"再生性"。只有在深入仔细的田野调查基础上才能架构出新的理论体系。

（2）文化整体观是人类学最基本的学科理念与分析方法。文化整体观把文化看成是一个由许多相互联系的部分组成的整体，要考察文化就要注意这一整体的层次、结构和相互联系。物质文化与非物质文化是一个不可分割的文化整体，而两者又分别各属于一个相对独立的整体。坚持文化整体观与系统论是"非遗"研究的基本理念。对"非遗"项目进行调查研究时，要把它与特定的自然和社会环境、文化的各种因素联系起来综合考察。

（3）文化相对论是人类学一贯坚持的原则。文化相对论认为，每一种文化都具有其自身的价值。秉持文化无高低优劣之分的客观价值理念，在"非遗"研究中能够克服狭隘的民族中心主义的眼光。人类学提倡研究者站在"他者"的立场，超越自身文化的限制，从跨文化的视角深刻认识被研究的文化，对研究对象的真实性与准确性进行客观描述与深入分析。

二、田野调查地点

本文以苗族为研究对象。苗族是一个发源于中国的国际性民族，全世界的苗族人口有一千多万。除中国外，越南、老挝、泰国、缅甸、美国、澳大利亚、加拿大、法国、德国、阿根廷等国家都有苗族居住。

贵州省是苗族大本营，苗族人口大约有 430 万，占全国总苗族人口的48%。随着全省工业化与城镇化建设步伐的加快、人口的频繁流动、外来文化的影响，苗族非物质文化遗产赖以生存的生态环境迅速发生变化，苗族一些传统文化已出现断层现象，有的面临着消亡的危险。为了了解苗族非物质文化遗产保护与传承状况，笔者于 2013 年 4 月至 7 月在台江县台拱镇、施洞镇、老屯乡、排羊乡、反排乡等地开展田野调查。在此期间，亲历了官方与民间主办的苗族姊妹节活动，拜访了多名"非遗"传承人及其他民众。本研究运用了参与观察法与访谈法，并结合相关的文献资料。

台江县位于黔东南中部，总面积1108平方公里，面积为1108平方公里，人口15.9万，其中苗族人口占97%，被誉为"天下苗族第一县"。在这块史称"苗疆腹地"的土地上，苗族人民创造了博大精深的民族文化。台江县级以上的"非遗"保护项目有52项。其中，国家级9项，省级4项。苗族古歌、苗族多声部民歌、反排木鼓舞、苗族服饰技艺、苗族刺绣、苗族织锦技艺、苗族银饰锻制技艺、苗族姊妹节、苗族独木龙舟节先后被列为国家级非物质文化遗产名录。

民族传统节日是一项重要的非物质文化遗产。苗族多姿多彩的节日习俗蕴藏着博大精深的历史文化内涵。这些节日不仅调节人们的生产生活节奏，为人们提供社会交往的机会。更主要的是，在节日中传递着苗族传统文化的精神内核，增加了人们对苗族文化的了解。在苗族众多的节日中，姊妹节是最引人注目的节日之一。2006年姊妹节被列入中国第一批国家级非物质文化遗产名录。

"姊妹节"苗语称为"Nongx Gad Liangl"（弄嘎良，意译为"吃了却心愿的饭"）。"姊妹节"是现代意译。它有其特定对象及活动过程。姊妹节是以青年女性为主体，集苗族的婚姻文化、服饰文化、歌舞文化、饮食文化于一体的社交性节日。过程包括采摘姊妹花、蒸煮姊妹饭、捕鱼捞虾、游方❶、集体踩鼓❷等环节。

姊妹节具有浓郁的地方特色，主要流行于黔东南清水江流域的苗族村寨，具体时间因地而异，过法大同小异。以台江县老屯、施洞为中心的姊妹节于每年农历三月十五至十七举行，其规模最大、文化积淀最深厚、活动内容最丰富。

三、姊妹节的参与观察

台江苗族姊妹节的大型集体活动分别在台拱镇、老屯乡与施洞镇举行。

---

❶ 游方是黔东南、黔南苗族青年男女公开的社交和娱乐活动。苗族青年男女往往通过游方的方式结交朋友，选择伴侣。

❷ 踩鼓的意思是随着鼓点跳舞。

官方主办的节日活动主要集中在县城所在地台拱镇。在老屯乡与施洞镇举行的活动多为民间主办。笔者于2013年姊妹节期间分别对官方与民间主办的姊妹节进行参与式观察。

（1）台拱镇拉开了姊妹节的序幕

2013年农历三月十五上午8点左右，在台江一所中学的操场上汇集了各支游行队伍。象征着国家权力机构的县直属机关代表队排在前面，各乡镇的代表队、少儿代表队依次跟随其后沿街进行苗族盛装巡游。游行队伍中绚丽多彩的方你、方秀、方白、方南、方纠等九种苗族服饰配上精美绝伦的银饰令人眼花缭乱、爽心悦目。游行队伍一路载歌载舞来到3公里外的秀眉中心广场。十点开幕式如期举行，受邀的嘉宾与县领导发表讲话，四名主持人分别用苗语、普通话、英语主持节目。绝大部分文艺表演节目都是文化底蕴厚重、地方色彩浓烈的苗族歌舞。文艺表演充分展示了苗族悠久的历史文化和独特的民族地域风情，反排木鼓舞、苗族多声部情歌、苗族古歌等国家级非物质文化遗产以艺术形式呈现在观众面前。反排木鼓舞作为台江县对外宣传的一张名片，多次参加在国内外重要的表演与比赛活动。舞台化的反排木鼓舞与传统的反排木鼓舞已有一些区别。许多表演者是正在台江的学校读书的学生，这也是一个展现台江县"苗族文化走进校园"教学成果的平台。

姊妹节期间县城举行民间斗鸡、斗鸟、斗狗、牛王争霸赛、武术散打比赛。斗牛是苗族人民最喜爱的一项活动，在苗族重要的节日都有斗牛比赛。老百姓观看斗牛的热情十分高涨，那天在县城风雨桥河沙坝的斗牛场人山人海。牛王争霸赛的获胜者以不同的级别获得不同的奖金。斗鸡、斗鸟、斗狗满足了不同的人群对节日活动的不同需求。此外，还举行摄影作品展、武术散打比赛、篝火晚会以及苗族文化论坛、招商引资洽谈会等活动。民族民间工艺品在新修建的姊妹街上展销，河边的地摊上也摆满了苗族服饰、银饰、手工艺品及日常用品。此时的台江县城到处人流涌动，十分热闹，宾馆爆满，假日经济的影响力充分显现。文化搭台，经济唱戏，大力发展旅游业，促进地方经济社会发展，也是政府操办姊妹节的目的之一。

（2）老屯乡捕鱼捞虾的民俗展演

农历三月十六上午笔者来到老屯乡。老屯乡总人口15851人，98%为苗族。这里民族风情浓郁古朴，举办的姊妹节活动内容具有传统色彩。尽管县城的斗牛、斗狗等活动还在继续，但许多游客还是转移到老屯乡观看捕鱼捞虾的民俗展演，近距离感受姊妹节传统文化的魅力。

捕鱼捞虾是姊妹节活动具有象征意义的环节。鱼是姊妹节必不可少的祭品与食物。这说明了苗族先民与鱼有着不解之缘，反映了苗族子孙不忘先民生活在江河湖泊的经历；在当地苗族的观念里，鱼是繁殖能力最强的动物，鱼是生殖崇拜的象征，用鱼特别是用雌性鱼作为祭物表达了苗族人民祈盼多子多孙的美好愿望。姊妹节是为男女青年社交、缔结姻缘搭建的一个平台，是人类繁衍的前提。

我们到达老屯乡岩脚村踩鼓场旁的水田时，捕鱼捞虾的民俗活动正在进行中。只见包括姑娘、小伙子、中年妇女与小男孩在内的二三十人正拿着鱼罩虾拔在田间捕鱼捞虾。他们还不时在水田里相互戏水作乐，田里的水有些浑浊，好几个人脸上、身上挂着泥团。

捕鱼捞虾民俗活动结束后，水田旁边的踩鼓场传来"咚咚咚"的击鼓声。人们又转移到踩鼓场，场上有两面鼓，有几个穿着蓝色便装、头上插着花的苗族女孩开始踩鼓，接着身着盛装的年轻女子陆陆续续来到场上踩鼓。其中有两名男子围着苗族妇女织锦的围裙十分显眼，天真幼稚的小女孩也满身童装银饰跟随家长出现在现场。傍晚，夕阳西下，天气逐渐凉快下来，到踩鼓场的人越来越多，活动渐入高潮。这时，我们得知一个令人振奋的消息：巴拉河村正在举行一场别开生面的姊妹节活动，于是急忙赶往巴拉河村。

（3）巴拉河村的狂欢之夜

巴拉河村位于清水江畔，是一个风光秀丽的苗族村寨。全村有140多户，600多人。巴拉河村隶属于施洞镇，有三个村民组。这次是五十来户的下寨村民组平均每户出资一百元集体购买食物款待来自平兆村的100多位村民。原来，一个月前即农历二月十五，平兆村过姊妹节时邀请巴拉河村的一部分村民去游玩。这次巴拉河村下寨组集体做东，邀请平兆村100多位村民前来欢聚一堂。姊妹节已成为不同村寨之间人们联络感情的时机。

我们到达巴拉河村正是晚宴开席的时候。地点是村支书家门前的一块空地上，上空拉了几根线，用许多小三角彩旗装饰。地面上散落着鞭炮燃烧后留下的碎片，现场洋溢着欢乐的节日气氛。80多位村民正围坐在八张桌子用餐，食物有鱼、鸡、肉等。一群已用餐完毕的妇女坐在另一边愉快地交谈，从装束来看，70% ~ 80% 参与者是已婚妇女。她们身着镶花边的浅蓝色上衣，头戴织锦头帕，头上插着银簪、头花。笔者与几位妇女聊天，她们虽然年少时上学读书不多，由于曾经外出打工几年，都能说普通话。据了解，村里不少村民都有打工的经历。热情好客的村民邀请我们一起享受丰盛的晚宴。

姊妹饭是姊妹节必不可少的食物和标志。每当节日临近之时，苗族村寨姑娘们结伴上山采集一种叫"姊妹花"的黄花和绿叶，回家后用它们作为颜料把糯米饭染成黄色和黑色，加上米饭的白色，所以，常见的是三色姊妹饭。由于食用色素的传入，增加了红与绿两种颜色，变成了五色姊妹饭。姊妹饭颜色的象征意义：绿色象征美丽的清水江，红色象征寨子兴旺发达，黄色象征五谷丰登，紫蓝色象征富裕殷实，白色象征纯洁的爱情。

我们一边吃，一边听村民谈起姊妹饭里暗藏的玄机：节日期间，当小伙子与姑娘相处几天后，离别时姑娘们用新竹篮或新手帕盛好姊妹饭作为礼物送给男子。有时会在饭篮里藏一些表达心思的标记物，称之为"无文字的情书"。标记物的意义：放一双筷子表示愿意与男子成双成对；放玉米须或松针则表示要男子以后用绣花钱回谢；放一个竹钩表示要男子用伞回谢；若放两个竹钩则表示愿意与男子进一步交往；放棉花表示思念对方；放香椿示意男子快来接亲；放辣椒、大蒜或树权则表示今生没有缘分，委婉地拒绝对方。即使苗家姑娘不满意某个小伙子，她还是笑脸相对，并赠送姊妹饭。

大约晚上 8 点，我们吃完晚饭。一场乡村姊妹节即兴晚会拉开了序幕。场地中央摆放着一面鼓与四张桌子。桌上摆放着肉类、水果、酒等。未切开的猪头、鸡肉上还插着小三角彩旗，以示隆重。几个中年妇女用竹扁担挑着塑料做成的香蕉、葡萄等水果步入会场，绕场一圈，象征着节日期间乡亲们走亲窜戚的过程。接着，踩鼓环节开始。两个老年妇女敲击一个圆形鼓，年轻的妇女换上漂亮的服装随着鼓点跳舞。坐在旁边的几个老年妇女与男子情不自禁地唱起苗歌。两对中年男女提着酒壶不时给人们敬酒祝福。有三个中年男子不甘寂寞，男扮女装学妇女挑担的样子，十分滑稽可笑。大家尽情地欢乐，他们先唱苗歌，再唱汉语流行歌曲，歌声、笑声划破了寂静的夜空，随着巴拉河河水流飘向远方……在场的人们都从这大众性的狂欢中获得情感的共鸣与交流。村民在姊妹节期间互相拜访与问候，获得一种归属感、认同感及精神享受。

（4）踩鼓场上靓丽的苗家女性

踩鼓是姊妹节最引人入胜的重要活动，是姊妹节正式开始的标志。从农历三月十七开始，姊妹节的活动现场转移到施洞镇。在通往踩鼓场的路上，成群结队的妇女穿着精美绝伦的盛装，戴有闪闪发光的银饰，在骄阳的照射下十分壮观。还有几个中年男子满头大汗，挑着装满服饰与银饰的竹篮到现场，等待女儿放学后穿戴好参与踩鼓。因天太热，有的妇女先穿便装，用汽车运送服饰与银饰到踩鼓场再穿戴。踩鼓场中央有一面木鼓，精心打扮的苗家女披锦着绣，头戴银角、银钗、银帽；颈戴银项圈、银项链、银锁；身披银泡、银片、银铃；还戴有银耳环、银手圈、手镯等。全身银器装饰，少则五六斤，多则20斤。由于她们穿着盛装、戴着较重的银饰，因此踩鼓时手的摆动、脚的步伐、身子旋转的幅度都不大，只是轻轻地随着鼓点跳四方舞步或六方舞步。

踩鼓是男女青年向公众展示才智的一项活动。青年人通过这项活动获得社会的认可，那些能歌善舞与心灵手巧者赢得大家的赞赏与尊重。踩鼓不仅是传统的娱乐活动，还是展现女孩自身及家庭实力的机会。苗家人以女孩的美为骄傲。女孩降生于世，家长就开始为女孩积累银饰、刺绣盛装。等到女孩豆蔻年华之时，家长就精心打扮女孩去参加姊妹节。当姑娘在踩鼓之时，她的容貌、舞姿、举止、服饰与银饰展现在公众面前，站在一边观看小伙子或家长若对哪个姑娘感兴趣，就去了解她的情况及家庭背景。因此，许多人家十分重视要去姊妹节亮相的女孩的盛装打扮。笔者在偏寨村看见一位满脸皱纹的老奶奶熟练地为她的孙女戴银饰的情形；也目睹过即使是盛装打扮完毕的姑娘来到踩鼓场，她的母亲也提着篮子跟随前来。家长这样做的原因：一是，女儿在跳舞的过程中有可能穿戴歪了，母亲就及时帮她整理；二是，女儿穿戴的银饰价值不菲，有家人在场看管，以免丢失。一些已婚女性即使不找对象，也要展示一下自己精美的盛装打扮。在施洞，没有穿盛装戴银饰的女性不好意思加入踩鼓人群。改革开放之前，村民的经济收入低，能备齐全套银饰的村民不多。这些年来，许多村民外出到经济发达地区打工挣钱，能备齐银饰的人也在增加，穿盛装、戴全套银饰来踩鼓的人越来越多。

农历三月十七是姊妹节的最后一天。在两天大规模的踩鼓活动结束后还有人在踩鼓场上继续踩鼓。离开施洞至今，苗家姑娘身着盛装，伴随着悦耳的银饰摇摆声、清脆的木鼓声和悠扬的苗族飞歌翩翩起舞的画面不断浮现在笔者的脑海中。

四、姊妹节的内涵及性别角色分析

每个民族的传统节日都具有丰富的文化内涵，都反映了某个民族的传统习俗和民族心理。关于姊妹节的来历有不同的版本，金丹与阿姣的故事比较流行。

相传有一对苗族青年，男的叫金丹，女的叫阿姣。他们是姨表兄妹，从小青梅竹马，两小无猜，金丹非阿姣不娶，阿姣非金丹不嫁。后来，阿姣被迫嫁到舅家。金丹知后，伤心极了，经常到山上唱忧伤的歌。阿姣听到后，心都要碎了，偷偷包着糯米饭到山上给金丹吃。因怕别人发现，就用树叶花朵挤汁染糯米饭，以便收藏于菜篮子里。年复一年，经过一番磨难和顽强不屈的抗争，阿姣的父母及舅舅终于被阿姣的真情所感动，同意解除这桩婚事，金丹和阿姣这对有情人终成眷属，相伴终身（熊克武，2012）。

这个传说折射出苗族传统的婚俗：同宗、姨表之间严格限制通婚。"还娘头"是流行于黔东南地区苗族的一种婚俗。其内容为：舅舅家的儿子可优先娶姑妈家的女儿为妻。如舅家无儿子，外甥女才外嫁，但必须征得舅父同意。姊妹节传说中的主人公阿姣、金丹是姨表兄妹，按习俗他们不能结婚。阿姣被迫"还娘头"嫁给舅舅的儿子。经过一番波折，男女主人公终于结为夫妻。苗族女性通过这个传统节日来表达她们对包办婚姻的不满以及追求婚姻自主的强烈愿望，也表达了她们渴望拥有话语权的诉求。

姊妹节活动反映出苗族婚姻发展的历史与轨迹，为研究苗族婚姻发展史乃至人类婚姻发展史提供了宝贵的第一手材料。作为人类婚姻从"从妻居"到"从夫居"转变的"活化石"，姊妹节活动以男性青年到女性青年家去走访的行动展示了人类婚姻史上"从妻居"的实证。已婚的少妇们要回到娘家与未婚的姐妹们一同欢度节日，在节日期间与自己过去游方场上的情人叙旧以"了却心愿"这一举动，揭示了"对偶婚"被"一夫一妻制"替代以后的反复和斗争。

在姊妹节中，操办节日活动、邀请男性来做客、游方、选择意中人、确定婚恋关系的主动权都掌握在女性手中，这与在父权社会里女性在婚姻中处于被选择、被支配的处境形成鲜明对比。女性以征服者、支配者的姿态呈现在男性面前，这是对男权社会里男尊女卑、男主女次角色定位的挑战。

姊妹节中自由择偶的游方习俗使得姊妹节成为苗族男女青年都十分向往的节日。苗族之所以重视男女性别角色的地位，是与维护苗族乡村社会的生活秩序的意识分不开的。

五、姊妹节的社会功能及文化变迁

世界上所有民族的文化都会随着社会变迁而不断发生变化。文化变迁是指由于民族内部自身的发展或由于不同民族之间的接触而引起的文化变异。促使文化变迁的原因，一是内部的，由社会内部的变化而引起；二是外部的，由自然环境的变化及社会文化环境的变化而引起的。非物质文化在长期的发展演变过程中，既有基本的积淀，也有不断的变异。苗族姊妹节也不例外。姊妹节的变化也是外来文化和本土文化相互传播、碰撞、不断融合的过程。正如笔者在参与观察中所描述的那样，随着社会的变迁，姊妹节活动从形式到内容及社会功能也不断变化。

（1）参与对象由特定群体转为全民性

传统的姊妹节是由两个通婚集团的男女青年集体婚恋的社交节日。最初，参加者是本村寨未婚女子和已婚但"不落夫家"❶的年轻女子，后来逐步发展到整个村寨所有的未婚与已婚女性。到了 20 世纪 80 年代以后，这种活动逐步形成了覆盖全社会的活动。活动对象已经不再局限于特定的对象，已经覆盖到了所有的社会成员。正如上述在田野调查中所观察的那样：它是以女性为主体，包括男女老幼参与的全民活动。现在，由于族际婚的频繁发生，参与对象不再局限于苗族，而是多民族共同参与。

（2）部分传统习俗消失

由于各种原因，姊妹节一些传统习俗消失。游方是传统姊妹节的重要活动，是苗族男女青年恋爱社交的主要方式。苗族的游方活动中，严格遵循"同宗不游方"和"姨表兄妹不游方"的原则。过去，每个村寨都有固定的

---

❶ 不落夫家：新娘婚后不在夫家居住，而是回到娘家长住。只是在农忙或节日期间返回夫家帮忙。一直到女方怀孕或生了第一个孩子后，才能回到定居丈夫家。这是过去在壮、苗、瑶、黎、侗、水、彝、布依、哈尼、普米、仫佬、毛南和汉等民族部分地区流行的一种传统婚姻习俗。

游方场，游方场一般是村旁的井边、河边、小山坡等处。在游方场上男子与姑娘们对唱情歌，对歌的内容十分广泛，有苗族古歌盘问和情歌对唱等。节日期间，一些中老年男子也相约到外村与年龄相仿的妇女们对歌，情景与年轻人对唱相似。

现在，随着游方场的衰落，传统的游方场上谈情说爱的方式，已被电话、网络、书信等现代通信方式所代替；过去用送姊妹饭中的信物标记含蓄地传递情感的"无文字的情书"已消失了。如今，姊妹节活动中民俗文化展演的成分占了相当的比重。例如，我们看到的捕鱼捞虾的民俗带有展演的性质。近年来，苗族村寨许多年轻人外出打工，参与姊妹节的青年人减少。

（3）节日活动内容的多样化

姊妹节作为提供给男女青年社交联谊的机会，最初的目的是单一的，功能也是单一的。20世纪90年代以来，为了搞活农村商品流通和加强文化交流，官方在姊妹节期间举办各种"物资交流会""民族传统商品展销会""苗族文化论坛"等活动。民间也增加了斗牛、斗鸟、斗鸡等内容，这些活动和内容逐步成了姊妹节活动不可分割的重要组成部分，满足了不同的社会角色对节日活动的不同需求，姊妹节的功能由单一功能向复合功能转变。

（4）由最初的娱乐功能，派生出经济功能

姊妹节原本是娱乐型的节日。随着苗族地区经济社会的发展，姊妹节活动成了促进当地经济社会发展的重要手段。姊妹节期间，政府招商引资，苗族村民开办农家乐，能工巧匠出售手工品，获得了经济收益。姊妹节促进了台江旅游业的发展，对当地经济社会的发展提供了机遇，也体现了传统苗族文化新的价值与意义。

随着时代的变迁，姊妹节的真实性、淳朴性和神秘性发生了变化。姊妹节经文化重构、功能整合后，在保留传统文化元素的基础上注入了现代元素。姊妹节是展示和传承苗族文化的最佳载体，是青少年习得和传承民族文化的最佳场所。姊妹节也是苗族地区人们走亲访友的大好时机，是增强民族凝聚力及向心力的纽带。同时已成为苗族与其他民族之间进行文化交流与经济合作的重要桥梁。

六、姊妹节保护与开发的整体观

中国农村发展正处于在巨大的转型期，社会大环境的变化使台江苗族社区传统的社会秩序受到冲击。姊妹节所承载的社会功能逐渐弱化。随着农村外出务工的年轻人日益增多以及外来文化的影响，破坏了苗族传统文化的生态环境。许多年轻人把精力注意到现代文化的时尚上，对本民族传统文化的重视程度不够，逐渐淡化了本民族文化的认同感。全县会唱古歌的人为数不多，能完整传唱古歌的人更是寥寥无几，且年龄偏大。青少年中会唱"游方"歌的人极少，绝大多数年轻的苗族妇女基本上不会刺绣，如果不及时采取措施加以保护，姊妹节消失的速度更快、异化的程度更大。

我国非物质文化遗产保护工作以"保护为主、抢救第一、合理利用、传承发展"为原则。姊妹节作为台江民族文化旅游的载体，台江县官方对姊妹节文化给予极大的重视，自 1998 年以来，台江县每年都举办姊妹节活动，积极挖掘和宣传姊妹节，取得了一定的经济效益与社会效益。苗族姊妹节的连续举办，提高了台江县的知名度，苗族文化也引起了人们的浓厚兴趣。每年姊妹节期间，大批海内外游客来到台江，旅游业带动了地方经济的发展。姊妹节作为一个旅游品牌的推出，进一步唤醒了苗族同胞的文化自信，体现了苗族传统文化新的价值与意义。

在知识经济的时代，文化在经济社会发展中的作用日益增强。非物质文化不仅是一种文化资源，也是一种经济资源。合理利用姊妹节这项珍贵的文化资源有利于当地社会经济的可持续发展。

整体观是人类学首要的原理，是人类学的一个标志。人类学整体观对姊妹节的开发保护具有指导意义。首先，要做好对姊妹节科学的整体规划，深入研究姊妹节各项文化的外在形式和内在结构，处理好开发与保护的关系。在开发的过程中，政府可适当介入行政干预措施，如果这种"干预"运用得当，有利于姊妹节的保护传承。苗族是姊妹节的创造者与拥有者。在开发中要尊重他们的权利，获得文化主人的认可。姊妹节活动要给当地所有的老百姓带来实惠。

姊妹节是充分展现苗族服饰文化的最佳时机。姊妹节为苗族刺绣银饰实现其经济功能提供了广阔空间。姊妹节中苗族妇女盛装踩鼓活动的发扬光大，有利于促进台江独具特色的刺绣银饰文化产业的开发。既能传承苗族内涵丰富的服饰银饰文化，也能带动农村富余劳动力的就业，增加农民的收入。

近年来，台江县加大资金投入力度，给予优惠政策，大力发展民族文化产业。当年全县银饰和刺绣产业实现产值 1.3 亿元以上。银饰刺绣工艺品远销中国的许多城市、东南亚及欧美各国。2012 年 12 月，台江县苗族工艺品参加了在意大利米兰举办的国际旅游商品展览会，在 9 天的时间里，台江县苗族工艺品销售收入达 20 多万元人民币，获得 100 多万元人民币的苗族刺绣服饰和苗绣工艺品订单。❶苗族刺绣银饰生产和经营成了当地村民重要的致富门路之一，许多人不必再像过去那样外出打工挣钱了。

台江民族文化产业的发展有利于苗族文化的传承，促进地方经济的发展，增加农民的收入。然而，在苗族文化的商业化和保护非物质文化遗产之间还需要进一步增强保留民族文化内涵的意识。

七、结束语

台江苗族文化所包含的民族性和地域性是比较典型的，保存状况相对较好。

台江的"非遗"中，苗族姊妹节、独木龙舟节、苗绣、苗族服饰技艺、苗族银饰锻制技艺等项目的存续状态良好，传承人及传承群体较多，项目核心内容得到较完整的保留和继承，具有较好的传承和发展能力。

然而，在经济全球化的当今社会的人口流动、城镇化建设的步伐加快、生产生活方式的改变、外来文化的影响，台江苗族非物质文化遗产也面临巨大的冲击，有的已处于濒危状态。如何保护本民族的优秀文化，在吸收外来文化形式的同时保留自己独特的文化魅力，成为台江非物质文化遗产保护，同时也是中国少数民族非物质文化遗产保护的一个焦点。

参考文献

[1] 台江县地方志编纂委员会. 台江县志 [M]. 贵阳：贵州人民出版社，1994.

[2] 熊克武. 台江非物质文化遗产 [M]. 沈阳：沈阳出版社，2012.

[3] 颜勇，雷秀武. 贵州民族文化传统节日综论 [J]. 贵州民族研究，2007 (6).

[4] 维基百科官方网站网址：http://zh.wikipedia.org/.

---

❶ 资料来源于台江县文产办简报，2012 年 12 月 28 日。

非物质文化遗产生产性
保护的实践与思考

——以国家级非物质文化遗产维吾尔族
桑皮纸制作技艺为例

吴凤玲*

倡导非物质文化遗产生产性保护的王文章指出"非物质文化遗产活态流变性的特点，决定了我们要尽可能避免以静止、凝固的方式去保护，在既不改变其按内在规律自然衍变的生长过程又不影响其未来发展方向的前提下，尽可能寻找生产性保护的方式及与旅游开发等的良性互动结合"❶。经过各地非物质文化遗产保护部门多年的探索、实践和总结，生产性保护从一种设想和理念发展到一种比较成熟的具有指导意义的理论体系，并以 2012 年文化部的《关于加强非物质文化遗产生产性保护的指导意见》（下文简称《指导意见》）的制定印发为标志。生产技艺类的非物质文化遗产莫不以这一《指导意见》为保护、开发和利用的重要依据，然而各地和各项目之间情况各不相同，还需要以《指导意见》为依据，从实际出发，因地制宜地进行生产性保护的探索和实践。本文试以新疆维吾尔自治区和田地区墨玉县的国家级非物质文化遗产维吾尔族桑皮纸制作技艺为例，探讨非物质文化遗产的生产性保护中传承与生产、生产与营销、营销与保护的辩证关系，同时也对可能有助于进一步完善生产性保护的措施提出一些个人的粗浅认识。

---

* 吴凤玲，民族学博士，中国社会科学院民族学与人类学研究所助理研究员。本文发表于《新疆社会科学》2015 年第 3 期。

❶ 王文章. 非物质文化遗产概论［M］. 北京：教育科学出版社，2008：23.

一、桑皮纸的悠久历史和突出价值

造纸术是我国古代的四大发明之一，东汉的蔡伦利用树皮、碎布（麻布）、麻头、渔网等原料进行造纸。蔡伦的造纸术扩大了纸张的原料选择，降低了纸张的生产成本，也提高了纸张的实际质量，使得纸在民众中间获得普及，取代竹简和丝帛成为主要的书写媒介，为文化的传播和历史的传承做出了巨大贡献。在对纸张制造和利用的历史过程中，我国不同地域和不同民族的人民因地制宜地对造纸技术进行了改进和完善，在原料、技艺和应用等方面进行切合本地实际的创造和创新，这些有生命力的生产实践使古老的造纸技术在中国各地遍地生根，开花结果，并传承至今。据著名的科学技术史专家李晓岑教授的调查，我国的傣族、纳西族、白族、彝族、哈尼族、瑶族、藏族、壮族、苗族、维吾尔族和汉族中都有各具特色的传统手工造纸，在方法上有浇纸法和抄纸法两种造纸方法❶，在原料上有麻、竹、楮、藤、桑等不同质地和特点的纸。本文探讨的维吾尔族桑皮纸制作技艺就是其中的一例。

在新疆地区，桑皮纸的制作和使用有着悠久的历史。在和田地区，随着从汉代开始的采桑养蚕业的兴起，桑树在此地广泛种植。遍野的桑树，为桑皮纸的制作提供了丰富的原料，南疆炎热干燥的气候，又为桑皮纸的晾晒提供了必要的自然条件。因此，早在汉代，它就成为西域最古老的纸张之一，也被称为"汉皮纸"。1908 年，英国探险家斯坦因在墨玉县境内的麻扎塔格山脚下的一处唐代佛寺遗址中发现了一个纸做的账本，上面详细记载了寺院在当地买纸的情况，"出钱壹佰文，买纸两帖，供文历用"❷，所购纸张数量大而且很便宜，说明远在唐代时和田一带就有了造纸业。从那时算起，桑皮纸的制造距今至少也有 1000 多年的历史了。11 世纪以后，维吾尔族成为和田的主体民族，进一步继承和发展了桑皮纸的制作技艺。在宋代西辽统治时期，和田地区已经成为桑皮纸的著名产地，当地的维吾尔族以这项重要的家庭手工艺为家庭创收。14 世纪中叶，吐鲁番地区的维吾尔族皈依伊斯兰教后，桑

---

❶ 李晓岑. 浇纸法与抄纸法——中国大陆保存的两种造纸体系［J］. 自然辩证法通讯，2011（5）：76.

❷ 陈星灿. 斯坦因所获吐鲁番文书研究［M］. 武汉：武汉大学出版社，1997：285 – 288. 转引自李晓岑. 新疆墨玉县维吾尔组手工造纸调查［J］. 西北民族研究，2009（3）：178.

皮纸的制作技艺由和田传入吐鲁番，吐鲁番成为新疆的又一个桑皮纸供应地。明清时期，桑皮纸的使用在新疆已经非常盛行。收藏于和田地区博物馆的清代维吾尔文典籍《诺毕提诗选》《维吾尔医药大全》和一部维吾尔史诗残卷，以及民间写在桑皮纸上的《古兰经》手抄本，都是桑皮纸曾在新疆广泛使用的佐证。南疆地区在清代和民国时期形成的地方官府典籍书册，基本上也以桑皮纸作为书页。在民国时期，新疆还曾流通过用桑皮纸印制的钞票。直至20世纪40年代，许多公文、契约、包装都还在用和田桑皮纸。桑皮纸除用作普通纸外，还是制作维吾尔族姑娘绣花帽的必要材料，用桑皮纸作衬料制成的花帽挺括、不易变形。

随着时代的变迁，社会的进步，科技的发展，桑皮纸逐渐失去了原有的实用价值，曾经的辉煌逐渐暗淡。从20世纪50年代开始，桑皮纸便退出印刷和书写用纸的行列，从那时起就没有高档桑皮纸了。不过，直到20世纪70年代，维吾尔族民间仍在部分地使用桑皮纸。20世纪80年代以后，桑皮纸基本退出了人们的日常生活。因为没有市场需求，制作桑皮纸的工匠不得不纷纷转业，他们的子孙也没有继承这门技艺的愿望。桑皮纸制作这项传承了上千年、为人类文明做出巨大贡献的手工技艺陷入了濒于失传的境地，亟待对其进行抢救和保护。不过也有少数匠人依旧不忍放弃这项祖先传承下来的技艺，还在桑皮纸的制作上进行艰难的坚守，满足那些依旧钟情于桑皮纸的部分民众的需求。和田地区墨玉县普恰克其乡布达村的托乎地巴海·吐尔迪老人便是其中的一位。

托乎地巴海·吐尔迪出生在一个世代从事桑皮纸制作的家族，从小便在家庭中通过耳濡目染和实际操作学会并精通了这项技艺，成为家族的第十代传人。2002年，美国史密梭年民俗生活与文化遗产中心通过一位在中国的美国记者了解到托乎地巴海·吐尔迪和他所掌握的传承了上千年的桑皮纸制作技艺，邀请他参加在美国威斯康星州举办的第36届美国民俗生活艺术节。在这次艺术节上，托乎地巴海·吐尔迪在现场展示了维吾尔族桑皮纸制作的过程，引起了外界对这门古老技艺的极大关注，视其为中国古代造纸术发展的"活化石"。托乎地巴海·吐尔迪也被美国民俗学家称为"地球上最古老手艺的幸存者"❶。

此后，维吾尔族桑皮纸逐渐获得外界的更多关注，人们对桑皮纸制作技艺的历史价值和科技价值，桑皮纸的独特属性和自身优势等有了更为深入的认识。2005 年，托乎地巴海·吐尔迪应邀参加了在吐鲁番地区举办的葡萄节活动，并在现场展示了桑皮纸的制作过程，得到当地观众的高度评价。2006 年 5 月 20 日，经新疆维吾尔自治区申报，"维吾尔族桑皮纸制作技艺"被国务院批准列入第一批国家级非物质文化遗产名录，这为桑皮纸制作技艺非物质文化遗产的抢救、传承和振兴带来了历史新机遇。2007 年 6 月 5 日，文化部确定托乎地巴海·吐尔迪为这项国家级非物质文化遗产项目的代表性传承人。

二、桑皮纸的传统制作工艺和独特属性

桑皮纸的原料取自桑树的内皮，桑树内皮具有黏性，纤维光滑细腻和易于加工等特点。桑皮纸的制作包括剥削桑树皮、浸泡、锅煮、捶捣、发酵、过滤、入模、晾晒和粗磨九道工序，全部由手工完成。具体的制作过程如下：首先选用树龄一到两年的桑树嫩枝条，最好是和田和吐鲁番地区的白桑，剥下桑树皮备用。造纸时将事先剥下来的桑树皮放在水中浸泡，软化后剥去表面的深色表皮，然后将其放入加满水的大铁锅中煮，边煮边搅，直到树皮煮熟软烂。之后再加入胡杨土碱发酵四到五天，等桑皮化开以后，进行洗浆。洗浆的过程是将桑皮浆放到木桶里用木棍搅拌，搅匀后用专用的筛子滤去渣子。之后将过滤后的纸浆倒入木制模具的沙网里，同时用木棒不停地搅动，使纸浆均匀地铺在模具上，这个过程叫作"入模"。随后将纸浆连同模具放到阳光可以充分照射的地方，等纸浆在模具上晒干后，将其撕下来，一张桑皮纸就制成了。桑皮纸成纸呈长方形，长 73 厘米，宽 65 厘米左右，每 5 公斤桑树枝可以剥出 1 公斤桑树皮，1 公斤桑树皮可以做成桑皮纸 20 张左右。制作好的桑皮纸为微黄的半透明纸张，纸面光滑，具有非常好的柔韧性。同时，它吸水力强，书写效果稳定，笔迹和颜料可以经年不褪色。此外，它还具有

---

❶ 寻访新疆"桑皮纸"传承人托乎地巴海·吐尔迪［EB/OL］. http：//news. xinhuanet. com/local/2012－06/09/c_112170407. htm.

防虫蛀的优点，易于保存和储藏。

李晓岑教授曾对墨玉县维吾尔族的桑皮纸制作进行过专业考察，他从科技史的研究方法和视角出发，对传承至今的桑皮纸制作技艺的属性进行了界定，认为它是一种浇纸法造纸。对新疆地区出土的古纸进行鉴定表明，这种浇纸法造纸在新疆已有 1500 年以上的历史。在我国，除维吾尔族外，目前还有西藏和四川的藏族、云南的傣族保留有这种浇纸法造纸，主要的技术特点是固定式纸帘浇纸，在阳光下一纸一帘地自然晒干。从发现的纸帘工具判断，这种方法在广西大瑶山和广东佛山也曾有遗存。这种造纸方法广泛见于印巴次大陆和东南亚地区，而中国内地的传统造纸法则为抄纸法，技术要点是经过打浆，用活动式纸帘抄纸、压榨，再进行晾晒等程序。云南纳西族的造纸则融合了浇纸法和抄纸法的特点。❶

三、纳入生产性保护框架中的桑皮纸制作技艺

生产性保护是我国在非物质文化遗产保护工作的多年实践中总结出的一项重要保护方式，文化部制定印发的《指导意见》对于开展非物质文化遗产生产性保护的重要意义、非物质文化遗产生产性保护的方针和原则、科学推进非物质文化遗产生产性保护工作的做法，以及完善非物质文化遗产生产性保护的工作机制等做出了具体阐述，成为各个非物质文化遗产保护单位和个人进行生产性保护的重要依据。在该《指导意见》中，对生产性保护的界定是"非物质文化遗产生产性保护是指在具有生产性质的实践过程中，以保持非物质文化遗产的真实性、整体性和传承性为核心，以有效传承非物质文化遗产技艺为前提，借助生产、流通、销售等手段，将非物质文化遗产及其资源转化为文化产品的保护方式。目前，这一保护方式主要是在传统技艺、传统美术和传统医药药物炮制类非物质文化遗产领域实施"。

作为传统技艺类的非物质文化遗产，维吾尔族桑皮纸制作技艺的保护和利用也被纳入到生产性保护的框架中进行，新疆维吾尔自治区、和田地区和墨玉县的各级非物质文化遗产保护单位和个人以《指导意见》为依据，结合桑皮纸制作技艺本身的特点和本地实际，进行兼顾生产和保护的实践，并在

---

❶ 李晓岑. 新疆墨玉县维吾尔族手工造纸调查 [J]. 西北民族研究, 2009 (3): 152 – 153.

实践中不断探索、总结和反思，从而不断完善这一保护工作。

总体来说，维吾尔族桑皮纸制作技艺的生产性保护的经验主要体现在如下两个方面。

（一）以传统生产实现技艺的保护和传承

在纳入国家非物质文化遗产保护名录之前，维吾尔族桑皮纸的制作技艺已经濒于灭绝，只有国家级传承人托乎地巴海·吐尔迪还掌握这门技艺，因为需求量很少，桑皮纸的生产近乎中断。桑皮纸制作技艺纳入国家非物质文化遗产保护名录后，墨玉县的非物质文化遗产保护部门坚持"以人为本，活态传承"的原则，一方面，加强对非物质文化遗产代表性传承人的保护，帮助改善传承人的生活状况与工作环境，为传承人开展收徒传艺、教学、交流活动创造条件。近年来，墨玉县投入专项资金，用于桑皮纸制作技艺的保护和传承。托乎地巴海老人每年除享受国家给予的 10000 元生活补助外，还享受墨玉县给予的 12000 元生活津贴。自治区级传承人每年除享受 3600 元生活补助外，还享受墨玉县给予的 3000 元生活津贴。传承人的生活得到改善后，以更大的热情进行非物质文化遗产的传承。另一方面，在政策上，墨玉县还通过免去义务工、减免税、减免工商行政管理费和享受最低社会保障费等，鼓励桑皮纸传承人进行保护和传承。在这些资金支持和政策倾斜的作用下，桑皮纸制作技艺的保护和传承收效显著，形成了传承人热心传承，学徒踊跃学习的良好势头。2012 年 7 月 2 日至 7 日，在墨玉县文广局和县文物保护管理所的协调组织下，"首届和田桑皮纸制作技艺培养学徒培训班"在托乎地巴海·吐尔迪老人所在的普恰克其乡布达村（桑皮纸制作一条街）举办，培训班以托乎地巴海·吐尔迪等三位优秀的桑皮纸制作技艺传承人为师傅，对 38 名学徒进行了系统培训，这次培训严格按照桑皮纸制作技艺的流程进行，以师傅讲解授课和学徒实际操作相结合的形式帮助学徒全面掌握相关的知识和技术，最后以现场考试的形式评选出 35 名合格人员，他们均获得由主办单位发放的桑皮纸制作的专用设备。这些学徒大多是中青年男女，年富力强，他们学成后，大多带动整个家庭投身这门古老的技艺，从事桑皮纸的生产和销售。截至 2013 年 5 月，包括托乎地巴海一家在内，布达村制作桑皮纸的家庭已增加到 15 户，成为名副其实的"桑皮纸之乡"。例如，托乎地巴海老人家制作的桑皮纸已经申请了商标"马卡尼木"（意为故乡），其他家庭销售的桑皮纸也都加盖带有"和田桑皮纸"这样的产地标识的印章，销售给南来北往的各地宾客。桑皮纸这个中华文化的优秀遗产因此有了更大的知名度，而有着"桑皮纸之乡"的美誉的墨玉县也凭借桑皮纸而受到更多关注。

2013年夏，作为国家社会科学基金项目"21世纪以来中国民族地区经济社会发展调查"新疆墨玉县调查组的成员之一，笔者有幸来到"桑皮纸之乡"，走访了"桑皮纸制作一条街"，观察和了解了桑皮纸制作技艺在当地的保护和传承情况。桑皮纸制作一条街是墨玉县在对布达村进行整体开发的基础上打造的，整条街道长500米，以当地的维吾尔族特色民居为基础，同时对原有街道实施了绿化、美化和亮化工程，营造出和谐优美的宜居环境和旅游环境。墨玉县同时还为建设保护场所等提供资金保障，鼓励当地居民参与到桑皮纸制作的传承、保护和开发中。一方面，这项工程在保证非物质文化遗产保护与传承的同时，也通过特色产业的发展对其进行生产性开发，帮助人们增收和致富；另一方面，这项工程在改善了居民的生活环境的同时，也使当地具备了发展旅游业的基础设施。据不完全统计，"桑皮纸制作一条街"落成后两年内，共接待中外旅游者5万余人次，游客参观桑皮纸手工制作全过程，购买桑皮纸和相关的旅游产品，给当地带来了良好的经济效益。在这条街上，我们重点探访了托乎地巴海和阿布杜·卡地尔两个家庭，在墨玉县财政的支持下，两家原本相邻的房子被重新规划翻修，成为当地桑皮纸制作技艺传承和桑皮纸文化展示的平台，同时也成为桑皮纸手工制作和销售的场所，在这里，我们感受到了桑皮纸的厚重历史和独特技艺，同时也体验了桑皮纸产生和代代传承的文化生态，更深刻体会到了桑皮纸所承载的历史价值、科技价值和人文价值。刚进院门，我们便见到一位鹤发童颜的老人，头戴白花帽，身穿白长衫，尽管是夏日里维吾尔族老人常见的装束，但本来精神矍铄的他在这身白色装束的映衬下，越发显得有种与众不同的气质。在与我们同行来的乡镇干部的介绍下，我们得知这位老人便是托乎地巴海老人家。老人亲切地与我们握手，我们也问候老人并满怀敬意地与桑皮纸制作这门古老技艺的坚守者和传承者合影留念。在老人的桑皮纸售卖的展台上，整齐地摆放着一刀刀手工制作的桑皮纸、书写在桑皮纸上的维吾尔文书法作品，和桑皮纸制作的鞋垫；还有其他一些墨玉特产，如维吾尔族木刻器皿和牛角制品等。此外还摆放着他的国家级非物质遗产传承人的徽章和和田桑皮纸荣获第六届新疆旅游产品大赛银奖的奖牌。展台的背后则是两副书写在桑皮纸上的用维吾尔文介绍桑皮纸的历史与传承的文字。在里进的场院，院子的北侧悬挂的一台电视机播放着介绍桑皮纸的历史和手工制作技艺的视频，南侧悬挂的挂幅上印刷着介绍桑皮纸制作流程的图片和文字说明。院子的东西两侧分别是托乎地巴海老人和阿布杜·卡地尔的爱记热木桑皮纸制造中心制作和销售桑皮纸的空间。在院子里我们看到托乎地巴海老人的妻子正在一个圆形石盘上将经过软化的桑树内皮用锤子捣碎；阿布杜·卡地尔的妻子则正在进行造纸的最后一个工序，从捞池中将桑皮纸的纤维均匀地捞到纸帘上。阿布杜·卡地尔30多岁的年纪，汉语很好，他热情地向我们介绍桑皮纸。他的售卖展台整齐地摆放着桑皮纸，桑皮纸的本子和其他本地的手工艺品，展台的四周和上方悬挂了许多到此参观的国际友人的照片和他们对桑皮纸的赞誉，一看便知他的展台经过他的精心设计和布置。他请我们在一个留言本上留言，打开留言本，我们看到有来自各地的游客的留言，有汉语、维语和英语，人们都表达了对于桑皮纸价值的认可并希望这门古老技艺继续传承下去，在新时代仍旧能够有更多的人分享这一中华民族的文化成果的愿望。谈及生产和销售桑皮纸，阿布杜·卡地尔很高兴地告诉我们，他和妻子经过学习和培训，已经熟练掌握了桑皮纸的制作技艺，生产和销售桑皮纸的过程中，接触到很多国际和国内游客，看到人们这么喜欢桑皮纸这个非物质文化遗产，他们为参与到桑皮纸制作技艺的保护和传承中感到自豪，并且这门手艺还给他的家庭带来了可观的收入，这是以前不敢想的。

通过这次走访，我们看到了桑皮纸制作技艺在遗产申报和保护地的保护与传承的一个侧面，即通过保护传承人，鼓励其带徒传艺实现技艺的传承，并通过恢复生产，在实际的生产活动中实现技艺的活态传承，在参与非遗产品的营销中实现传承人经济生活的改善。

（二）以现代营销促进产品的增值和转型

很多非物质文化遗产在纳入国家的保护工程以前，大多面临着民众传统需求的萎缩，和现代工业产品对其市场的挤占或替代，这是因为一方面手工产品的产量无法与大规模的机器生产相比，另一方面大量人工的投入也使手工产品的成本和价格远高于工业产品。那么，纳入生产性保护的非物质文化遗产桑皮纸如何走出这一现实的困境，使桑皮纸产品在新时期找到新的市场定位和满足民众新的需求呢？在这方面，新疆维吾尔自治区和墨玉县的各级政府和文化部门做出了很多有益的尝试。

首先，是举办桑皮纸的全国画展，扩大桑皮纸的知名度，奠定桑皮纸在高端书画用纸中的一席之地。2004年，安徽省潜山县的刘同焰和岳西县的王柏林两位桑皮纸艺人生产的桑皮纸以其质地柔嫩、拉力强、不断裂、不褪色、防虫、无毒性和吸收力强等诸多优点，获得故宫博物院科技部的曹静楼副主任等专家的高度认可，成为故宫倦勤斋的大修工程特选的传统古画修复材料❶。这一殊荣无疑也奠定了桑皮纸作为高端用纸在传统书画界的地位，也拓展了新疆和墨玉县相关文化部门对于桑皮纸的保护和营销的思路，桑皮纸的特性和它所承载的历史文化底蕴，显然是它不同于一般纸张的优越性，只有在对它的保护和营销中充分发挥这种优越性，探索桑皮纸生产出来后的下游延伸产品，才能使桑皮纸这个传承了千年的非物质文化遗产在现时代拥有更长久的生命力。为此，新疆和墨玉县的文化部门尝试举办桑皮纸全国画展，使同样历史悠久、价值独特的中国画与桑皮纸，在新世纪的新疆交汇、相融于一体。

2011年，"中国画·桑皮纸"国画展在新疆图书馆展厅展出，在新疆维吾尔自治区文化厅的倡导下，100多位新疆的各民族画家和由新疆走出去到内地的画家第一次在桑皮纸上作出中国画，让所有参观者大饱眼福，产生了轰动。这一创新实践，不仅承载了我国传统造纸技艺和中国画传统艺术的浓厚历史文化底蕴，而且通过将桑皮纸所蕴含的历史文化特质与现代文化元素有机融合，使古纸上呈现出时代艺术的光芒。

2012年3月5日至15日，"春雨工程"全国文化志愿者边疆行之"蓝靛金箔中国画·桑皮纸绘画作品展"在北京国家图书馆古籍馆举行，展览由新疆维吾尔自治区人民政府主办，文化部社会文化司、国家图书馆、新疆维吾尔自治区文化厅承办，中国文化传媒集团有限公司、新疆维吾尔自治区文化馆协办。展出的90多幅作品，具有浓郁的中国风格和西部神韵，既有气势恢宏的天山峻岭、苍茫博大的高原雪域、古朴苍劲的沙漠胡杨，也有饶有情趣的人物画像和民族风俗等。78岁的维吾尔族桑皮纸制作技艺传承人阿卜杜喀

---

❶ 黄骏骑. 桑皮纸走进紫禁城［N］. 人民日报海外版, 2006 - 06 - 23（15）.

迪尔·阿依普在现场为观众表演了桑皮纸的手工制作技艺。中共中央政治局委员、自治区党委书记张春贤在出席作品展时盛赞，"在桑皮纸上作画，将新疆优秀的传统文化与时代发展有机结合，使千年薪火相传的古老技艺桑皮纸重焕光彩。桑皮纸绘画作品中充分体现了当今新疆开放、创新、交流融合的现代文化引领的宝贵精神内涵。一幅幅展现新疆多彩民族风情、壮丽风光和改革发展辉煌成就的绘画作品，激发起各族人民对保护文化遗产、弘扬中华文化的决心"❶。这一展览此后陆续在 19 个援疆省市巡展，展现新时代的新疆风貌，加强新疆各族群众与全国人民的情感交流。而桑皮纸作为其中的重要媒介，也在这一活动的逐渐开展中，受到更多的瞩目，获得更大的知名度。

其次，用桑皮纸展现新疆的文化生态，通过使桑皮纸走向艺术和收藏品市场实现其产品增值。对传统技艺类非物质文化遗产的生产性保护强调要坚持传统的制作工艺和流程，桑皮纸的生产性保护也严格遵循这一点。然而传统手工制作方式的同时也决定了桑皮纸的产量有限，价格偏高，这一点决定了它不适宜作为普通用纸面向大众的日常需求，而必须另辟蹊径，尝试在其历史和文化价值的基础上发展文化产品，走高端路线，满足人们高品位的精神文化需求，从而实现桑皮纸的增值和转型。"新疆礼物"便是其中的尝试之一。

2013 年初，新疆维吾尔自治区旅游局和新疆国画院开始联合开发"新疆礼物"——桑皮纸新疆风情国画作品，通过描绘新疆的独特人文和美景，传承历史和文明，展示新疆的大美。这种全新的尝试充分利用桑皮纸的特色和优势，实现了文化遗产桑皮纸、中国传统书画艺术与新疆文化旅游的完美结合。2013 年 9 月 14 日，首届新疆文化创意产业博览会在新疆国际会展中心盛大开幕。在新疆国画院主办的"'新疆礼物'——桑皮纸新疆风情国画作品展"上，不仅展出了桑皮纸新疆风情国画作品和《大美新疆》桑皮纸国画长卷，而且有托乎地巴海·吐尔迪老人在现场展示桑皮纸的手工制作，此外还有新疆著名画家在桑皮纸上现场作画。短短两天时间里，就吸引了近五千人在新疆国画院展位前驻足和参观，成为文博会上的一大亮点，社会各界也通

---

❶ 张春贤参观"蓝靛金箔——中国画·桑皮纸绘画作品展"［EB/OL］. http：//www. iyaxin. com/content/2012－03/13/content_3386980. htm.

过这一平台进一步了解和认识了非物质文化遗产桑皮纸及其衍生产品"新疆礼物"。此后，桑皮纸国画作品还先后亮相第 27 届香港国际旅游展、第八届中国新疆国际旅游节、第九届哈密瓜节、2013 年伊犁天马国际旅游节、第三届中国新疆国际民族舞蹈节、2013 年新疆乌苏啤酒节等，成为各展会上一道亮丽风景。

最后，开辟桑皮纸手工艺品和旅游产品市场，打造桑皮纸文化品牌。2013 年，为进一步加大对国家级非物质文化遗产桑皮纸的传承和开发，让更多人了解墨玉县桑皮纸的独特魅力和文化底蕴，墨玉县积极开发桑皮纸产品，邀请知名文化公司对桑皮纸制作产品进行包装设计，目前，桑皮纸产品包括 2013 年挂历、筒画和镜框挂画三个产品。墨玉县此次开发桑皮纸制作产品，将保护非物质文化遗产与发展特色文化产业相结合，将维吾尔族民间艺术有机地融合到桑皮纸文化上来，全面提升和扩大桑皮纸的知名度，使更多的民众能够走近桑皮纸，更多的制作和经销者能够依靠桑皮纸获益，从而取得良好的社会效益和经济效益。

四、对桑皮纸的生产性保护的总结和相关思考

在对桑皮纸制作技艺实施保护的过程中，新疆的各级文化保护单位对生产性保护这一非物质文化遗产保护的重要方式进行了可贵的探索，从非物质文化遗产项目本身特点和本地区的实际出发，从保护传承人入手，以技艺传承带动生产，并在传统生产中实现技艺传承；在恢复生产的基础上，探索非遗产品在现时期的重新定位和转型，通过政府主导下的宣传推介和社会参与，使非遗产品的独特价值与现时代人们的文化需求相结合，使产品产生高附加值，能够面向市场，创造更多的经济价值和社会价值。在这一过程中，一方面提高了民众对于非物质文化遗产价值的认识；另一方面也提高了传承人的生产和传承的积极性。

毫无疑问，桑皮纸的生产性保护在恢复生产和产品营销方面的成果是显而易见的，不过从对桑皮纸的生产性保护的考察出发，笔者对生产性保护的可持续发展有如下相关思考。

首先，在非物质文化遗产项目保护地，相关的非物质文化遗产项目可以尝试合作保护。例如，在墨玉县，维吾尔族桑皮纸制作技艺的生产性保护可

以和艾特莱斯丝绸制作技艺的生产性保护相联系，因为二者的生产都依托桑树这一重要的生产要素，并且自古至今都始终相伴存在。因此对二者的保护和宣介也应当合作进行，更利于展示非物质文化遗产传承与发展的文化生态。

其次，在非物质文化遗产的保护、宣传和营销过程中，要加强对同类非物质文化遗产的了解，明确自身属性和定位，从而在宣传和营销中突出自身的特色，展示非物质文化遗产所根植的地域和民族的特色。例如，剪纸和刺绣这两项非物质文化遗产，在不同地区和民族中都有各自的创造和传承，在材料、手法、题材和历史积淀等方面有着各自的特点。非物质文化保护部门和传承人在当前非物质文化遗产保护的热潮中有更多机会接触到同类产品，只有在对同类产品的比较中才会更加加强对自身产品的认知，从而坚持和突出自身特色，更好地保护和传承。例如，桑皮纸制作技艺，在国家的非物质文化遗产保护名录中就有维吾尔族桑皮纸制作技艺（第一批）和安徽潜山县和岳西县的桑皮纸制作技艺两个项目，二者虽同为桑皮纸的手工制作，但是制作工艺却不尽相同，维吾尔族桑皮纸制作技艺为浇纸法造纸，而安徽潜山的桑皮纸制作为抄纸法造纸，两者在历史渊源、传承体系和技术手法上都不同。显然，通过与内地的桑皮纸制作技艺相比较，维吾尔族桑皮纸制作技艺的宣传介绍更应当突出起从汉代以来的传承，其浇纸法造纸较之抄纸法造纸更悠久的历史和其作为造纸术的方法之一对中华文明和世界文明的贡献。与此同时，与桑皮纸构成同类产品的还有其他手工造纸，如第一批和第二批国家级非物质文化遗产名录中就有宣纸、铅山连四纸、皮纸、傣族和纳西族手工造纸、藏族手工造纸、竹纸和楮皮纸 7 项造纸项目，它们与桑皮纸一样都采取传统的手工造纸的形式，都有着悠久的传承历史和文化内涵，有别于大规模的机器生产出来的纸张，但是由于原材料和制作工艺等不同，各种纸张的性能也不同。因此，在这方面的宣介中，宜从桑皮纸以桑皮为原料和制作过程的精细等产品特性和优势来宣传。

最后，在非物质文化遗产的保护、宣传和营销中，要充分发挥专家的作用，利用和借鉴已有的学术成果，深刻认识和展现非物质文化遗产的各方面价值。《指导意见》中在建立完善非物质文化遗产生产性保护的工作机制中指出，要坚持政府引导，鼓励社会参与，发挥专家作用和加强指导检查。在桑皮纸的生产性保护中，政府引导和社会参与的效果已经很显著，在充分发挥专家作用方面还可以适当加强。在非物质文化遗产项目申报立项、保护传承和对外宣传中要充分发挥专家的作用，通过召开包括各相关领域专家的会议、借鉴相关研究成果的形式，为非物质文化遗产的生产性保护提供学术支持。文物和书画专家对于桑皮纸的特性的评价和赞誉则可以在宣传中突出它的产品优势和文化价值。在这方面，安徽的桑皮纸的推介有一个成功的经验可循，他们的桑皮纸就是借助世界遗产委员会和故宫文物专家在业内的专业评价而获得了更高的认知度和美誉度，从而奠定了其作为手工纸制品在典籍、字画、裱背、修复等方面的重要地位。

科尔沁版画的艺术人类学研究[*]

郭金良^{**}

绪　论

引　言

这篇博士后出站报告是基于笔者在内蒙古通辽市及其各旗县的田野考察工作而完成。同时也是笔者的导师色音研究员主持的国家社科基金重大项目"内蒙古蒙古族非物质文化遗产跨学科调查研究"中的一部分。

本文学科归属为艺术人类学；研究对象为民族艺术；研究个案是内蒙古通辽市科尔沁版画；研究方法为田野考察；研究成果的呈现方式为艺术民族志。

本文的核心议题：后现代社会语境中，民族文化艺术的传承与再创造。

（一）论题的提出

传统意义上的民族艺术，具有明显的地域特性，既是历史范畴又是文化范畴。在以往的特定历史条件下，都经历了长时期的相对封闭与自适、自足以及族群生活与生存中多因素濡染的过程，具有强烈的生存状态和生命意识又极富自然与人文内涵。

当今世界新的全球化发展浪潮以及伴之而来的新的互联网信息革命，更深层次地影响世界多方面的格局，尤其是文化格局。❶ 在全球一体化迅速开展

———————————

＊ 本文是国家社科基金重大项目"内蒙古蒙古族非物质文化遗产跨学科调查研究"（批准号：12&ZD131）阶段性成果。

＊＊ 郭金良，艺术学博士，中国社会科学院民族学与人类学研究所博士后，主要从事艺术人类学、民族艺术、非物质文化遗产及文化产业等相关领域的研究。

❶ 20 世纪末 21 世纪初，关于现代性及其文化问题，成为国内外专家学者，尤其是人类学家、社会学家广泛关注与讨论的问题。

的今天，已经没有任何地区可以免遭工业文明和现代信息的侵染。

21 世纪初，中国的专家学者基于宏观层面，认识到经济全球化带来的文化方面的凸显问题：文化的"同质化""单一化"以及传统民族文化的消解和消逝；各个学科表达了对传统民族文化"消失殆尽"的忧虑，也提出了相应的解决方案。❶ 同时，当代的社会学家、人类学家从微观实际的田野考察中，也为我们揭示了更为重要的社会事实，❷ 即传统中有生命力的事物并没有随现代化的进程而消失，它正以任何组织形式所不可代替的优势介入现代化进程中来。尤其是在当今互联网信息时代，传统民族文化、民族艺术的"丰富性""民族性""原生态"及其审美价值与意义系统，重新开始被人们重视。它正转变为一种人文资源，不仅在营造多元共生的人文景观中显示独特的价值，而且成为当地新的文化、经济建构的方式，同时伴随文化产业发展洪流成为当地新的经济增长点。

面对如此事实，我们不禁思考：传统民族艺术于当下的全面复兴意味着什么？显然，我们在看到不同特质的文化在交流中往往不可避免地发生碰撞、冲突，我们还应该看到文化的流通、传播与文化的选择、重构同时存在。历史发展到今天，特别是在"全球化"语境下，对于民族艺术尤其是具有地域特性的少数民族艺术来说，既是机遇又是挑战。

那么，在新的互联网和全球化的时代背景下，在新的市场化和后现代化的社会语境下，民族艺术的发展现状如何？是蓬勃发展还是逐渐萎缩？它究竟能不能获得充足的发展空间？它与文化生态环境的关系如何？政府在其中又扮演什么角色？它在当今社会以及未来的发展过程中会遇到哪些问题？其选择路径又如何？这都是值得我们深入探讨的。

由此，对于上述问题的深入思考，对于传统民族艺术在现代化中的传承、

---

❶ 伴随世界教科文组织《全球非物质文化遗产公告》的颁布，国内政府重视和支持力度大增以及"非物质文化遗产"学科的迅速兴起，非物质文化遗产项目的申报核定，传承人的申请评审、"非遗"的传承、保护发展，甚至"非遗"传承人进校园等一切与"非遗"相关的活动蔓延全国。大家一致在"保护"的层面倡导政府大力支持民族文化的传承与发展。同时，伴随中国市场经济的深入发展，对于民族文化的挖掘和利用，政府的行为策略也难免捉襟见肘，民族旅游景区受经济利益驱动而导致的过度开发以及为追求轰动效应导致的文化"泡沫"和虚假繁荣。

❷ 中国社会学、人类学于 20 世纪初发轫，经过民国勃发，到"文革"的断弦，在八九十年代又重新登上历史舞台。诸多社会学家、人类学家开始进入田野，在实际的田野考察中去发现世纪之交中国社会的变化。

再造及其与现代社会的互动模式研究，将有助于我们更好地理解传统文化与现代社会的关系，有利于我们更好地认清中国当下社会现代化发展面临的境遇、问题以及解决方式。

（二）选题的时代背景

每个时代都会面对新的问题，产生新的现象，探求新的规律。如果我们愿意在生活中睁大眼睛，每天都会有新的问题等着我们去研究、去思考、去解决。

人类社会的现代化进程自中世纪开始至今，经历了文艺复兴、宗教改革、科技革命、工业革命和信息革命。伴随着工业文明的不断加深，现代性及其文化的问题日益彰显。自20世纪末开始，关于当今社会现代化的发展问题、传统与现代的关系问题，一直是学术界，尤其是社会学界、人类学界广泛关注与讨论的问题。❶

英国人类学家安东尼·吉登斯在他的《现代性的后果》一书中提到：在20世纪末的今天，许多人都已经意识到，我们正站在新世纪的门槛前，社会科学必须对这个即将到来的新时代做出自己的回应，这个新时代本身正引导我们超越现代性。❷ 吉登斯的思考极具现实意义，他意识到了西方社会现代化发展到一定高度后，遇到瓶颈而导致的危机，而在这种变革中，社会科学究竟能做什么？与只从经济学角度考察全球化问题的学者不同，吉登斯从文化和政治的角度考察全球化，他认为全球化是政治的、技术的、文化的以及经济的全球化。❸ 美国著名社会学家丹尼尔·贝尔也提到：20世纪末，我们的社会，正在处于巨大的历史变革之中，旧的生产关系，现有权利的结构，以

---

❶ 西方社会的现代化的发展，在20世纪末，遇到了各种危机，一方面是经济危机，如能源危机、环境危机、生态危机等；另一方面是文化危机，如全球化带来的世界文化的"同质化""一体化"等。这种文化危机，一度引起西方各界的广泛关注，在他们看来，西方社会包括人类社会即将面临一个"终结"的时代、"迷茫"和"失控"的时代。经过十几年的发展，尤其是在互联网信息革命的时代洪流中，我们回过头来看，西方国家在现代化发展达到一定高度后出现了瓶颈，其直接反应便是文化的焦虑。而相对于西方国家而言，发展中国家文化的发展并没有想象的那样严重，传统文化、民族文化并没有"消失殆尽"，反而"被激发"，呈现出"蓬勃繁荣"的全面复兴景象。所以，在中国经过十几年的"文化建构"，从"文化自信"中重新走回"全球化"实施"一带一路"倡议的时候，西方国家反而呈现出一种"逆全球化"的趋势，这在英国"脱欧"事件以及美国总统唐纳德·特朗普退出"TPP"以及脱离世界科教文组织就可见一斑。

❷ ［英］安东尼·吉登斯. 现代性的后果［M］. 田禾，译. 江苏：译林出版社，2011：1.

❸ ［英］安东尼·吉登斯. 失控的世界——全球化如何重塑我们的生活［M］. 周红云，译. 江西：江西人民出版社，2001：3.

及资产阶级的文化正在迅速销蚀，动荡的根源来自科学和技术方面，也有文化方面。❶ 这与吉登斯的观点不谋而合，历史变革与社会转型带来的必然是文化、文明的重塑。德国人类学家乌尔里希·贝克在他的《自反性现代化理论初探》一文中也坦言：既然工业化社会的旧体制正在其成功的过程中解体，那么在"冷战"结束后，"常规"战争又重新被发现的痛苦现实中，难道我们不该得出我们必须重新思考乃至再造我们的工业文明的结论吗？❷

在他们看来，20 世纪末的西方社会正在发生着巨大的变革，这种社会变革隐隐约约，而又实实在在发生在他们身边。吉登斯认为：当今社会，令人目眩的多样性与这种时代转变有关，某些这类术语，如"信息社会"或"消费社会"，明显地与一种新的社会体系之出现相关联，但是大多数这类术语，诸如"后现代性""后现代主义""后工业社会""后资本主义"等，更确切地说实际上是表明了即将终结之前的事物所处的先前状态。这涉及一种转变，即从建立在物质产品生产基础上的社会体系向主要地与信息相关的社会体系的转变。❸ 吉登斯进一步指出："所谓的后现代性时期，而是正在进入这样一个阶段，在其中现代性的后果比从前任何一个时期都更加剧烈化、更加普遍化了。在现代性背后，我以为，我们能够观察到一种崭新的不同于过去的秩序之轮廓，这就是'后现代'（Post – modern）。"❹

而对这种"崭新的、不同于过去的秩序轮廓"加以概括、提炼的便是美国人类学家丹尼尔·贝尔。丹尼尔·贝尔意识到社会变革时期的到来，他在《后工业社会的来临》一书中积极做出思考，按照工业化程度将社会划分为三种类型：前工业社会、工业社会和后工业社会。他进一步指出：前工业社会主要是人与自然界的竞争；工业社会主要是人与能源之间的竞争；后工业社会的核心竞争，已由人与物的竞争转变为人与人之间理论知识的竞争。❺

---

❶ ［美］丹尼尔·贝尔. 后工业社会的来临——对社会预测的一项探索 ［M］. 高铦，王宏周，魏章玲，译. 上海：商务印书馆，1984：47.

❷ ［德］乌尔里希·贝克，［英］安东尼·吉登斯，［英］斯科特·拉什. 自反性现代化：现代社会秩序中的政治、传统与美学 ［M］. 赵文书，译. 上海：商务印书馆，2001：6.

❸ ［英］安东尼·吉登斯. 现代性的后果 ［M］. 田禾，译. 江苏：译林出版社，2011：2.

❹ 同上书，3.

❺ ［美］丹尼尔·贝尔. 后工业社会的来临——对社会预测的一项探索 ［M］. 高铦，王宏周，魏章玲，译. 上海：商务印书馆，1984：133.

显然，西方的人类学家敏锐地观察到了社会正在发生的转型，他们依据自身社会的变化，在对现代性发展到一定阶段而出现的弊端进行反思的基础上，提出自己专业学术的见解。这是人类学学科的宗旨，也是人类学家必须关注的课题。

那么，作为中国人类学者，我们不仅要追问：在西方面临社会转型，面临"后现代"的时候，中国社会面临什么样的时代，中国的学者又是如何思考的呢？

中国学者段炼认为，如果说在 20 世纪 80 年代突然面对西方现代主义与它的兴起我们还相差一百年的话，那么，西方的后现代主义现象距离我们并不遥远，因为在 20 世纪 60 年代由于经济起飞在西方出现的当代文化问题，同样在今天的中国重现。虽然还有些质的区别，就如同西方的后现代主义是"怀着乡愁，寻找家园"的时候，我们则正好是坐在"家园"的大门口。❶

段炼的比喻非常贴切，虽然西方社会的现代化早于中国的现代化，但在 20 世纪末，全球化时代开始蔓延，大家都生活在一个"地球村"的同质化时代，不管是起先的经济一体化，还是随后的文化一体化，中国与西方其实已经在同步前进。虽然，就像段炼所说，"还有些质的区别"（笔者认为，这种"质"可能是指经济层面），但毫无疑问，在文化层面，对于自 20 世纪末至今的中国而言，也在经历着本土的"后现代"，这是"传统文化复兴"（不管这种"复兴"是主动还是被动，情愿还是非情愿）的新时代。

中国著名学者、社会学家、人类学家费孝通先生，在他的文章《中华文化在新世纪面临的挑战》中指出："我们生活在具有悠久历史的中华文化中，而对中华文化本身至今还缺乏实事求是的系统知识。我们的社会生活还处在'由之'的状态，没有达到'知之'的境界。同时，我们的生活本身已经进入一个世界性的文化转型期，难免使人陷入困惑的境地。这确实是中华文化即将进入 21 世纪面临的一个无法回避的挑战。"❷ 费孝通先生进一步指出："我们还需要以科学的态度、实事求是的精神、实证主义的方法真正认识和理

❶ 段炼. 世纪末的艺术反思 [M]. 上海：上海文艺出版社，1998：30.

❷ 费孝通. 方李莉编. 全球化与文化自觉——费孝通晚年文选 [M]. 北京：外语教学与研究出版社，2013：127.

解具有优秀历史的中华文化。"❶

费孝通先生看到了世纪之初全球发生的重要变化，同时也看到了在这种巨大变革中，中国社会发展、文化发展遇到的挑战，同时也给出了自己的思考与建议。在文章《"文化自觉"与中国学者的历史责任》中，他积极思考："我开始探讨 21 世纪将是个什么样的世界，提出了 21 世纪要解决的主要问题之一是：各种不同文化的人，也就是怀着不同价值观念的人，怎样才能在这个经济上越来越息息相关的世界上和平相处?"❷ 由此可以看出，费孝通先生的视野已经超越"中国"而上升到"世界"层面，他思考的不仅仅是问题所在，更重要的是提出自己的建设性意见。他进一步指出："历史发展到一定时期，总是需要找到一个地方和一群人来发扬一种新风气。我想当前的新风气是文化自觉。现在世界上的各民族都开始要求自己认识自己的文化，提出了一系列的问题。而人文社会科学负有答复这些问题的重大责任。""在即将跨入 21 世纪时，还要呼吁文化自觉，希望大家能致力于对自己社会和文化的反思，用实证主义的态度、实事求是的精神来认识我们各自的历史和文化……从文艺复兴到 19 世纪，西方出现过'人的自觉'，写下了人类文化发展的重要篇章。看来 21 世纪我们将开始出现'人类文化的自觉'了。在新一页人类文化发展史上，应该有中华民族实现文化自觉的恢宏篇章，在世界上起一个带头的作用。"❸

在费孝通先生的指引下，方李莉研究员和色音研究员继承费老的衣钵，在艺术人类学学科和民族文化研究领域深耕不懈、著作颇丰。❹ 对于中国社会

---

❶ 费孝通. 全球化与文化自觉——费孝通晚年文选 [M]. 方李莉，编. 北京：外语教学与研究出版社，2013：127.

❷ 同上书，55.

❸ 同上书，56 - 58.

❹ 方李莉研究员和色音研究员一位致力于中国艺术人类学的研究，一位致力于民俗学、少数民族民间文学的研究。方李莉研究员从事艺术人类学的研究近 20 年时间，基本上都在进行田野工作，有 8 年的时间在西部贵州苗寨和陕西省的陕北和关中地区，有 9 年的时间在江西省景德镇研究陶瓷工匠的传统手工艺。通过实际的田野来研究中国自身的文化。用方李莉研究员自己的话说："我认为，中国人类学者要做的工作，如果用最通俗的语言来表达就是：'记录中国人的生活，发现中国人的创造，寻找中国文化发展的出路。'中国艺术人类学一样担负着这样的使命，只是其侧重以艺术的角度来理解中国的文化。"（方李莉. 艺术人类学的本土视野 [M]. 北京：中国文联出版社，2014：5.）色音研究员兼任中国民族学会副秘书长、国家社科基金同行评议专家、中国少数民族文学学会常务理事、中国都市人类学学会理事、中国民俗学学会理事、中国宗教学学会理事、中国艺术人类学学会副会长等职务。长期致力于民族学、人类学、宗教学以及艺术人类学的研究，出版多本著作，为中国文化尤其是少数民族文化的发展做出重要的学术贡献。

所处的时代以及发生的诸多文化艺术现象，他们各自做出自己的判断。20 世纪 90 年代，通过对景德镇传统民窑业的实际田野考察，方李莉研究员切身感受到了中国社会已然发生的重要转型，并敏锐地做出判断：这是本土性现代化的发展，在全球一体化的今天，我们不需要摧毁我们的传统文化，以换取现代化的实现；相反，传统可能会转化成一种构成新的文化或新的经济资源，这是一种文化的转型，也是一种后工业文明的特征。❶ 色音研究员通过对蒙古游牧社会变迁的人类学研究，从经济变迁的角度探讨了中华民族凝聚力的形成机制，阐明了农耕文化和游牧文化在北方草原上的冲突与交融过程。❷ 而通过对内蒙古自治区额济纳旗人文生态的田野考察研究，色音研究员指出："历史上飘落异域，后又蹚过血河东归祖国的土尔扈特人民如今却面临着严峻的生存危机。随着生态环境的恶化，作为土尔扈特蒙古牧民生活基础的畜牧业首先出现凋敝的迹象。"❸ 由此可以看出，全球化时代对少数民族地区的冲击，不仅仅表现在地理概念方面，更重要的是其赖以生存的经济、人文生态的破坏方面。同时，对于现代化，少数民族地区的文化也并非一味地被动接受，他们也在通过政府、市场、旅游、社会实际行动，从地域化的情境中提取民族性，然后跨越到广阔的实践空间去重新组织社会关系。

从社会学家、人类学家大量的田野报告中，我们可以看到，自改革开放伊始，中国社会不断经历着革新，中国的传统民族文化也在"全球化""现代化"的进程中做出不断地调适（这种调适或是自觉不自觉或是积极消极）。如果说，20 世纪末社会处于信息变革初端的这种"调适"是传统之于现代的简单互动，那么进入 21 世纪，在互联网、信息化、科技化、智能化高速发展的当今社会，我们的传统民族文化、民族艺术又该如何发展呢？本文的核心议题，通过蒙古族科尔沁版画艺术的现代性发展，探讨传统民族文化于现代社会的传承与再创造问题，正是基于"后现代"的社会文化语境提出和展开的。

（三）研究对象及个案

前面我们提到了本文选题的时代背景——后现代，那么，在后现代社会

---

❶ 中国艺术人类学学会. 技艺传承与当代社会发展：艺术人类学视角［M］. 北京：学苑出版社，2010：1.

❷ 色音. 蒙古游牧社会的变迁［M］. 呼和浩特：内蒙古人民出版社，1998：1.

❸ 色音. 居延故地——黑河流域的人文生态［M］. 成都：四川人民出版社，2003：151.

文化语境下，笔者的研究对象和研究个案究竟有怎样的"特质"，能够引起我们足够的关注并值得我们研究呢？这一节笔者便会说明本文研究的切入点、研究对象及个案的选择。

1. 研究对象：民族艺术之——版画

何谓版画？版画属于视觉艺术的一个重要门类，指在各种各样的材料上，制作出可以和不可以涂抹颜料和油墨的版面，然后再用纸进行转写的一种绘画表现形式。

广义上讲，版画包括在印刷工业以前印制的图形。狭义上讲，当代版画，主要指由艺术家构思创作并且通过制版和印刷程序而产生的艺术作品，是以刀或者化学物品等在木版、石版、麻胶、铜板、锌版等版面上雕刻或蚀刻后印刷出来的图画。随着版画艺术的发展，版画的版种和分类逐渐丰富。按照材料可以分为木版画、石版画、铜版画、锌版画、丝网版画、石膏版画等；按照颜色可以分为黑白版画、单色版画、套色版画等；按照制作方法可分为凹版、凸版、平版、孔版和综合版画等几种类型。[1]

早期的版画，画、刻、印相互分工，即制作时画者一人，刻者又一人，印者另一人，刻者只照画稿刻板，是"以刀拟笔"，是"依样"而非创作（画家被尊为画师，刻工和印工便不为人所重视了），所以古代版画称为复制版画；现代版画则不同，它不模仿、不复刻，是作者"以刀代笔"创作而成的作品，画、刻、印都是由版画家一人完成的。故此，现代版画在西方又被称为"雕版艺术"，而在我国则又称为"创作版画"或"新兴版画"。[2]

在欧洲，19 世纪中叶之前的版画，是古代版画；19 世纪中叶之后的，称为现代版画。在我国，民国以前的版画是古代版画；20 世纪 30 年代之后，由鲁迅倡导，众多青年版画家蜂起响应，学习欧洲现代版画技法而创作的是现代版画。[3]

中国是版画的故乡和摇篮（见图1）。鲁迅在其《〈北平笺谱〉序》中曾说："镂像于木，印之素纸，以行远而及众，盖实始于中国。"[4] 邓振铎也曾

---

[1] 黑崎彰，张珂，杜松儒. 世界版画史 [M]. 北京：人民美术出版社，2004：1.
[2] 李允经. 中国现代版画史 [M]. 山西：山西人民出版社，1996：3.
[3] 同上书，3.
[4] 《〈北平笺谱〉序》。

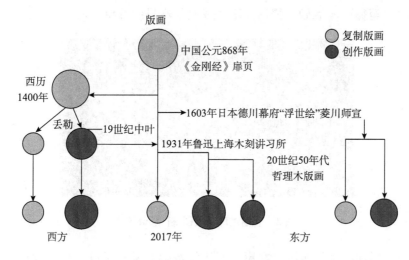

图1　世界版画历史发展脉络

在《中国版画史图录》自序中说："我国版画是兴起，远在世界诸国之先。欧洲之版画，为德荷两国所创，始施于博戏之纸牌上，并用以印刷《圣经》图像，时在西历 1400 年左右（当我国永乐初）。日本浮世绘版画则盛于江户时代（当我国万历至同治间），独我国则于晚唐已见流行，远万历、崇祯之际而光芒万丈。"❶

古代殷商时期，雕刻于龟甲、兽骨、铜器、陶器等上面的文字、图案，可以说是人类最早的雕刻版画的雏形。

秦汉两代，印章继承甲骨、玉版的镌刻传统被使用广泛，雕刻技术发达，雕工精美，逐渐进展成为雕版印刷技术。

隋唐五代时期，雕版印刷因为印章技术的演变与东汉蔡伦发明造纸技术而得到进一步发展。唐朝大量的佛书、佛像都通过雕版印刷技术广泛流传。现存我国最早的版画，有款刻年月的，是举世闻名的"咸通"本《金刚般若波罗密经》卷首图（见图2）❷，根据题记，作于公元 868 年。四川成都唐墓

---

❶　邓振铎. 中国古代刻画史略［M］. 上海：上海书店出版社，2010：223.

❷　正咸通九年刊刻的《金刚般若波罗蜜经》是我国现存有确切纪年的最早的雕版印刷品，由卷首画、经文及施刻人组成，其卷首的扉页画是世界上最古老的版画作品之一。原卷长 487.7 厘米，高 24.4 厘米，共用 6 块雕版、6 张纸印刷，再加一张扉页画，粘连成一幅长卷。卷末有"咸通九年四月十五日王玠为二亲敬造普施"刊记，"咸通"是唐懿宗的第二个年号，"咸通九年"为公元 868 年。清光绪二十五年（1899 年），英籍匈牙利人斯坦因在甘肃敦煌石窟中发现，骗掠回英国，现藏于英国国家图书馆。

出土的"至德"本版画，据估计比"咸通"本早约百年。

图 2 金刚进扉页插图 唐（868 年）

宋元时期的佛教版画，在唐、五代的基础上又有了进一步的发展。刻本章法完善、体韵遒劲。同时，在经卷中也开始出现山水、景物、图形。其他题材的版画，如科技知识与文艺门类的书籍、图册等也有大量的雕印作品。北宋的汴京，南宋临安、绍兴、湖州、婺州、苏州、福建建安、四川眉山、成都等，成为各具特色的版刻中心。同一时期的辽代套色漏印彩色版《南无释迦牟尼佛像》，是我国目前发现最早的彩色套印版画，在世界文化史上有极其重要的地位。由于使用的要求，在宋代也出现了铜印刷，主要用于印制纸币和广告。元代的"平话"刻本是我国连环版画的前身。

明清两朝是我国版画的高峰时期，在许许多多文人、书商、刻工的共同努力下，版刻出现了各种流派，创作出大量优秀作品，呈现出欣欣向荣的局面。不仅宗教版画在明代达到顶点，欣赏性的版画也在明代大大兴起。画谱、小说、戏曲、传记、诗词等，一时佳作如雪，不胜枚举。尤其是文学名著的刻本插图，版本众多，流行广泛，影响深远。

这一时期也是版画各个艺术流派的兴盛期。以福建建阳为中心的建安派，作品多出于民间工匠，镌刻质朴。以南京为中心的金陵派，作品以戏曲小说为主。或粗犷豪放，或工雅秀丽，风采迥异。以杭州为中心的武陵派，题材开阔，刻制精美。

而当时天津的杨柳青年画和苏州的桃花坞年画，成了我国木刻年画的两大中心（见图3）。木板年画以丰富的内容、绚丽的形式，表达了广大民众的思想感情，具有浓厚的人民性；它题材广阔，既涉及国家大事，又反映人民

图3 全本西厢记图 木板套印 清初苏州桃花坞

意愿。此外，举凡戏曲故事、神话传说、风景花鸟、侍女胖娃，皆可入画
（见图4）。因为它的确能博得民众的喜爱，便发展成为一种广布于村镇，深
入于万户千家的民俗版画。可是，到清朝末年，伴随西方印刷新技术（包括
石印制版、照相制版）的传入，致使我国古代版画艺术日趋没落。❶

经过一千多年的发展，中国版画由木刻版画发展到铜版画、石版画，由

---

❶ 李允经. 中国现代版画史 [M]. 山西：山西人民出版社，1996：7 - 8.

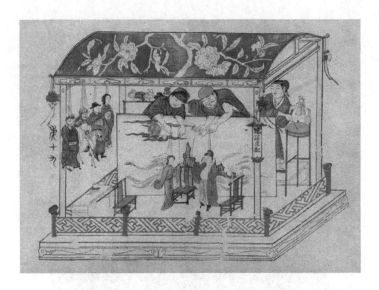

图4 《闵寓本西厢记》木板套印

明崇祯十三年（1640 年）

单色印刷发展到彩色套印，由单一的宗教版画发展到多样的文字版画、画谱版画、年画，由依附于文字的插图，发展成为相对独立的专门艺术，取得了辉煌的成就。

那么，我们的现代版画艺术又是如何一步一步兴盛起来的呢？为什么又有"新兴版画"与"现代版画"的概念呢？在讨论这个问题之前，我们先梳理一下世界版画的发展脉络。

14 世纪随着丝绸之路的开通和蒙古军队的西征，我国的木刻艺术传入欧洲，欧洲诸国便开始以木刻来制作扑克、宗教画以及文学作品的插图。所以，欧洲版画是受了中国木刻的影响才应运而生。❶ 鲁迅先生在其《〈近代木刻选集〉（一）小引》中曾说："那先驱者，大约是印着极粗的木板图画的纸牌。"❷ 那么，从欧洲现存最早的木版画《圣克利斯朵夫图》来看，他们的木刻技术尚没有形成西方的艺术特色。而从学术界来看，真正意义上将欧洲版画艺术推向与绘画艺术并驾齐驱的境地，从而确定了版画在西洋美术史上崇高地位

❶ 同上书，8.

❷ 《〈近代木刻选集〉（一）小引》。

的，是德国文艺复兴大师丢勒（1471—1528）和荷尔拜因（1479—1543）。❶

丢勒的版画作品（木版画、铜版画）都具有强烈的时代感，作品有着极强的艺术特色；荷尔拜因的版画作品不管是刻线、造型还是构图都极富张力。他们两位的版画艺术将欧洲版画的发展推向了一个高峰。随后，在16世纪中叶和17世纪，随着欧洲的铜版画兴盛，诞生了铜版画的巨匠，著名画家伦勃朗和戈雅都在其列。到了18世纪，欧洲近代创作木刻在英国产生，毕维克（1753—1828）善用木口木板进行创作，其技法细腻，风味独特，被称为欧洲近代创作木刻的第一人。到19世纪木刻画在欧洲复兴，欧洲的版画发展又进一步开创了画、刻、印合一的新风气，为创作木刻的发展开拓了前进道路（见图5、图6）。❷

图5 《亚当与夏娃》铜板　　　　图6 《三个十字架》蚀刻板
　　（［德国］丢勒）　　　　　　　　（［荷兰］伦勃朗）

到了20世纪，欧洲版画一方面木板、铜板、石板齐头并进，一方面在艺

---

❶ 在这里需要提及的是：德国文艺复兴大师丢勒，生活在资产阶级的启蒙时代，他既是杰出的油画家，又是杰出的版画家。他开始从事木刻版画，后来又介入铜版画，其作品反映了新文人主义和中世纪教会统治的斗争，具有强烈的时代感。他的木版画刻线细密有力，造型准确生动，显示了非凡的才能，他作于1498年的《四骑士图》，不仅显示了他杰出的素描能力，而且表现了他卓越的构图才能。作于1523年的铜版画《骑士·死神和恶魔》，其工艺技术和画面内容浑然一体，可谓完美结合。继丢勒之后，荷尔拜因继续把版画创作推向前进，他的木刻善用素描式的排线，构图极富讽刺的匠心，其代表作《死神之舞》和《愚人颂》。李允经. 中国现代版画史［M］. 山西：山西人民出版社，1996：9－10.

❷ 李允经. 中国现代版画史［M］. 山西：山西人民出版社，1996：11.

术观念上也受到现代思潮的冲击。但伴随着无产阶级革命运动的勃兴，版画艺术的战斗性获得了前所未有的发挥，也诞生了大批优秀的版画创作大师。❶他们的作品经鲁迅先生介绍，才重新激发了中国新兴版画艺术的勃兴。

中国古代版画经由欧洲一趟，再次回到中国，已经焕然一新。新在何处？前面我们已经提到，现代版画与古代版画除了时代和内容不同，最重要的区别就是画、刻、印的区别，笔者认为一个偏"技术型"，一个偏"艺术型"，所以中国的现代版画又称"创作版画"。

创作版画艺术精神取向与社会的启蒙、救亡相一致，一批艺术家以描绘人民疾苦、民族危亡为己任，以宣传鼓励为宗旨，把艺术创作与劳苦大众联系起来，表现出强烈的忧患意识与爱国热情。中国新兴创作版画的诞生，不仅开启了中国艺术的新门类，而且在当时的社会背景下发挥了重要作用，被称为"时代的战鼓"和"革命的号角"，无疑成为中国现代艺术史中重要的一环。

抗日战争和解放战争时期，版画家以版画作为斗争的武器，投入到民族救亡运动和民族革命斗争之中。这期间的版画作品，多采用现实主义的创作方法和比较写实的手法，以极大的热情反映时代、反映生活。如李桦的《怒吼吧！中国》（见图7）、胡一川的《到前线去》、张望的《负伤的头》、黄新波的《城堡的克服》、古元的《减租会》、黄新波的《卖血后》等作品，都是这一时期的代表作。这些版画作品，既继承了传统的木刻技术，又受到西方版画创作的影响，同时又具有特定时代性，其艺术价值极高。

中华人民共和国成立以后，版画创作发展步伐加快，先后涌现出大量的创作群体和不同风格的精品佳作。如以木刻版画见长的古元、彦涵、王琦、宋源文、谭权书、赵延年、牛文、徐匡、吴丹、张作良、黄新波、黄永玉、晁楣、张祯麒、杜鸿年等，以丝网版画见长的张桂林等，以铜版画见长的吴长江、苏新平等。

20世纪60年代，江苏兴起水印版画，运用传统印刷技巧，表现江南水乡秀美景物。如吴俊发的《茅山颂》、黄丕谟的《春风春水江南》、张新予、朱

---

❶ 欧洲创作版画的大师有：德国的珂勒惠支、梅雯尔德，比利时的麦绶莱勒，苏联的法复尔斯基、克拉甫琴科等。

图7 《怒吼吧！中国》木板 李桦 1935 年

琴葆的《绿遍江南》等。

1980 年，在黄山成立了中国版画家协会。此后，版画创作的观念发生很大变化，呈现出全新的局面。

现在，我国的版画界把1931 年8 月鲁迅在上海举办的"木刻讲习会"作为新兴版画运动的开端。当时以上海为中心，版画艺术运动开始向全国辐射，形成了不同地区的版画群体。而到了20 世纪80 年代，"版画群体"的概念才被提及，而当时处在改革开放浪潮中的版画艺术也进入转型期，全国各地形成了属于本地区的版画创作群体。他们分别是：四川、黑龙江北大荒、江苏、云南画派、天津塘沽、汉沽版画群体（河北）、哲理木版画群体（内蒙古）、湛江新地版画群体（广东）、宜春版画群体（江西）、湖北工人版画群体和大庆版画群体等。这一时期的版画创作群体组成比较复杂，他们有的是高等美术院校受过训练的骨干，有的是基层选送到美术院校进修回来的闯将。当然也有自学成才的业余作者，他们是有知识的新一代工人和农民。他们在全国各地举办版画联展、交流展，探讨版画群体的特色，研究版画作品审美的动向，推动着新时期版画艺术的普及和繁荣，并以其具有民族风格又具有当代风格的优秀之作，走向世界。❶

那么，在全球化与互联网的新世纪，民族版画艺术遇到何种挑战，又面临哪些机遇？这些版画群体的现状如何？他们经历了怎样的发展变化？又呈

---

❶ 李允经. 中国现代版画史［M］. 山西：山西人民出版社，1996：408－409.

现出怎样的新面貌?

这是笔者博士后报告研究的起点,也是笔者进入"田野考察"工作的基本切入点。

通过对文献资料的梳理和实际的田野考察,笔者发现:

(1)复制版画主要以木版年画的形式延续至今,在"非物质文化遗产"中彰显魅力。

中国古代版画艺术与远古时期的岩画、陶器上的彩绘、殷商时期的甲骨文以及秦汉的画像石刻都有着密切联系;至唐代木刻版画开始,佛教版画盛行;两宋金元文学书籍插图广泛应用;明清的彩色印刷、木版年画的繁荣。古代版画艺术在历代无数画家和雕刻家经过长期深入的生活实践、艺术实践和探讨后,共同创造了辉煌。伴随西方印刷新技术以及照相技术等的传入,古代版画也迎来了危机。20世纪以来至今,中国古代版画以木版年画这一形式延续至今,在国内形成了多个集聚区,主要有:天津杨柳青、河北武强、河南朱仙镇、陕西凤翔、山东潍坊杨家埠、江苏桃花坞、福建漳州、湖南滩头、四川绵竹、广东佛山等。因为木版年画不在笔者研究范围,所以,在此只是作为中国版画艺术进行完整介绍,尔后不再赘述。

(2)改革开放时期的版画群体集聚地依然存在,新的集聚区也有出现;各地版画艺术创作良莠不齐,发展不平衡。

中国创作版画,自20世纪30年代开始,版画群体就一直是其主要的组织形式。像最初的MK木刻研究会、无名木刻社、一八艺社、木铃木刻研究会、北平木刻研究会、平津木刻研究会、广州现代版画会、太原木刻研究会、济南木刻研究会、开封木刻研究会、大众木刻研究会、深刻木刻研究会、南昌木刻研究会、上海铁马版画会等,都是以版画群体的形式而存在。这种群体创作的组织形式一直延续至今,他们在祖国各地悄然生长,以强大的生命力构成我国版画艺术繁荣发展的根基。进入21世纪,新世纪版画群体主要有:黑龙江北大荒、内蒙古科尔沁(哲里木)、北京、天津塘沽/大港、江苏启东、安徽合肥、四川、云南、广东佛山以及2006年打造的集原创、收藏、展示、交流、研究、培训和产业开发为一体的中国版画事业与产业并进的发展基地——深圳观澜版画原创基地。❶ 目前的版画群体成员构成成分较改革开放新时期的人员构成有很大的不同，各个集聚区版画创作群体基本形成了"老中青"三代，群体中除了老一辈版画创作者和各个地区学校的小初高中美术老师、还加入了许多新的年轻学院派力量。

（3）版画艺术集聚区在时代环境的转换中进行着自身的调适，在版画创作题材、内容、技巧、风格上经过长时间的传承积累，逐渐形成了较强的民族特色与地域特色。

群体版画的创作内容多汲取于现实生活，可以感受到版画家对于生活的热爱和对生命的真诚，作品易于理解也富有探索精神。像内蒙古科尔沁版画（哲里木版），它植根于内蒙古东部科尔沁大草原，作品以草原生活百态展现牧民的健壮和豪放，彰显彪悍、热情的民族艺术形象，追求广袤浩远的艺术风格，极具蒙古族特色。云南文化长河悠久、艺术积累深厚，有着千奇百态的自然景观和风情迥异的民族特色，这为版画创作者提供了源源不断的灵感，所以云南版画既具民族特色又具现代风貌，以"美丽、丰富、神奇"誉满天涯。❷ 江苏启东画派被称为"江海明珠"，就自然风而言，江南水乡、诗情画意；就艺术遗产而言，明代的《十竹斋画谱》、桃花坞木版年画均为水印套色，虽属于复制版画，仍有可借鉴之处；就绘画传统而言，吴门画派、明四家、扬州画派、金陵画派均出自江苏，所以江苏版画，其作品水印精美，具有鲜明的民族特色和地域特色。❸ 四川版画则坚持以黑白、人物以及表现藏族人民的新生活为主，作品质量高，极具民族特色；除专业版画外，四川还有巴县和綦江两个地方的农民版画群体，作品均出自农民之手，具有民间艺术的特点，而且他们的作品表现了农民的审美观念和习惯，具有和专业画家作

---

❶ 深圳观澜版画原创基地：深圳十大客家古村落之一，位于中国新兴木刻运动先驱者、著名版画家、美术理论家陈烟桥的故乡——深圳市龙华区观澜街道牛湖社区。观澜版画村总规模达140万平方米，其中中心区面积31.6万平方米。版画工坊是观澜版画基地的原作拓印中心，整个工坊占地面积1000多平方米，一楼印刷车间分为石版、铜版、丝网、木版四个工艺区，印制版画的材料和设备都是从美国、英国、比利时、日本、荷兰、德国、韩国和中国台湾等地引进，工坊聘请的技师也都是国内的一流高手。同时，基地把现代版画工坊和客家古村落融合起来，形成了别具特色的文化元素，也为驻地艺术家的创作提供了思想的源泉。总之，版画基地无论从规模上、设备上还是艺术家人才上都堪称世界一流。

❷ 李允经. 中国现代版画史［M］. 山西：山西人民出版社，1996：407.

❸ 同上书，404 - 405.

品不同的风格和独特的艺术魅力。他们质朴、清新、稚拙，夹带着泥土的芳香和山野的风情，他们多从刺绣、剪纸、蜡染、图案、泥塑、木雕等民间艺术中汲取营养，具有一种"大巧谢雕琢"的原始状态的美。❶

（4）学院派版画与民间版画群体的互动更为频繁，版画群体的创作更为多元，作品展示平台更为多样。

一般意义上，学院派绘画是指通过学院严格训练教育或正规科班培训的画家。而版画教育的滥觞可追溯到 1931 年鲁迅先生在上海举办的木刻讲习所。之后抗战时期的延安鲁艺美术系与浙江等地的木刻函授班，都以不同的办学方式培养了一批版画人才，但正规版画教育的展开还是在中华人民共和国成立后。1952 年版画开始进入高等美术院校课堂，1954 年版画科系便陆续在各地院校中建立，从此版画教育研究也随之兴起。❷目前学院派版画群体基本上指"八大美院"版画系科班教授以及版画系专业毕业学生，或是经过高校版画教学体系训练的版画家。在 21 世纪初，学院派版画曾被艺术理论家诟病："中国现代版画艺术刚刚庆祝它的百年庆典，它的成就是辉煌的。然而，目前面临着前进中的困境：它从最具有群众广泛性的广袤地盘，萎缩到只在高等美术院校课堂和铁杆版画家画室相对狭窄的圈子里。版画的重振雄风，是我们必须正视和加以努力的重要课题。"❸

在 21 世纪这十几年的时间里，学院派版画也在不断地调适，不断寻找机会。一方面从版画艺术自身出发，与国际版画家们互动，寻找突破；一方面与民间版画群体进行互动，不断挖掘本民族的艺术资源，在民族艺术的传承和创新方面不断努力。同时，民间版画创作群体也积极主动地向学院派多学习艺术的思维、观念，打破之前根深蒂固的传统局限，放开思维，真正地从版画艺术的角度结合本民族的优秀艺术基因，努力创作。相比较而言，版画艺术 21 世纪这十几年的发展较之世纪之初的彷徨与困境，已经做出了较好的调整。版画作品更加多元化，版画交流的活动更为国际化，版画展示展览的平台更加多样化。

（5）回归传统：民族版画艺术的传承与学校版画教育的培养都在向民族

---

❶ 李允经. 中国现代版画史［M］. 山西：山西人民出版社，1996：396－397.
❷ 齐凤阁. 20 世纪的中国版画研究［J］. 美术观察，2001（8）：44－46.
❸ 龙圣明. 为版画"瘦身症"把脉［J］. 美术观察，2001（8）：45.

传统靠拢，挖掘民族的文化艺术资源，结合当代艺术思维、艺术理念，创作契合这个时代的优秀版画作品。

自1931年鲁迅先生的上海木刻讲习所始，中国现代版画有了标志性的开端。1949年中国美术家协会成立，尔后1953年设立版画组，各省市、自治区也纷纷设立美协分会或分会筹备组，负责推动本省市、自治区的美术和版画运动。1954年从国家行政美协层面，开始举办第一届全国版画展览会；❶ 从美术教育层面，版画科系在全国高等学校纷纷设立。同时，民间的版画群体也在持续不断地进行版画创作，整体而言，版画队伍也在不断壮大。经过"文革"间歇到改革开放的觉醒复苏，1980年，中国版画家协会成立，重新组织队伍，推动版画事业繁荣。经过20世纪90年代市场经济的冲击，世纪之交，版画迎来了"瓶颈"与"困境"，21世纪的这十几年，在国家总体战略和互联网经济下，版画在试图寻找突破，不管是学校教育系统层面各大院校版画系的不断探索，还是地方政府层面民间版画群体展览、交流的不断增多，都预示着版画这门艺术具有顽强的生命力，而探寻地方与全球，民族与世界之于中国当代版画艺术发展问题，便成为整个版画届关注与探讨的核心课题。

（6）儿童版画对于民族文化艺术的传承极为重要，各大版画集聚区都不同程度地进行小初高的版画教学。同时伴随全球化和现代化进程的不断深入，儿童版画作品的现代性增强，但作品中具有民族特色的因素相对缺失。

在中国现代版画发端伊始，鲁迅先生在引介西方优秀版画作品、倡导版画艺术的同时，对儿童版画教育和儿童版画的国际交流也极为重视。❷ 但无奈

---

❶ 在中国美术界，对于版画创作者而言，有两个全国大展最为重要，一个是"全国美展"（每五年举办一次）；另一个是"全国版展"（每两年举办一次）。全国美术作品展览，简称全国美展，是中国最高规格、最大规模的国家级美术作品展览，每五年举办一次。主办单位为中华人民共和国文化部、中国文学艺术界联合会和中国美术家协会。采取两个阶段办展的方式，先按画种分展区展出，然后在北京举办获奖及优秀作品展。组织委员会，由名誉主任，正、副主任和委员若干人组成。设"创作奖""理论评论奖""终身成就奖"三个子项。其中"创作奖"设金、银、铜、优秀四个分项。现已举办十二届。全国版画作品展览，简称全国版展，自1954年举办第一届至今已成功举办二十二届。

❷ 1933年7月18日，鲁迅就给罗清桢写过一封专论儿童版画的书简。他提到，少年学木刻，题材应听其自由选择，风景静物、虫鱼，即一花一叶均可，观察多，手法熟，然后渐做大幅，不可开手即好大喜功，必欲作品中含有深意，于观者发生效力。倘如此，即有勉强之作，画不达意，徒存轮廓，而无力量之弊，结果必会与希望相反的。他在信中还评论了罗清桢任教的松口中学的5幅少儿版画，并于次年将这些少年之作寄往巴黎展览。此外，鲁迅还珍藏着日本和光学园和苏联莫斯科一个小学的儿童版画原拓，共60余幅。（李允经. 中国现代版画史［M］. 山西：山西人民出版社，1996：417.）

当时社会环境极为恶劣，儿童版画难以获得发展。20世纪40年代初，儿童版画教育颇负盛名的是重庆育才学校和日本华侨学校。改革开放后，儿童版画教育得到全面发展，为版画艺术的整体繁荣注入了勃勃生机，其中著名的有铁道部一局西安铁路小学、通辽聋哑学校和发电总厂子弟小学、天津河北区少年宫等，他们将少儿版画艺术推向前所未有的新阶段。1985年，中国少年儿童版画协会在北京成立，这是我国版画史上首次出现的全国性的儿童版画组织，它的成立推动少儿版画的进一步发展，意义非凡。随后，全国各地儿童版画的教育、展览活动蓬勃发展。进入21世纪，现代化和全球化带来艺术教育理念和艺术审美观念的转变，少儿版画教育在积极传承民族文化艺术的同时，也遇到了教学理念落后、民族特色和地域特色减弱、作品风格单一化等诸多问题。

通过对中国版画艺术相关历史文献的梳理和笔者实际的田野考察，我们可以看到在新的互联网和全球化的时代背景下，在新的市场经济和后现代的社会语境下，中国版画艺术及其创作群体面临的挑战以及做出的积极应对。作为一名艺术人类学的研究者，我们要敏锐地观察到社会文化艺术发生的变化，同时，也要思考文化艺术现象背后的规律性。

由此，我们不禁思考：进入21世纪，作为传统民族文化的版画艺术到底发生了怎样的变化？其传承与发展到底面临怎样的问题？原因如何？未来发展的方向及选择路径又如何？

如果说，改革开放的初期，中国现代版画的全面发展是传统民族文化于现代化的复活与重构。那么，改革开放后30多年的今天，中国当代版画发展的新变化，是否可以说是传统民族文化的又一次传承与再造？是否可以说是文化多样性在当代社会的一种实践？如果是一种实践，那么，实践者是谁？实践的原因、动力是什么？实践的过程、路径及其意义又是什么？

笔者带着这样的问题，在色音导师的指导下，将内蒙古科尔沁版画作为自己的研究个案，对通辽市及其各旗县的版画集聚区进行深入、细致的田野考察，进一步探讨蒙古族传统民族艺术的传承与再造。

通过本报告的研究，笔者想解决的问题是：第一，了解通辽市科尔沁传统民族版画艺术的发展变化，进而了解中国改开放以来社会化进程中少数民族文化的传承与再造的整个过程；第二，以科尔沁蒙古族版画艺术为研究对象，与导师色音研究员的"民族文化"研究进行一次跨学科的深层对话，也希望进一步拓展艺术人类学的研究领域；第三，对通辽市及其各旗县进行区域联动的多点个案研究，希望通过细致深入的微观研究达到人类学"以小见大"的实用效果，获得对人类民族文化艺术发展的整体参照。

2. 研究个案：内蒙古通辽科尔沁版画艺术

内蒙古通辽市❶坐落在科尔沁大草原上，总面积6万平方公里，人口310万，其中蒙古族人口近150万，是中国蒙古族人口居住最集中的地区。同时，它有着悠久丰厚的历史文化，独具特色的民族风情，美丽辽阔的自然景观，是清代国母孝庄文皇后、清末爱国将领僧格仁钦、民族英雄嘎达梅林的故乡，也是民间舞蹈"安代"的发源地，有"中国民歌曲艺之乡""中国马王之乡""中国版画艺术之乡"等美誉，是少数民族蒙古族民族艺术丰富且活跃的地区（见图8）。

图8　通辽市科尔沁版画集聚区区位分布

❶　通辽市位于内蒙古自治区东部，是内蒙古自治区东部和东北地区西部最大的交通枢纽城市，被自治区政府定位为省域副中心城市。现辖1个市辖区、1个开发区、1个县、5个旗，代管1个县级市，即科尔沁区、通辽经济技术开发区、开鲁县、库伦旗、奈曼旗、扎鲁特旗、科尔沁左翼中旗、科尔沁左翼后旗和霍林郭勒市。通辽市之前称为哲里木盟，1636年（清朝崇德元年）建哲里木盟。哲里木盟是首统盟，在政治、军事、经济上曾起过举足轻重的作用。1912年中华民国成立以后，哲里木盟10旗归北洋政府蒙藏院管辖，同时受东三省监督和节制。解放战争时期，哲里木盟先后改称哲里木省、哲里木盟，分别隶属于东蒙古人民自治政府、兴安省、辽西省、辽吉省、辽北省。20世纪40年代时通辽是个镇，名字叫白音泰赉镇。后时任哲里木盟盟长蒙古王爷为白音泰赉镇建市取名"通辽"。1949年4月，哲里木盟划归内蒙古自治区。1953年3月，哲里木盟建制撤销，所属各旗县市归内蒙古东部区行政公署管辖。1969年7月，哲里木盟划归吉林省。1979年7月，哲里木盟复归内蒙古自治区。1999年10月，撤销地级哲里木盟建制，成立地级通辽市。

科尔沁版画的前身——哲里木版画，❶ 从 20 世纪 60 年代起，在历届全国美展、全国版展中都有通辽市的版画入选，并多次获得金奖、铜奖、优秀奖。哲里木版画 1983 年、1990 年两次在北京展出，扎鲁特版画 1982 年、1987 年两次在北京展出，这四次展览引起中国美术界的强烈反响，得到了专家和公众的认可，作品多次出国展出并被中国美术馆、北京民族宫和各省市美术馆收藏。《哲里木版画》《扎鲁特版画》《科尔沁版画》《科尔沁草原版画》《哲里木儿童版画》等多部画册出版，有 6 位版画家获得中国美术家协会颁发的"中国 20 世纪 60 年代""中国 20 世纪 80—90 年代"优秀版画家称号。

近些年科尔沁版画更多地走出了国门与海外，到中国台湾地区、中国澳门地区以及韩国、日本、意大利等地举办展览；十几位版画作者都出版了个人版画集。已有中国美术家协会会员 30 人，这在全国地级城市中非常少见。科尔沁版画成为通辽市的文化品牌，也是内蒙古自治区的文化品牌，是我国版画界独有的蒙古族特色的版画，有着鲜明的地方色彩，表现浓浓的草原风情、纯纯的牧民生活画卷、朴实的木刻表现技法、夸张的色彩印制、厚重的地方风格。

改革开放以来，通辽市版画家创作了数千幅版画作品，出版了《科尔沁版画》《哲里木版画》等各类画册书籍近 50 余种，多次在中国美术馆、民族文化宫，以及天津、南京、深圳、台湾地区和日本、韩国、德国、挪威等国家举办展览。2008 年，通辽市代表内蒙古自治区参加了"北京奥运城市文化交流展示"活动，2011 年科尔沁版画进入上海世博会，被京沪各大媒体赞誉为"科尔沁草原雄风"。

近几年，科尔沁版画精品力作不断呈现。《新娘》《红云》《草原，你早》《乌珠穆沁的傍晚》《秋风》《草地风》等多幅版画作品均成为我国当代版画

---

❶ 这里涉及两个名称的使用，"科尔沁版画"与"哲里木版画"，这两个名称其实都是指通辽市科尔沁这片草原上产生的版画艺术。之所以有两个名称，是因为依据地方行政区划名称的更改而更改。通辽市之前称为哲里木盟，哲里木版画在 20 世纪 50 年代诞生之初就是以哲里木盟命名。到 1999 年哲里木盟撤盟建通辽市，再到 2004 年，经过内蒙古美协、通辽市美协及通辽市地方政府的一致协商，为了更好地宣传通辽市地方民族文化品牌，原"哲里木版画"更名为"科尔沁版画"。但在本文中，并不是以确切的 2004 年作为两者使用的界限范围，为了便于研究，笔者大致以 2000 年时间节点来界定两个名称的使用范围。比如，涉及 20 世纪 50 年代至 20 世纪末通辽市版画历史的部分，用"哲里木版画"；涉及进入 21 世纪以来通辽市版画的发展或是对通辽市版画 60 多年发展整体的描述，用"科尔沁版画"。

精品，近百幅作品荣获国家级奖项，其中《乌珠穆沁的傍晚》获得第 13 届全国版画展金奖。目前，中国美术馆、民族文化宫、中国对外展览公司等单位收藏科尔沁版画 70 多幅，一些作品还被编入《中国新兴版画五十年选集》《中国版画家新作选》《黑白版画选》等代表我国当代美术成就的大型画册中。

2012 年 3 月，在北京中国国家画院美术馆举行了"吉祥科尔沁——内蒙古通辽市科尔沁版画作品展"共展出的 60 件版画作品中有 20 件曾获得全国美展和版画展的金奖、银奖、铜奖及入选作品，40 件为近两年创作的优秀作品。

2017 年 4 月 18 日，中国文联"中国精神·中国梦"主题文艺精神文艺创作工程项目"重塑哲里木版画辉煌"培训班在奈曼版画院举行开班仪式；7 月 28 日，第二十二届全国版展在通辽科尔沁版画艺术中心隆重开幕，本次展出的版画作品为 299 位来自全国各地的版画作者创作的作品，其中通辽市版画作者就占到 19 位；8 月 21 日，由内蒙古自治区文学艺术界联合会、内蒙古自治区美术家协会主办的中国文联"中国精神·中国梦"主题文艺精神工程项目"重塑哲里木版画辉煌"版画作品展在内蒙古美术馆开幕，来自全市各个旗县的 60 多位版画创作者的作品参展；9 月 8 日，第三届中国非物质文化遗产传统技艺大展在安徽黄山开幕，扎鲁特旗版画代表通辽科尔沁版画参加；10 月 28 日，通辽市奈曼旗国家艺术基金项目"沙海明珠·奇美奈曼"——2017 年奈曼版画作品在深圳观澜国际中国版画博物馆举办，80 幅极具塞北大漠风情的奈曼版画作品集体亮相。

在科尔沁版画展翅腾飞的同时，通辽市的少儿版画艺术教育也蜚声海内外。

1983 年，通辽发电总厂子弟学校率先开展了儿童版画创作活动，他们做的"纸板水印版画"得到广泛好评。1984 年，通辽市科尔沁区聋哑学校指导儿童创作"石膏拓彩版画"。从此，科尔沁少儿版画在通辽大地上生根发芽，开花结果，并逐渐由科尔沁区发展到奈曼旗等地。

近 30 年来，日本等国家和中国台湾地区曾多次组团到通辽市学习观摩版画艺术教育成果。1985 年 8 月，日中艺术研究会事务局长三山陵女士和我国著名版画家李平凡先生专程到通辽，向通辽发电总厂子弟学校和科尔沁聋哑学校颁发日本教育版画协会最高金奖。在"第十五届世界儿童画展"上,《叔叔们起得早》获银质奖,《打口袋》《顶牛》《这是我们的家》获铜质奖。在"十三届理迪采国际儿童画展"上,《雪》获特别奖。在"日本东京国际第十六届儿童画展"上,《晨曲》获特别奖,《海底帐篷》和《马儿开大会》获银质奖,《我们到太阳上去住》《月亮为什么》等 6 幅作品获铜质奖。1987 年,《玩双杠》在有 38 个国家参展的"国际儿童版画展"中获特等奖。1989 年 4 月,由中国宋庆龄基金会、光明日报社、中国美术馆与中国台湾新东阳基金会、人间杂志社、寒舍画廊联合举办"哲里木盟——台湾儿童版画联展",这是中国大陆在中国台湾举办的第一个儿童画展,共展出通辽儿童作品 143 幅。1991 年,日本北海道教育版画交流团一行 7 人专程到通辽市与明仁小学等学校举行交流活动,并举办版画联展。2003 年,科尔沁版画在韩国展出,参展作品在韩国美术界引起了极大反响。据统计,截至 2008 年,通辽市先后有 2000 多件儿童版画作品在世界五大洲 20 多个国家和地区展出,夺得国际特等奖 14 块,金奖 53 块,银奖 134 块,铜奖 1589 块,百幅作品在日本全国巡展。

目前,科尔沁版画作者参加过国家、省(自治区)及地市以上展览的有 300 多人,其中有 26 名版画家是中国美术家协会正式会员。科尔沁版画基本形成了以奈曼旗、扎鲁特旗和科左中旗等地为主的成人创作板块和以科尔沁区、奈曼旗等地为主的少儿版画创作板块,成人版画已形成了特色突出的草原画派,少儿版画被文化部命名为"少儿版画艺术之乡"。科尔沁版画像一颗璀璨的明珠,在中国美术界熠熠生辉。

通过初步的田野考察,笔者总结了科尔沁版画的如下几个特征。

(1)"部分"与"整体":科尔沁版画是中国现代版画发展进程中重要的组成部分。

科尔沁版画是鲁迅先生 1931 年倡导的新兴木刻版画运动的延续,是内蒙古科尔沁地区版画群体在 20 世纪 50 年代汲取版画艺术的精髓逐步创造出来的极具民族特色、地域特色与时代特色的版画艺术。科尔沁版画在 20 世纪七八十年代出现了大批优秀的本土版画创作者,经过他们几代人的努力,多次获得全国奖项,也促使了哲里木版画进至中国美术馆进行展览,创造了辉煌的历史。

到了 21 世纪之初,科尔沁版画的创作群体数量大量缩减,这不仅仅在科尔沁地区，在全国整个版画艺术界也是普遍现象，八大美院的学院派版画也处于冷清的状态。到目前为止，学院派版画创作之路在不断摸索前进，而地方版画群体也在不断调适。科尔沁版画与中国现代版画同步经历了60多年，其中有20世纪50年代美术教育的萌兴、"文革"时代的搁置、改革开放的复兴、90年代市场经济的冲击、进入21世纪的迷茫与自觉调适。可以说科尔沁版画是内蒙古蒙古族美术的典型代表，也是中国现代版画进程中重要的组成部分，在中国现代版画未来发展中也会占有极为重要的地位。

（2）"传承"与"再造"：科尔沁版画是蒙古族民族文化传承与族群认同的重要载体。

科尔沁版画是基于蒙古族民族精神，融入蒙古族元素，依据当地的民俗、文化在当代发展潮流中的诸多变化为艺术源泉，真实反映民族地区生活和审美情趣的民族艺术，它具有民族性、地域性与时代性的特点，同时也具有丰厚的历史性与艺术的多样性。不管是版画群体的艺术创作方面还是民族艺术的版画教育（学院版画与儿童版画）方面，通辽市都在积极适应当今时代的变化，不断弘扬传承民族文化，同时不断改革创新，推动科尔沁版画的发展。因此，科尔沁版画不仅是蒙古族族群认同的重要途径和方法，同时也是族群认同的重要形式和组成部分，是蒙古族民族文化传承、再造与族群认同的重要载体。

（3）"非遗"与"资源"：科尔沁版画是蒙古族文化生态的重要一环，与当地政治、经济发展有着密切的联系。

在全球性的文化交流互动情形下，受西方文化的冲击，传统的民族艺术经历着严峻的挑战，也面临着新的机遇。科尔沁版画在现代化的进程中，并没有消逝，反而呈现出旺盛的生命力；作为自治区级国家非物质文化遗产，科尔沁版画没有消失殆尽，反而凸显出独特的人文价值，在民族文化的传承和发展中贡献突出，成为蒙古族文化生态的重要一环。不仅如此，科尔沁版画还成为通辽市当地文化强市建设的重要内容，作为促进文化产业发展的重要手段。

进入21世纪，在国家"非遗""文化产业"大发展的背景下，不管是通辽市政府还是各旗县政府都在将版画作为其政府文化品牌。版画也陆续被纳入"非遗"程序的轨道中，版画非遗传承人、版画非遗传承学校、版画之乡、少儿版画之乡等也都在"非遗"的保存名录中。通辽市各旗县版画创作基地、版画院、美术馆纷纷建立，版画培训班的开设、版画交流活动的组织、展览、展出，版画作为文化产业进行大力培育。进入 21 世纪，在通辽市各级政府的主导下，一方面，为科尔沁版画文化品牌的打造创造了得天独厚的条件；另一方面，为科尔沁版画创作群体提供了无比优越的创作环境。

（4）"地方"与"全球"：科尔沁版画作为蒙古族文化的代表，作为中国传统民族文化的典型，连接着中国与世界的文化互动与交流。

不同特质的文化在交流中不可避免会发生碰撞、冲突，虽然最后都归于融合，但毕竟有强势、弱势之分。21 世纪之初，全球化风暴席卷世界，中国传统民族文化在与西方现代化的交锋中，难免有落下风，不同程度地受到现代化的冲击。因为在这种文化的交流碰撞中，很大程度上是潜存于文化背后的经济实力的竞争，它影响着双方文化交流的价值取向。

在进入 21 世纪的这十几年，中国在不断进行着文化的"重构"与"再造"，各种"非物质文化遗产"运动的勃兴，大众文化、文化产业的大力发展，中国的传统民族文化也开始从"文化自觉"到"文化自信"。科尔沁版画作为蒙古族民族文化的代表，积极活跃在国内的版画界，不断地组织版画培训、版画创作，不断地组织展览、参加展览，不断地进行国内各个地区的互展、交流，不断地"走出去"，与世界各国的版画艺术互相交流，积极探索科尔沁版画艺术的当代发展之路。科尔沁版画作为中国传统民族文化的典型，连接着中国与世界的文化互动与交流。

如果说，文化的传承与再造是一种结果，那么，在此之前，文化必定要经历传播、碰撞、交流与融合，文化的传播、辐射与文化的选择、重构同在。

笔者认为，科尔沁版画这 60 多年的发展恰恰是伴随社会各个转型期"文化选择"与"文化融合"的结果。它的发展不仅仅关乎少数民族的文化与艺术、生存与发展，更是集民族地区政治、经济、社会互动与一体的复合体，并且这一复合体的文化艺术生态系统，也正是由原来的封闭与半封闭状态，逐渐转变为现在完全开放的流动状态之中。在这一"熔炉"中，传统民族文化与现当代文化、本土文化与世界文化相互碰撞、交织、融合，传统技艺与现代科技、现代传媒共力，最终促成传统民族文化的不断更新与再造。

（四）相关研究回顾及本文思路

在人文学科中，人类学学科因其"田野考察"的研究方式而最具整体性和实践性，其理论观点的获得大都是基于"田野考察"的诸多材料加以总结、提炼、阐释而成。那么，作为一名人类学者，在进入微观的考察之前，必须有一个宏观的理论指导，这是选题得以顺利进行的必要条件。在宏观理论的指导之下，才能从实实在在的"田野实践"中，捕捉到"社会事实"之下的规律性，从而验证并完善我们的理论，这样的研究才有意义。

正是基于此，笔者在这一节不仅要对本文选题的研究现状进行分析，更为重要的是整理和回顾与本文选题相关的前辈们的研究理论，在分析、整理与回顾的同时，补充完善自己的研究理论，从而形成自己"田野考察"的研究思路。

通过对版画相关研究的文献梳理❶，笔者发现，对于科尔沁版画系统全面的研究较少，大家关注版画本体的发展、现状，历史等。我们看不到版画艺术家的思想、情感、价值，看不到艺术家群体的互动，看不到政府层面的相关行为，看不到版画整个艺术系统过程，看不到其如何传承、传播、流通，又是如何被展示、被消费的。

目前，对于科尔沁版画的研究基本局限在国内，高校的美术教师以及硕士毕业的研究生，他们大多是从艺术学、美术学角度出发，探讨版画艺术本身的当代发展问题，也有从少数民族学角度，探讨版画民族艺术技艺的传承、少数民族文化生态等问题，而从社会学、人类学、艺术人类学的视角切入科尔沁版画艺术的并不多。

在所有的人文学科中，人类学是最接近于整体的、跨学科式的研究对象和观察对象的一门学科，人类学的性质决定了它是一个学科的综合体。它不是从书本上来，到书本上去，而是到生活中去，去接触活生生的人，接触鲜活的社会事实；在生活的具体情境之中去感悟人类文化和艺术形成背后的那种最细微的构成方式，这种具有强烈实践性和整体性的研究范式不失成为一种新的学术视野。❷

艺术人类学是一门什么样的学科？它与艺术学、人类学的研究有什么样

---

❶　笔者通过对国家图书馆、首都图书馆、内蒙古通辽市图书馆、通辽市奈曼旗图书馆、通辽市扎鲁特旗图书馆、读秀网、中国知网等相关文献资料搜集，整理出相关专著 36 本，期刊类论文 84 篇，其中涉及科尔沁版画的有 23 篇。

❷　方李莉. 传统与变迁：景德镇新旧民窑业田野考察 [M]. 江西：江西人民出版社，2000：6－7.

的区别与不同？

艺术人类学可以说是艺术学研究的一个分支，也可以说是人类学研究的一个分支，因为其研究的对象和内容是艺术学的，但研究的方法和视角却是人类学的。艺术学的研究基本上属于抽象思辨的哲学方式，而艺术人类学的研究却较多地汲取了人类学的田野工作方式，这是一种实践性、经验性较强的研究方式。❶ 总之，艺术人类学是一门跨学科的研究视野，是一种认识人类文化与人类艺术的新视角。

从国内艺术人类学科的发展来看，对于少数民族艺术的传承与发展的研究是其极为重要的一部分。色音教授很早就关注少数民族的文化艺术研究，国家社科基金重大项目"内蒙古蒙古族非物质文化遗产跨学科调查研究"，❷从多学科、跨学科的视角，对内蒙古蒙古族多门类民族文化艺术展开调查研究，项目对于田野调查方法极为重视，同时注重理论研究，尝试在理论上有所突破。而笔者研究的科尔沁版画艺术，正是作为内蒙古蒙古族文化艺术田野研究的一个个案，同时以艺术人类学学科视角，从田野调查上升到学科理论，撰写艺术人类学民族志。而诞生于科尔沁大草原的科尔沁版画有着 60 多年的发展历史，它所走过的历程（不管是辉煌还是低落）都离不开这一代代以蒙古族为主体的版画创作者们辛勤开创、不断传承发展；它代表蒙古族的文化，它的发展有着丰厚的历史性与艺术的当代性，是传统民族艺术与现当代交织与互动的结果，对其研究会成为艺术人类学学科发展的重要组成部分。

那么，对科尔沁版画进行深入的个案研究，来解释传统民族艺术在现代

❶ 方李莉. 艺术人类学的本土视野［M］. 北京：中国文联出版社，2014：30.

❷ 色音教授主持的国家社科基金重大项目"内蒙古蒙古族非物质文化遗产跨学科调查研究"（12&ZD131），课题主要分为"蒙古族非物质文化遗产的田野个案"和"蒙古族非物质文化遗产的综合性理论研究"两大部分；田野个案包括"口头传统和表演艺术类非物质文化遗产""社会风俗和节庆礼仪类""自然界和宇宙的民间知识类""传统手工艺类"四个子课题，涉及蒙古族马头琴、蒙古汗廷音乐和长调民歌、鄂尔多斯的敖包祭祀、成吉思汗祭奠、蒙古族酸奶疗法、蒙古族服饰制作和马具制作工艺、蒙古族版画艺术等；理论研究为一个子课题——"内蒙古蒙古族非物质文化遗产保护传承对策研究"，具体包括蒙古族非物质文化遗产的语言载体保护对策、文化生态保护对策、法律保障对策、家庭教育和校园传承对策等内容。笔者所研究的科尔沁版画正是项目课题的一个组成部分，科尔沁版画诞生于蒙古族集聚的科尔沁大草原，以蒙古族为主体的科尔沁版画创作群体用他们辛勤的汗水传承着、创造着、发展着科尔沁版画。科尔沁版画艺术已经成为他们生活中的一部分。科尔沁版画丰富的历史性和艺术的当代性，代表着蒙古族民族的文化特性，从某种意义上讲，科尔沁版画的现代性发展是传统民族艺术与现当代交织与互动的结果。所以，对它的研究既是对内蒙古蒙古族非物质文化遗产研究的重要补充，也是当代中国艺术人类学学科发展的重要组成部分。

化进程中面临的境遇，传统民族艺术如何在当代社会中转变为一种人文资源，又是如何发挥它的价值，不断进行文化的传承与再造；传统民族文化的多样性在当代社会是如何实践的，其实践的动力、过程及意义如何，这不仅是民族地区文化艺术发展的需要，也是艺术人类学学科所应关注的重要方向和内容，并且考察和研究这些不同特质、不同层次的民族文化艺术形态之间的互动与渗透，也可以获得对人类民族文化艺术发展的整体参照。

因此，对于科尔沁版画的研究，我们不仅要研究版画艺术本体，研究艺术的客体，还要研究与科尔沁版画相关的所有事项，研究版画艺术生产、传播、流通、消费的整个艺术体系系统；研究与版画艺术传承发展相关的艺术家群体、国家政府、国家机构、民间机构、学校教育等诸多层面；研究艺术生态、文化生态；研究存在于版画艺术发展之下的民族文化认同和民族心理结构；研究科尔沁版画与现代民族发展的互动模式、传承发展模式等。

而关于科尔沁版画具体的研究路径，就要考虑到历时性和共时性的问题。历时性，即纵向的时间维度，通过对科尔沁版画这60多年发展的概述，提炼出其独特的"特质"、经历的转折、做出的调适以及当下的人文景观；共时性，即横向的空间维度，通过对科尔沁版画艺术实践者们互动实践活动的观察分析，探寻蕴藏在艺术活动之下实践者们的民族群体认同及其内在的民族心理结构；阐释文化艺术生态区域网络及其各个关联点的特质、转换、更替、要素及其形成的内在原因；探讨科尔沁民族版画艺术与现代民族发展的互动模式，传统民族艺术于现当代社会的传承、再造与途径选择问题。

不管是纵向的历时性研究还是横向的共时性研究，都需要笔者亲自深入到通辽市及其各个旗县，去接触科尔沁版画各个层面的人，接触鲜活的社会事实，收集翔实的田野资料，深入、细致地进行"田野考察"。在这种具体而细微的考察中，加入自己对学术研究的积极思考，从而在宏观上把握传统与现代两者之间的关系，唯有此，才能对现实诸多问题提出有意义的思考与建议。

人类学家乔健所言："文化来自田野，艺术是文化的一部分，也来自田野；第一，只有在田野里，我们才能充分认清文化生活的真面目；第二，文化，尤其是与艺术有关的文化，只有回归田野，才能得以再生和创新。"❶ 由此可见，田野工作对于我们认识社会、认识文化、认识我们自己的重要性。

本文采用田野工作的方法来获取第一手资料，然后记录整理成田野考察报告，最后以艺术民族志作为呈现方式。田野考察中，笔者事先拟定好大致提纲，以录音笔、照相机为工具，采用和调查对象面对面、参与观察、驻地考察等方式走进科尔沁，走进通辽市区美术馆、科尔沁画院版画艺术中心、奈曼旗版画院、扎鲁特旗版画院、内蒙古民族大学美术学院，走近艺术家的工作室，走近他们的艺术创作和真实生活中，去倾听科尔沁版画艺术实践群体讲述他们从事版画艺术的创作经历、生活经历，讲述自己亲身经历的版画故事。其实，这种通过当事人亲口诉说自己生活的故事和独特记忆的历史就是口述史，口述史是记述人们口述所得到的具有保存价值而至今还未得到的原始资料，是普通人日常生活的历史。

那么，笔者通过对这些版画艺术实践者们，尤其是20年纪的老版画家们、版画活动们的口述，再现他们在当代社会走过的五六十年版画历程，追踪他们的思想和行动轨迹，以重构这一段奋斗和开创的艺术史、文化史、社会史。作为艺术民族志的撰写者，如何保证自己获得的第一手田野考察资料的客观性，如何完美地将田野资料转译为艺术民族志，这都是笔者所要思考的问题，这也是每一个进行民族志撰写的人类学家、艺术人类学家所要思考和面对的问题。

总之，通过以上几个方面的分析与研究，形成了本文的大致思路：以通辽市科尔沁民族版画的现代性发展为例，运用艺术人类学的理论与观点、视角与方法，在民族生态观、文化整体观的参照下，基于"田野考察"，通过多点聚焦区域联动，对其进行"深描"式的艺术民族志研究。

一、田野初站："重塑哲里木版画辉煌"培训班

通辽市及其各个旗县的版画情况，笔者最先接触的就是奈曼旗的版画群体。

2017年4月15日，笔者跟随内蒙古师范大学教授乌日切夫初次来到奈曼旗版画院，参加他主持的"中国文联'中国精神·中国梦'主题文艺创作工

---

❶ 方李莉. 传统与变迁：景德镇新旧民窑业田野考察［M］. 江西：江西人民出版社，2000：1.

程项目'重塑哲里木版画'"的开班仪式。这个开班仪式也便开启了笔者关于科尔沁版画田野考察的序幕。

（一）开启科尔沁版画田野考察的序幕

乌日切夫教授❶可以说是笔者进入田野考察的引路人，通过他的引荐，笔者快速接触到与科尔沁版画田野考察相关的各个层面的人物，并且通过这为期十天的培训班的学习和对他们的简短访谈收获颇丰（见图9）。笔者总结为以下几条。

图9　重塑哲里木版画辉煌培训班全体学员合影

第一，接触到了全国版画届的知名版画家、教授。有来自中央美术学院的教授广军先生、张桂林先生；来自内蒙古师范大学美术学院的教授纳日松先生、张存刚教授、乌力吉教授；来自留英加拿大籍本土版画家布日固德博

❶　乌日切夫，蒙古族，1969年4月出生于内蒙古奈曼旗，1989年就读于扎鲁特旗蒙古族第一中学。1994年毕业于内蒙古师范大学美术系并留校任教，2009年考入中央美术学院就读博士研究生。现任内蒙古师范大学雕塑艺术研究院副院长，硕士生导师。中央美术学院丝绸之路艺术研究协同创新中心副秘书长、内蒙古青联副主席、内蒙古政协委员、农工民主党内蒙古自治区区委委员。中国美术家协会美术教育委员会委员、中国美术家协会"中国青年美术家海外研修工程"评审委员、中国艺术研究院中国版画院研究员、中国少数民族美术促进会理事、蒙古国国家美术馆顾问。1990年，乌日切夫从扎鲁特旗鲁北蒙古族中学考入内蒙古师范大学美术系，1994年留校任教；2000—2001年在北京中央美术学院版画系进修；2004年法国巴黎国际艺术城研修；2009年考取中央美术学院造型艺术研究所博士研究生；2013年中央美术学院博士研究生毕业；2015年获中央美术学院博士学位。

士；来自黑龙江版画院的于承佑院长。

广军先生❶是国内外知名版画家，是中央美术学院版画系主任、教授、博士生导师，中国美术家协会版画艺委会主任，中国国家画院院委、版画院执行院长、研究员，所以，在版画领域可以说是国内顶尖的"大咖"。广军先生从 20 世纪 70 年代末就开始参与和组织各种版画活动，是中国版画艺术由新中国成立前后的社会形态向 20 世纪 80 年代中期以后的学术形态转型的实践者和见证者（见图 10）。

图 10　中央美术学院教授广军先生参观王作才老师工作室

当笔者问及哲里木版画在中国版画史上的位置时，广军先生显得很兴奋，他提到一个词"辉煌"。他说在当时中国的版画界，哲里木版画创作群体的数量比较多，而且创作的版画作品水平非常高。他提到五个人：萨因章、老伊木（伊木舍楞）、乌恩琪、山丹、乌日切夫。

萨因章是广军先生中央美术学院附中的同学，同时也是中央美术学院版画专业大学的同班同学。他说萨因章大学毕业后一心想回自己的家乡哲里木，

---

❶　广军，1938 年出生，辽宁沈阳人。1959 年毕业于中央美术学院附中，1964 年毕业于中央美术学院版画专业，1980 年毕业于中央美院版画研究生班，并留校任教。曾任中央美术学院版画系主任、中国美术家协会版画艺委会主任，现为中央美术学院教授、博士生导师，中国美术家协会版画艺委会名誉主任、中国国家画院院委、版画院执行院长、研究员。作品《塞外归》《采莲图》《清明忆》《一夜春风》等，为中国美术馆、大英博物馆、法国里昂图书馆、法国木刻协会及德国路德维希收藏。广军从 20 世纪 70 年代末就开始参与和组织各种版画活动，是中国版画由新中国成立前后的社会形态向 20 世纪 80 年代中期以后的学术形态转型的实践者和见证者，是我国丝网版画的先行者。同时，广军也是一位油画家。无论何种形式的艺术创作，他的作品都融入个人的理想以及对人文的思考，有着一种自由、轻松、值得玩味的意趣。

尔后对哲里木版画走向辉煌起到了至关重要的作用。萨因章不仅仅把大学学到的版画专业知识带到了家乡哲里木，为家乡的版画群体注入了"学院派"的新鲜血液，更重要的是，他把全国版画领域优质的资源带给了家乡哲里木。作为当时的通辽市美协主席，他组织了许多次高质量、高资源的培训班（请李桦先生等去到哲里木盟讲授版画课程、指导学员的版画创作），策划了很多重量级的展览（两次哲里木版画进京展览），为哲里木版画走向辉煌做出重要的贡献。

广军先生提到第二个人老伊木（伊木舍楞），他说当时在中央美术学院版画系，低他和萨因章一班的还有个蒙古族同学，叫伊木舍楞，同学们都叫他"老伊木"，因为，实际上他年龄大大家不少，是大哥辈的。20 世纪 80 年代末，他来到北京，到美院版画系要开一个证明，不巧，管这事的老师不在，他就坐在版画系外面小花园的长椅子上等，广军老师看到他，劝他先住下，他说再等等。第二天早上，广军老师到系里，推开门，就看见他在小花园的椅子上睡着。这就是老伊木先生给广军先生留下的深刻印象：蒙古族的那份憨厚与执着。广军先生说，老伊木可以说是哲里木版画的开创者，是他开始的自学引领着哲里木版画，后来到央美进修，后又回到哲里木盟积极推动哲里木盟版画的发展。

广军老师说，乌恩琪是老伊木的儿子。1982 年，乌恩琪来央美版画系进修，学习上非常认真、刻苦，创作版画也非常拼命，并且做人也非常谦和。乌恩琪从中央美院进修回到哲里木盟，他的爱人山丹紧接着也来进修，等山丹也回到通辽，哲里木版画显然又注入了新的生机。哲里木版画的整体发展就好似大河一浪跟着一浪，哲里木版画创作队伍后继有人，创作状态从相对封闭进入观念更新、语言丰富的阶段。

到了 21 世纪，由于国际、国内多种因素的影响，哲里木版画几近跌入谷底。乌恩琪、山丹非常积极，竭尽全力推动哲里木版画的发展，广军先生也评价了两个人的作品。他说，乌恩琪和山丹这两个人有许多共同之处，除去对草原的崇敬和热爱，还有一份对草原遭破坏的担忧，他们喜欢草原、喜欢马的刚烈、迅捷、矫健、完美，马背上的牧民更是他们赞美不绝的对象。广军先生说，乌恩琪和山丹时时吮吸草原的历史与现实生活的"乳汁"，都善于用木刻这一艺术形式表达自己的理想。而不同之处在于：乌恩琪偏好表现蒙古族人民的勇敢、强悍、豁达和坚韧不拔，壮美如长调民歌；山丹以女人的敏锐、柔情和孩童般率真的心地以及母亲的胸怀书写着一首首诗，富于幻想。

最后，广军先生提到乌日切夫。他说乌日切夫是他 2009 级招的蒙古族博士生，乌日切夫学习认真、勤奋、刻苦，性格直率、坦诚，并且人品非常好，懂得感恩。一个蒙古族汉子对于版画的热爱，对于家乡的热爱超乎他的想象。广军先生说乌日切夫对于佛教版画有着很深的研究，他的版画作品中有很多借鉴了佛教版画艺术的诸多元素。乌日切夫对于民族艺术教育尤其是家乡的版画教育也非常关心，还申请了关于哲里木版画民族教育的课题，这个"重塑哲里木版画辉煌"的课题也是他申请的中国文联文艺创作工程项目，他总是心系家乡的文化艺术事业，尤其是版画艺术事业的发展。所以，广军先生说他非常支持乌日切夫，他说这不是乌日切夫第一次邀请他来奈曼版画基地，上一次来还是几年前奈曼版画基地刚刚创建的时候。这次来也主要是想看看奈曼版画这几年的发展，看看这个版画基地版画家们的创作，自己也多学习学习。

张桂林❶是广军先生的同事，擅长丝网版画。他说，这也是他第二次来奈曼版画基地。第一次也是跟乌日切夫和广军先生一起来的。谈到乌日切夫，张教授说，乌日切夫在读博士期间非常努力，版画作品也非常出色，最让他留下深刻印象的还是乌日切夫对于家乡版画事业发展的真诚与热爱。他说他和广军先生一样，也非常支持乌日切夫的项目课题（见图 11）。

谈及哲里木版画，张桂林教授说哲里木版画在 20 世纪七八十年代的确辉煌，出现了大批优秀的本土版画创作者，并且获得多次奖项，也多次进京展览。虽然经过世纪前后的萎靡，但这是全国整个版画艺术普遍的现象，不仅仅是地方版画群体数量的大量缩减，八大美院的学院派版画群体也在不断减少，并且作品的质量也在下降。到目前为止，学院派的版画创作之路也在不断地摸索前

---

❶ 张桂林，1951 年生于北京。1978 年毕业于中央美术学院，同年留校任教。1980 年在中央美术学院建立第一个丝网版画工作室。1990—1991 年应西班牙马德里美术学院的邀请，作为访问学者在马德里美术学院学习并在欧洲考察。现任中央美术学院版画系教授，版画系第一工作室主任。中国美术家协会会员，铁道部第一工程局高级美术教师。作品被英国伦敦大英博物馆、中国美术馆等多家中外美术馆收藏；著有《张桂林版画作品集》《丝网版画入门》《丝网版画工作室》等著作。从 20 世纪 80 年代开始，张桂林先生就参与了在中国对丝网版画的引入、研究、创作和教学等工作。在李桦先生的支持下，他首先在中国大陆创立了第一个丝网版画工作室，并纳入版种教学。不但在本校培养了专业学生，也陆续为其他院校、团体培训了一批丝网版画的教学与创作人才。

图 11　中央美术学院张桂林教授给学员们亲自实践丝网版画

进，而地方版画群体也是一样。近几年，哲里木版画，现在也叫科尔沁版画，整体发展还算可以，尤其是以奈曼旗为首，奈曼版画基地在全国范围来讲，可以算得上首屈一指（南有观澜，北有奈曼），但是奈曼旗群体版画的水平在哪个层级，虽然有很多优秀的作品，但是目前来说还是不太够，作品整体风格接近，单一化、同质化的问题存在。那么，在这么好的硬件设施下，如何进一步提高奈曼版画院版画创作群体作品的水平，这是一个重要的课题。

在中央美术学院，张桂林教授主攻丝网版画，这次来奈曼，他主要讲解丝网版画的制作，希望奈曼版画的版画创作者们的创作类别更加多元，也多多尝试不同的版种，尤其是丝网版画。张桂林教授说，他看到奈曼版画基地的丝网印刷室都是空的，没有一位版画家创作丝网版画。他说他希望通过他的讲解，有版画家能够拓宽自己的版画创作路数，创作出好的丝网版画作品。

纳日松教授❶，是内蒙古师范大学美术学院的教授，是乌日切夫大学的老师，也是乌日切夫工作后的领导。他说，乌日切夫大学的时候成绩就非常优

❶　纳日松，蒙古族，擅长版画。1942 年 10 月出生于吉林省镇赉县，1958 年考入内蒙古师范学院艺术系美术专业，1963 年毕业留校又深造两年。1965 年在内蒙古师范大学美术系任教至今，讲授素描、版画课程。曾任中华全国青年联合会第五届委员，兼内蒙古师大学术委员会委员；自治区高校高评委员会艺术学科组长；内蒙古版画艺术委员会副主任、全国版协理事。现为中国版协理事、内蒙古版画艺委会副主任、内蒙美协副主席、内蒙古师大美术系主任、教授、版画硕士生导师。作品多次参加国内外美术展览，部分作品被国家对外文委组织到日本、朝鲜、越南、柬埔寨、阿拉伯等国家展出，部分作品由内蒙古、新疆、河北人民美术出版社出版。1994 年获内蒙古文学艺术创作"萨日娜"奖、1995 年出版个人专著《纳日松画集》《纳日松素描集》。代表作品有《草原之夜》《草原晨曲》《原野》等。

秀，毕业直接留校任教。后来又不断学习，去到中央美术学院广军老师那里读博士。他说，乌日切夫一直在为自己家乡的版画事业辛勤劳作，申请版画项目课题，为家乡举办展览，培养年轻的版画家等。他说，他非常认可也非常支持乌日切夫所做的事情，尽管自己上了岁数，还是愿意来到奈曼旗支持乌日切夫的这次开班活动。

谈到哲里木版画，纳老师说，哲里木版画与内蒙古师范大学有着密切的联系。内蒙古师范大学美术学院版画系为哲里木版画创作群体输送了大量人才，哲里木版画创造了属于它的辉煌。哲里木版画老一辈版画家伊木舍楞、宝石柱、萨因章、莫日根、照日格图、张德恕、刘宝平等他都非常熟悉。再稍微年轻一点的杰仁台、乌恩琪、山丹、邵春光、韩戴沁、佟金峰、乌兰巴拉、安广有、王作才、王爱科他也非常了解。哲里木版画 20 世纪 90 年代经历了低潮，进入 21 世纪以后，慢慢地稍有起色，这种情况同样反映在呼和浩特的内蒙古师范大学美术学院，从事版画创作的人才越来越少。他说，他能看到奈曼版画基地这样好的基础设施，政府这样大的支持力度，还有这么多人在从事版画的创作，这么多人在为版画事业而努力，他感到非常欣慰。他非常希望乌日切夫的家乡，希望哲里木版画能够重新回到往昔的辉煌。

同样来自内蒙古师范大学美术学院的还有张存刚教授[1]和乌力吉教授[2]，

---

❶ 张存刚，1960 年出生于内蒙古呼和浩特市，1986 年毕业于内蒙古师范大学美术系。现为中国美术家协会会员，内蒙古师范大学美术学院教授、硕士研究生导师、版画教研室主任，内蒙古版画艺术委员会副主任。1997 年版画《牧人》在"民族百花奖"第四届中国各民族美术作品展览中获铜奖。1995 年版画《出征图》参加加拿大文物交流展。1999 年版画《树》在第九届中国美术作品展览中获优秀奖，并获内蒙古第六届艺术创作"萨日娜"奖。2003 年版画《静静的山村》入选第十六届全国版画展。2004 年版画《故乡之天空》入选第八届全国三版展；2004 年版画《乌素图》入选韩国釜山国际版画双年展；2004 年版画《寒冬秋叶》入选第十届全国美术作品展。2005 年版画《风》获鲁迅美术学院第四届"鲁艺杯"全国师范院校教师优秀奖。2006 年版画《红叶凋零知多少》入选纪念鲁迅逝世七十周年——二十一世纪首届中国黑白木刻展；2006 年版画《漫漫应昌路》入选全国首届综合版画展。2007 年版画《落荷之二》获内蒙古自治区成立 60 周年全区美术作品展一等奖。2009 年版画《悠远的树》入选"倡导绿色生活，共建生态文明——全国美术作品展"。2012 年作品《额济纳风景之三》入选浩瀚草原——中国美术作品展。2014 年版画《茫茫阴山》入选第十届中国艺术节——全国优秀美术作品展，2014 年版画《吉祥的日子》入选第十二届全国美术作品展。

❷ 乌力吉，蒙古族，1962 年生于内蒙古科右中旗，1985—1987 年就读于扎鲁特旗蒙古族第一中学，1911 年毕业于内蒙古师范大学美术系并留校任教。2006 年毕业于中央美术学院获美术史博士学位。现为全国艺术专业学位研究生教育指导委员会委员、中国美术家协会会员、内蒙古美术家协会副主席、理论委员会主任、内蒙古师范大学美术学院院长、教授、硕士生导师。目前主持国家社科基金两项，主要研究方向为北方民族美术史论与艺术心理学。曾在专业学术刊物上发表过几十篇论文。出版著作《中国美术简史》《内蒙古传统美术——绘画、唐卡、刺绣》等近十部。2009 年和 2013 年两次获内蒙古文学艺术创作"萨日娜"奖，2010 年获中国文联文艺评论三等奖，2014 年被评为内蒙古自治区优秀研究生导师。

他们是乌日切夫的同事，也是非常要好的朋友。乌力吉也是通辽人，还跟乌日切夫上的同一所高中——扎鲁特旗蒙古族第一中学，并且都是中央美术学院博士毕业。乌力吉和乌日切夫一样，对家乡的美术事业非常上心，不过他的侧重点在民族艺术理论上，申请到的国家社科项目也是关于内蒙古文学艺术创作理论的。乌力吉说，他热爱自己的家乡，热爱科尔沁这片土地上的人们，虽然自己在呼和浩特，但是家乡的所有的活动能够参与的都会参与。他说，这次来奈曼版画基地参加乌日切夫的培训班，也是想看一看奈曼旗版画的发展，看看能为家乡的版画事业出谋划策。张存刚教授虽不是通辽人，但是对哲里木版画现如今的发展也极为关注。他经常和乌日切夫一起策划版画展览，参加版画活动。

布日固德❶，和乌日切夫、乌力吉同样来自扎鲁特旗蒙古族第一中学，也同样是中央美术学院毕业。他后来留学英国，尔后移民加拿大。谈到哲里木版画，他说，那段时光现在还记忆犹新，1963 年随父母迁居原籍哲里木盟扎鲁特旗，师从当地美术老师张淮清、照日格图老师学习木刻版画；1978 年考入内蒙古哲里木盟师范学校美术班学习，导师是苏和。1980 年毕业后回到扎鲁特旗鲁北蒙中，在照日格图老师门下，兼教学和版画创作。1982 年考入中央美术学院连环画年画系，师从文国璋，陈文骥，王沂东学习。当时的哲里木版画全国出名，离不开老版画家们的辛勤努力，尤其是伊木舍楞、照日格图、莫日根、萨因章、张德恕、刘宝平等。他说，扎鲁特旗版画在哲里木版画中占有重要地位，扎鲁特旗蒙古族第一中学在照日格图老师的带领下，培养了大批的版画人才。他说他也是哲里木版画的一分子，为哲里木版画出过一份力。后来忙于学习，再加上后来出国对家乡的贡献也少了，可是在国外，那份惦念家乡的心始终未变。这次专门从加拿大飞回来参加乌日切夫的培训班，也是想为家乡的版画事业做出点贡献，跟家乡的版画创作者们交流一下版画创作的经验。他说，这次回来看到奈曼版画基地的建设、看到版画家们的创作尤为高兴。

---

❶ 布日固德，蒙古族，1961 年出生于内蒙古巴彦诺尔盟阿拉善左旗，1963 年随父母迁居原籍哲里木盟扎鲁特旗。1986—1994 年在北京师范大学分校（今联合大学职业技术师范学院）任讲师。1994—1998 年获全额奖学金赴英国布拉德福德学院留学，并获荣誉学士和优秀硕士学位，在校期间学习丝网版印技术和铜版版印技术。1999 年获得英国杰出版画奖，后留任布拉德福德住校艺术家。2000 年移居加拿大，2010 年至今，工作生活在北京、多伦多。2017 年执教于中央美术学院油画系第五工作室。

于承佑教授❶，是黑龙江省版画院的院长，多次担任全国美展、全国办画展的评委，也是国内版画界的"大咖"（见图12）。

图12　黑龙江版画院院长于承佑教授参观指导高鹏的版画作品

谈到哲里木版画，他说，哲里木版画和黑龙江版画是北方版画的两个大的群体，在历史上不分伯仲，都创造过辉煌的历史。不管是哲里木版画还是黑龙江版画，那一批老版画家都付出了辛勤的汗水，为现在的版画群体打下了坚实的基础。改革开放市场经济体制逐步建立以及迎面而来的全球化，使得两地的版画甚至中国的版画界在20世纪90年代出现了动荡，版画创作群体骤减。幸好有很多版画家坚守着版画创作，在21世纪迎来了春天，国家层面对民族文化艺术的重视，再加上版画家们的坚守和不断努力，使得版画起死回生。现在黑龙江省大约有20个版画基地，版画创作群体也是非常庞大，老中青三个层次也很丰富。哲里木版画现在的发展要看奈曼旗，这里有这么好的硬件设施，又有数量可观的版画创作群体，未来发展很是可观。今后，哲里木版画与黑龙江版画也要相互学习，多交流知识、多沟通信息，在互联网信息时代做出好的成绩。

---

❶　于承佑，1953年生，山东即墨人。擅长版画。20世纪70年代末从事绘画创作。80年代初参加北大荒版画创作班。1986年毕业于鸡西师范学院美术专业。1987年后在黑龙江鸡西市群众艺术馆工作。中国美术家协会会员、黑龙江省版画院院长、黑龙江省版画艺术委员会副主任、黑龙江省美术家协会驻会画家。国家一级美术师。曾任第十六届全国版画展评委。作品入选六届、八届、九届、十届全国美展，十一届、十七届全国版画展，青岛国际版画双年展，台湾国际版画双年展，北京国际版画双年展，深圳观澜国际版画双年展，中国版画百年展。作品《小屯之夜》《山花》《极地暖阳》《思归》等百余件作品被中国美术馆、日本国际版画美术馆、英国木版基金会等国内外专业机构和收藏家收藏。1999年在台湾地区举办个人画展。出版《于承佑画集》等个人画集两册。

第二，接触到了来自通辽市的著名版画家，教授。来自通辽市的知名版画家山丹老师、乌恩琪老师；来自通辽市画院的院长邵春光先生；来自内蒙古民族大学美术学院的教授王永波教授、金宝军教授。

乌恩琪老师❶和山丹老师❷的名字在之前搜集科尔沁版画文献资料的时候就已经非常熟悉了，也深知两位版画家在 21 世纪以来为哲里木版画做出的贡献。这次初见两位老师，感觉非常亲切。

提及哲里木版画，乌恩琪老师说，他的父亲（伊木舍楞）可以说是哲里木版画的开创人，自己从小就受父亲的影响，后来慢慢接触版画、喜爱版画、热爱版画，和山丹老师一起成为哲里木版画走向辉煌的参与者、见证者；后来到 90 年代，社会转型，市场经济体制开始慢慢建立，版画遭受到市场经济的猛烈冲击，哲里木版画开始进入低谷，版画创作群体不断减少，很多人开始从事其他的工作；再后来进入 21 世纪，自己当了通辽市美协主席，和山丹老师一起为哲里木版画的传承和发展做了很多的事情，自己到现在也问心无愧。乌恩琪老师说，科尔沁版画这十几年的发展势头良好，尤其是奈曼旗版画的发展，在李玉山书记的带领下，奈曼版画基地建设投入使用，带动了很大一批版画创作者，奈曼旗版画事业做得有声有色。这同时也刺激了其他旗县的政府机构和版画创作者，点燃了他们从事版画艺术事业的热情。他说，他和山丹老师会一如既往地支持科尔沁版画，支持通辽市每个旗县的版画事业的发展。他会把琪丹工作室入驻在每个旗县的版画院，为年轻的版画创作者辅导授课，同时自己也不断创作出更好的版画作品，为科尔沁版画贡献自己的所有力量（见图 13）。

---

❶ 乌恩琪，蒙古族，1953 年生，内蒙古科左中旗人。通辽日报社主任编辑，中国美术家协会会员、原内蒙古美术家协会副主席、版画艺委会副主任，内蒙古政协书画院院士，内蒙古民族大学客座教授，通辽市第一届、第二届政协委员，通辽市文联副主席。乌恩琪为人宽厚豁达，凭报社美编职业，能广泛联系作者，又能在创作上探求新内容、新手法。1991 年当选为哲盟美术家协会副主席，2000 年当选为美协主席，文联副主席；2006 年当选为内蒙美协副主席。乌恩琪一直致力于科尔沁版画的发展与传承，带领美协班子抢救濒临灭绝的版画创作队伍，向市委市政府打报告申请资金，购买材料，举办展览，出版画册。走访旗县基层文化馆和美协，提供版画刀具油墨，发动作者创作版画，再次激发作者的创作热情，为哲理木版画辉煌的延续做出了重要的贡献。

❷ 山丹，达斡尔族，1954 年生，内蒙古扎兰屯人。1973 年哲盟师范学校毕业留校任教美术，曾任通辽职业学院艺体系副主任、副教授直至退休。1985 年进修于中央美院版画系，多年来创作年画、剪纸、连环画、版画等并多有出版、发表，在教学上勤于探索，电化教学录像片曾获全国电教进步奖；自治区教学优秀奖；首届哲盟拔尖人才、内蒙古自治区劳动模范、全国五一劳动奖章获得者、获"中国 20 世纪 80—90 年代优秀版画家"、哲盟政协七届、八届委员，通辽市政协一届、二届、三届常委，内蒙政协书画院院士，内蒙古民族大学兼职教授。

图 13 乌恩琪、山丹老师的琪丹工作室

山丹老师说，她和乌老师不仅是参与者、见证者，还是组织者、记录者。作为哲里木版画的中间力量，他们见证了哲里木版画走向辉煌，也看到了哲里木版画跌入低谷。她说，那种心情不可名状。所以，进入 21 世纪，大家都不搞版画的时候，她和乌老师还在继续创作，不仅自己创作，还专门自己掏腰包组织年轻人的创作，鼓励更多的人创作版画。因为他们不想前辈们打下的哲里木版画的辉煌就这样消逝，她们这一代有义务为传统民族文化艺术的传承而战。

2008 年乌恩琪、山丹老师入驻深圳观澜版画基地。2009 年通辽市美术家协会班子换届，邵春光❶担任美协主席。邵春光说，哲里木版画老一辈的版画家们创造了辉煌，也正是看到他们的那种热情，自己也投身到版画事业当中来。20世纪 90 年代对于哲里木版画来说的确是一个坎儿，可能这是个时代的原因，可

❶ 邵春光，1957 年生于内蒙古通辽市，现为中国美术家协会会员、内蒙古美术家协会副主席、通辽市美术家协会主席、通辽画院院长、科尔沁版画院院长、内蒙古大学艺术学院客座教授、内蒙古民族大学美术学院客座教授，国家一级美术师。作品曾获第十三届全国版画作品展金奖；第六届全国美术作品展优秀奖；内蒙古文学艺术创作"萨日娜"奖；内蒙古自治区历届美术作品展金、银奖等。作品入选第六届、第九届、第十届、第十一届全国美术作品展；第九届、第十三届、第十六届、第十八届全国版画作品展；荣获 1986 年版画世界奖和纪念鲁迅逝世 50 周年版画展"鲁迅版画奖章"；被中共通辽市委、市政府授予"科尔沁英才"称号；内蒙古自治区第十二届人大代表。2009 年接任通辽市美术家协会主席，主持过在中国画院举办的"吉祥科尔沁——内蒙古通辽市科尔沁版画展"，内蒙古大学艺术学院"探索与交流——哲里木版画与内蒙古艺术学院版画交流展"；出席《继往开来——2015 中国版画家邀请展》和 2016 年深圳"首届中国版画艺术节"。

能在全国范围来讲都面临同样的问题。但毫无疑问，哲里木版画群体数量骤减。他说，记得当时乌恩琪老师当通辽市美协主席的时候，他和乌恩琪、山丹一起去通辽市地方各旗县文化馆去考察版画创作者的创作，每个旗县没有几个人做，当时一片冷清。通辽市有几个人做，扎鲁特旗有杰仁台、韩戴沁、佟金峰，奈曼旗只有王作才。所以进入 21 世纪，以乌恩琪、山丹为首，大家一起为哲里木版画奔走相告，希望哲里木版画的辉煌能够传承下去。经过十几年的努力，现在还算是有点效果，科左中旗、扎鲁特旗建了版画基地，尤其是奈曼旗版画基地，正是因为大家的努力还有政府的大力支持才有了近些年的好成绩。

金宝军❶，内蒙古民族大学美术学院版画系主任，他一直进行版画创作与教学工作，他把自己的创作经验和成果一直带入到课堂，他也一直以来为哲里木版画的延续而努力思考着。他说，铜版画作为哲里木版画技法的延续和拓展、他选择了铜版画并进行研究，其版画创作与哲里木传统版画不仅在画面的造型和形式上都有所区别，在专业技法上也为哲里木版画的发展进行了扩展，经过他的不懈努力，已形成了具有自己独特风格的艺术语言。

提到哲里木版画，他说，他小时候对少儿版画感兴趣，所以，对"哲里木少儿版画"的印象就是当今哲里木版画的最早认识。他说，哲里木版画的发展于 20 世纪 60 年代末 70 年代初，那时在刘宝平、萨因章、照日格图等人的带动下出现一批年轻人搞起了版画创作，之后田宏图、山丹、乌恩琪、邵春光、王作才等版画家把哲里木版画延续下来。在 20 世纪 90 年代末有一段时间哲里木版画开始出现一种状态，版画圈里年轻的一批人并没能接上来，之后作为当地文化主力的内蒙古民族大学开始抓起版画，形成了对哲里木版画延续的学院派力量。他说，他们应该把老前辈留下的哲里木版画这个宝贵文化遗产传承下来，一定要把这门文化遗产在延续中得到更好的发挥和融合，这是他们的义务也是他们宝贵的精神财富，这样哲里木版画才能有良好的发展方向和空间。

---

❶ 金宝军，蒙古族，1969 年生人，2007 年毕业于内蒙古师范大学美术学院版画专业硕士研究生。中国美术家协会会员。现任职内蒙古民族大学美术学院，基础教研室与版画教研室主任，从事版画教学工作。内蒙古美协理事。版画作品多次获得奖项，2006 年版画《过河》入选新世纪中国首届黑白木刻展，2007 年《瞬间的凝固I》入选第十八届全国版画作品展。2011 年《敢问路在何方》入选第十九届全国版画作品展，2014 年《过河》《这片草原》参加版画"当代民族国际巡回展——2014 蒙古国"作品邀请展。2014 年《塞外秋色》参加内蒙古第四届写生展获二等奖；2015 年 11 月作品《天堂科尔沁》入选第二十一届全国版画展；2016 年《梦中的绿荫》入选第十六届全国小版画展。

王永波❶也非常赞成这一观点，他说，高校美术教学的学院派与传统的科尔沁版画在风格、形式、版种和技法上都有所不同，这给哲里木版画的扩展带来了新的生机和可能性。因为美术学院老师和学生是比较年轻的团体，他们并没有经历过牧区生活，对牧区生活的了解大多都是从书本上来，或是想象，或是从互联网、从现代那达慕活动上拍摄得来的资料。因此他们在创作中考虑的元素更多的是身边的生活，所以无论是创作民族题材还是现代题材都是根据自身生活进行考虑和设定的。学院派由于吸收知识的面更广，素材来源更丰富全面，更具有当代性。所以作为美术教师必须做好当代与传统之间的衔接，这样才能使哲里木版画得到更好的延续和发展。提到奈曼版画院，他说，奈曼版画院的成立也同样为哲里木版画的延续和发展做出了很大的贡献，由于奈曼当地和周围原生态的因素比较浓，再加上很多画家基本都在当地自学作画，观念上也偏向于传统哲里木版画的表现风格，所以他们的风格较学院派更传统一些。

第三，接触到了奈曼旗的版画院的负责人、版画家们。有奈曼旗旗委李玉山副书记、王书博局长；奈曼版画院院长秦晓伟、副院长张静、办公室主任蒋艳玲等；奈曼版画院资深版画家乌兰巴拉、安广友、王作才、王爱科；奈曼版画院签约版画家高鹏、陈立、王智成、王景婧、王永志、扎力根、郭楠杰、韩东、宝连胜、宝香玲等；奈曼版画院厨师白福强师傅，保洁员王秀春女士（白师傅和王女士空余时间也都在创作版画）。

奈曼旗旗委李玉山副书记提到版画基地从无到有的历程（见图 14）。谈到建版画基地的初衷，李书记说，其一，他在哲里木师范学校上学时学习过版画，山丹是他的版画老师，当时他的两幅黑白木刻还在《通辽日报》发表过，后来由于各种原因选择了从政这条道路，版画就放下了，但是内心还有

---

❶ 王永波，男，1977 年生于内蒙古库伦旗，2001 年毕业于内蒙古师范大学美术学院。2015 年毕业于中央美术学院，艺术硕士。中国美术家协会会员。内蒙古民族大学美术学院副教授、副院长。内蒙古美协第九届理事。王永波在繁忙的教学与领导岗位上努力工作，参与科尔沁版画传承与发展课题研究，培养了大批学生版画作者。空余时间他还创作了大量作品。版画作品曾入选第十一届、第十二届全国美展，第二十届、第二十一届全国版展，观澜国际版画双年展，第三届造型艺术新人展，中国美术家协会第二十次新人新作展，第十届中国艺术节全国优秀美术作品展，首届"朝圣敦煌"全国美术作品展览，第十三届全国藏书票小版画艺术展，内蒙古自治区青年美术作品展览，内蒙古自治区第二届版画展，庆祝内蒙古自治区成立 60 周年全区美展，纪念中国共产党建党 90 周年内蒙古自治区美术作品展览，内蒙古自治区第三届写生作品展，内蒙古自治区小幅美术作品展览，江苏常熟"科尔沁版画邀请展"，天津塘沽全国群体版画邀请展，台湾艺术大学、内蒙古科尔沁版画邀请展等。

图14 李玉山副书记为版画家们的作品拍照

这样一个念头，要让家乡的版画事业发展起来；其二，哲里木版画在20世纪创造了辉煌，但是90年代，由于市场经济的冲击，开始走下坡路。进入21世纪以来，乌恩琪、山丹老师经常到各旗县宣传、组织版画活动。记得有一次，好像是2006年，山丹老师的一个课题《科尔沁版画的传承与发展》在奈曼旗举办，当时李玉山书记也参加了，研讨会过后，他和文化局的王书伯局长就商量，萌生了要为奈曼旗的版画做点贡献的念头，但是没有经验，具体怎么做还没有想好；其三，两年后也就是2008年，乌恩琪、山丹老师入驻深圳观澜版画基地，他和王书伯局长亲自前去拜访，向两位老师表述了想要在奈曼建一个像观澜这样的版画基地，两位老师表示大力支持，并提了若干建议。随后，他和王局长又转战海南，亲自拜见奈曼家乡的画家陈立，邀请他回家乡奈曼创作版画，开始招兵买马；其四，2009年奈曼版画基地❶开始投产建设，同时，奈曼版画第一期版画培训班也正式拉开帷幕。2013年奈曼版画基地投入使用，同时成立奈曼版画院，建立了奈曼版画产业协会，组建了奈曼旗本原版画艺术有限责任公司。当时他和王局长制订的版画基地的五个目标就是：丰富生活、打造品牌、促进交流、培养队伍、培育产业，"南有观

---

❶ 中国奈曼版画创作培训基地，位于内蒙古通辽市奈曼旗大沁他拉镇，总占地面积13.3万平方米，建筑面积4536平方米，总投资1300多万元，内设木版画坊、铜版画坊、丝网版画坊、创作室、培训室、会议室、展厅以及餐厅等。创作间30间（内设休息室），餐厅400多平方米。基地可同时容纳30位艺术家的创作、住宿、就餐，可同时容纳100余人的培训。奈曼版画基地把"丰富生活、打造品牌、促进交流、培养队伍、培育产业"作为指导思想，成立了奈曼版画院，建立了奈曼版画产业协会，组建了奈曼旗本原版画艺术有限责任公司，目标明确，机构健全，管理科学。基地职能是促进奈曼版画的创作、加工、收藏、展销及培训为一体，做大做强版画产业，使奈曼版画走向市场，使文化建设与经济协调发展。

澜、北有奈曼"最终使奈曼版画走出全国、走向世界。

奈曼版画院的院长秦晓伟说，版画创作基地从筹建到投入使用，到现在的管理，他都参与了。之前他在文化馆工作，文化馆有一个美术工作室，地方不大，只有一台印画机，版画创作者们也不多，他们有时候会去美术工作室印画，平时在工作单位或是自己家里刻，然后拿来美术馆印，当时的版画创作环境极其艰苦，但是大家因为热爱仍在坚持着。2008 年前后，李玉山书记开始筹划版画基地建设的事情，当时文化馆还有安广友老师和王景婧，他们三个人参与见证了奈曼版画基地的筹建到后期的建成使用。现在奈曼版画基地在国内算是顶尖级的，完善的设施、先进的设备、完备的功能，并且免费提供版画创作需要的耗材，为版画家们创造了极其优越的创作环境。到目前为止，版画院共组织开展版画培训班 12 期，累计培训学员 700 余人次，培养出骨干版画作者 30 余人。秦院长说，他作为版画院的院长，秉承李书记建院的指导思想，逐步实现建院提出的五个目标。

乌日切夫老师告诉我，奈曼版画有几位资深版画家：宝石柱、乌兰巴拉、安广友、王作才、王爱科。宝石柱可以说是奈曼版画最早的领导者和参与者，宝石柱蒙古族民间图案已经申请为内蒙古自治区非物质文化遗产保存目录。他的儿子是乌兰巴拉老师，现在主要创作蒙古佛教题材的版画（见图 15）。

图 15　乌兰巴拉老师与王秀春的工作室

乌兰巴拉老师谈到他的父亲宝石柱，说他父亲一生最喜欢做两个事：一个是执着艺术事业，一个是关注艺术的传承与发展。他说，在他的印象里，宝石柱老师把艺术视为生命，一生都在不停地画画和做雕塑，这份对艺术的执着与热爱一直影响着乌兰巴拉老师。谈到哲里木版画，乌兰巴拉老师说，他第一次接触版画，还是在通辽市美协举办的各旗县版画培训班，当时美协主席是萨因章，主要的领导者还有刘宝平、张德恕等。自那一次培训班开始，乌兰巴拉就开始创作版画。当时奈曼旗创作版画的还有王爱国、安广友，紧接着王作才、王爱科也加入到奈曼旗版画队伍当中来。到了 20 世纪 90 年代，国家颁布政策，政府对于美术这块已经不再拨款，文化馆、美协因为没有经费，所以版画的活动以及版画的培训班就搞得少了。后来乌兰巴拉老师、安广友老师还有王爱科老师也不再搞创作，经常做一些墙绘等，奈曼旗版画只有王作才一个人在搞。直到 2008 年以后，由于奈曼旗委旗政府，尤其是李玉山书记的大力支持，建了条件这么好的版画创作环境，让他们这些版画创作者重新拿起刻刀进行版画艺术创作，继续传承哲里木版画艺术，延续哲里木版画的辉煌。

奈曼版画院副院长安广有老师说，他之前在文化馆美术组担任组长，后来担任奈曼旗文联主席，对于奈曼旗版画有着很深的了解。20 世纪七八十年代，奈曼版画较之哲里木盟、扎鲁特旗还有科左中旗有较大的差距。一是版画创作群体只有乌兰巴拉、王爱国、王作才、王爱科几个人；二是版画作品的水平也是处于刚刚开始学习的阶段。后来，90 年代市场经济，兴起下海潮，自己也跟随潮流，带领乌兰巴拉还有王爱科做起了墙绘等生意，版画创作就此放下。当时，整个奈曼旗就奈曼一中的王作才老师还在坚持创作版画。那个时候不止奈曼旗版画冷清，整个哲里木盟的版画也没有了昔日的辉煌。2007 年，时任奈曼旗委办公室主任的李玉山书记，让他和王作才把自己的版画作品带到他的办公室，说要拍些版画的照片。那个时候，奈曼旗版画便开始一步一步发展起来。随后，安老师说，李玉山书记带领他、秦晓伟还有一个办事员王景婧，开始筹备关于奈曼旗版画创作基地的事宜。2009 年开始筹建，2013 年投入使用，速度快，效率高。俗话说"栽好梧桐树，引来金凤凰"，奈曼版画基地良好的版画创作环境堪称国内一流，这不仅为奈曼旗的版画创作者们提供了超好的条件，也吸引了通辽资深版画家乌恩琪、山丹、邵春光等人的入驻。不仅如此，每年两期的培训班，版画基地还能邀请到中央美术学院、内蒙古师范大学美术学院、内蒙古民族大学美术学院、中国美术学院的教授、老师给版画创作者上课、交流、学习、指导。这对于奈曼旗版画，甚至是整个哲里木版画辉煌的传承和延续做出重要的贡献。可以说，如果没有旗委旗政府的大力支持，如果没有李玉山书记的大力支持和辛苦的努力筹划，奈曼版画不会发展到如此程度，奈曼版画的创作者们也不会如此幸福。

的确，奈曼版画基地的投入使用，为奈曼旗广大版画创作者提供了一流的工作环境，这一点毋庸置疑。王作才老师见到笔者的第一句话就是："请您代我感谢李玉山书记。"王老师说，如果没有李书记的支持，他现在还是一个人在他的小工作室刻版画，条件苦点没什么，但是那个时候得不到别人的认可，别人都认为他是疯子。可是现在，李玉山书记不仅给奈曼旗的版画家们创造了好的版画创作条件，而且还大力宣传版画，把版画作为奈曼旗的文化品牌。他作为一名老版画家，在内心里尤为感动，从内心里感谢李玉山书记。

谈到哲里木版画，王作才老师说，现在的通辽市在 20 世纪叫哲里木盟，哲里木盟有个学校叫哲里木盟师范学校。他说，王爱科老师比他高一级，他们的老师是伊木舍楞老师和山丹老师，这个学校非常厉害，它为哲里木版画培养了大批的优秀版画人才。毕业后他分配到奈曼旗一中任美术教师，在萨因章的指导下，找到属于自己的版画语言。然后几十年一直创作到现在，即使是 90 年代大批版画创作者都放弃版画创作，趋入下海经商热潮的时候，他的创作也从未间断。他说，他就是热爱艺术，作为艺术工作者必须要对艺术有一个赤子之心，只有这样，你的艺术作品才能反馈给你最好的成绩。

同样是哲里木盟师范学校美术班毕业，王爱科老师谈到当时的版画学习时光，他说，上学那会创作过几张版画作品，其中一张黑白木刻《牧人之秋》当时还获得了重要奖项并得到收藏。后来到 20 世纪 90 年代自己也随了市场经济的大潮，也就不再创作版画，有时候跟安广友、乌兰巴拉搞一搞墙绘、宣传画之类的。但是就是因为自己那张获奖的版画，版画创作的念想一直未断，后来到奈曼四中当美术老师，自己也试着进行版画创作，但是条件极为有限，也就创作了几张。直到李玉山书记主导的奈曼版画基地建成后，自己便入驻版画院，版画院这么好的创作环境，也算是圆了自己的版画梦。他说，他现在马上退休，以后就会有更多的时间待在版画院，创作自己喜爱的版画，多创作好的作品，所创作精品，也像王作才老师一样，出一本属于自己的版画集，也为奈曼版画贡献自己的一份力。

奈曼版画院除了这几位元老，还有签约版画家陈立、高鹏、王智成、王景婧、王永志、扎力根、郭楠杰、韩东、宝连胜、宝香玲等。

陈立老师说，他跟王爱科老师和王作才老师一样，都是在哲盟师范学校毕业，毕业后分配到奈曼旗当美术教师，其间也创作版画，后来20世纪90年代，随了市场经济的大潮，南下海南，在海南一所民办小学当美术教师（见图16）。直到2013年李玉山书记和王书伯局长亲自到访，邀请他回到家乡奈曼创作版画。陈老师说，他被李书记与王局长的真情打动，随机办理完手续回到奈曼，入驻版画院。版画院的条件非常优越，不管是硬件设施还是版画院的领导服务，为版画家们创造了极为便利的创作环境，这真是要感谢旗委旗政府的大力支持，感谢李玉山书记的大力支持。高鹏老师告诉我，他是奈曼三中的地理老师，版画院2009年开办第一期培训班他就参加了，也就是在那个时候开始，他觉得自己真实喜欢美术喜欢版画，所以在教课之余，自己苦心钻研版画，学习版画知识，坚持版画创作，2013年，版画院投入使用，自己便签约入驻版画院，有了属于自己的版画创作工作室，非常幸运。

图16　陈立老师的工作室

王智成、王景婧、王永志、扎力根、郭楠杰、韩东都是高校美术学院版画系毕业，有着扎实的美术功底，他们在版画院也有属于自己的工作室。王智成、王景婧在奈曼旗教体局上班，平时下了班或是周末有时间就来版画院创作。王景婧说，虽然现在自己在教体局工作，但是对奈曼版画基地有着很深的感情。她说，在奈曼版画院的建立始末她都全程参与了。2010 年前后，她刚刚毕业还没有工作，正好文化馆美术组缺人，偶然的机会李玉山书记碰到她，就安排她来工作。当时，安广友老师和秦晓伟也在美术馆，他们三个人负责奈曼版画基地建设的所有事宜。她说她当时跑前跑后，为奈曼版画基地也付出了不少的心血。后来她考公务员考到教体局，但是自己毕竟是版画科班出身，所以奈曼版画院申请了工作室。王永志、扎力根、郭楠杰是奈曼旗高中的美术教师，他们也是版画专业科班出身，他们说，在整个通辽版画冷清的情况下，能看到自己的家乡的版画发展起来，内心非常高兴，从 2009年版画院第一期培训班开始，他们都始终积极参与，到现在都 12 期了每期都不落。2013 年入住版画院有自己的工作室，他们说，虽然他们是科班出身，但是也要多向版画院的其他老师尤其是老版画家学习，不断提高自己的版画作品。

宝连胜、宝香玲是乌兰巴拉老师的儿子和女儿。他们都是奈曼旗小学的美术教师，担任小学少儿版画的指导老师。宝连胜老师说，他们从小就受爷爷宝石柱和父亲乌兰巴拉的影响，从小就接触画画、雕塑、剪纸。后来到了旗县小学当美术教师，担任少儿版画的指导老师。他们说，少儿版画和成人版画有所不同，孩子们的那种天真烂漫、那种艺术的个性、创造性有时候是成年人不具备的。他们跟孩子们在一起创造版画，虽然是指导老师，但是也跟孩子们学习了不少，能够看到孩子们学习版画、创作版画，并且获得非常多的奖项，他们作为老师，内心无比高兴。奈曼版画院的建成，不仅为成人版画群体提供了良好的创作展示的环境，同时也为奈曼旗少儿版画的发展起到了重要的作用，有很多次少儿版画的展览活动，都在奈曼版画院举办，孩子们有了很多作品展示的机会。

乌兰巴拉老师还有一个徒弟——王秀春。王秀春最开始只是奈曼版画院的保洁员，后来在版画院浓厚的版画创作氛围的影响下，便开始拜师学习版画。王秀春说，当时想学习版画的时候非常迷茫。其一，自己不知道怎么学习，不知道拜谁为师父，也不知道师父收不收自己；其二，自己一个画院的保洁员，怕被人瞧不起，也怕别人看不起说闲话。后来，李玉山书记亲自鼓舞她，还帮着推荐老师。开始也选了几个老师，但是她没有美术基础，学习学院派版画是难上加难。后来跟乌兰巴拉老师学习蒙古族图案的版画，觉得非常适合自己，因为她之前在纺织厂学会的色彩和调颜色，正好乌兰巴拉老师的佛教版画的颜色，她可以调得出来。这样就跟乌兰巴拉老师学习佛教版画，开始也有不少非议，但是她顶住压力，她说，她不能服输，一定要给李书记争口气，一定要给自己争口气，所以每天，她都会偷偷拿着版子回家刻到 12 点，早晨早起又偷偷带版子回画院。通过乌兰巴拉老师的不断指导，通过自己的刻苦努力，自己的作品多次获得内蒙古奖项，还加入了内蒙古美协成为会员。她说，没想到，版画艺术使自己的人生充满了色彩，感谢李玉山书记，感谢乌兰巴老师，感谢奈曼版画院所有帮助过她的人。同样受到李玉山书记鼓舞而进行版画创作的还有版画院的厨师——白福强。白师傅说，他从来没接触过美术，年龄也接近 60 岁了，本没想创作版画，是李玉山书记不断鼓舞，再加上咱们版画院得天独厚的优势，他也就刻起了版画，开始以为"刻版"不就是用刀吗，容易，刻刀没动过，但厨具刀很熟悉。其实不然，真正的艺术都需要用心去做，用心去学。王秀春拜师乌兰巴拉老师，他考虑一下他喜欢的版画路数，最后选择拜王爱科老师学习，因为王爱科老师的版画侧重于农牧民地方风景、风情。白师傅说，学习版画并不容易，由于基础太差，有好多次都想过要放弃，是李书记的不断鼓励，才继续学习实践。在王爱科老师的指导下，白师傅有两幅作品已经参加内蒙古自治区的展览，他说再有一幅入展，他也像王秀春一样能够加入内蒙古美协会员。

第四，接触到了来自通辽其他旗县的部分版画创作者。有来自通辽市的前德门、吴蔓（他们也是乌日切夫教授的研究生）、周慧；来自扎鲁特旗的吉日木图、金山、舍其力格尔等；来自科左中旗的李范春等。

前德门和吴蔓都是内蒙古师范大学美术学院版画系的研究生，是乌日切夫老师的学生，他们说，他们去年毕业回到了通辽市，目前在科尔沁区小学当美术老师。这次乌老师办的班水平非常高，版画届很多知名人物像广军老师、张桂林老师、纳日松老师、布日固德老师、乌力吉老师还有于承佑老师都来了，这是一次难得的学习机会。前德门说，他和吴蔓跟工作单位请了十天假，特地跑过来听课。前德门说，他就是扎鲁特旗人，跟乌日切夫老师、布日固德老师还有乌力吉老师都是高中校友，也是在扎鲁特旗蒙一中学的版画。他说，扎鲁特旗也有一批版画创作群体，但是像奈曼版画基地这样规模的版画院没有，扎鲁特旗版画院好像是韩戴沁以个人名义申请的，地方很小就一个工作室那么大。前德门说，科尔沁区也没有这样的版画基地，奈曼版画这几年的发展势头很猛，他说，他非常希望在科尔沁区还有扎鲁特旗的版画，也能得到政府的支持，建立像样的版画基地。

同样来自通辽市的版画创作者还有周慧，周慧说，她是通辽二中的美术老师，也是二中少儿版画基地的主要负责人，同时还是这次来讲课的黑龙江版画院院长于承佑的学生。她说，通辽市没有这样的版画创作基地，还好她工作的单位正好有少儿版画基地，她除了教孩子们画版画，平时自己就在版画基地进行创作。她说，通辽市的版画创作者不太多，伊木舍楞老师、萨因章老师、张德恕老师、刘宝平老师、田宏图老师由于年龄原因都不在进行版画创作了，现在进行版画创作的就剩下乌恩琪、山丹老师，通辽画院的邵春光老师，内蒙古民族大学美术学院的王永波、金宝军老师，还有前德门、吴蔓等。这几年，奈曼版画发展的确不错，主要是奈曼旗旗委旗政府、李玉山书记的大力支持，建设了这么好的版画创作基地，才把奈曼旗版画或者是整个科尔沁版画带动起来，这是非常好的一件事情。她说，她这次特地跟学校请假来参加乌老师的培训班，一是这样高水平的培训班，版画届那么多"大咖"都来了，是一次难得的学习机会；二是她曾在观澜版画基地学习过两个月，当时指导她版画的就是黑龙江版画院的院长于承佑老师，这次培训班于承佑老师也来，所以特地赶过来。

扎鲁特旗的吉日木图、金山、舍其力格尔也是组团赶过来参加乌老师的培训班。他们说，这次培训班非常难得，跟版画艺术大师们近距离地接触，聆听他们的教诲，希望自己的版画作品水平能够得到一些提升。他们也提到，目前扎鲁特旗的版画队伍也出现"断代"的情况，扎鲁特旗在 20 世纪七八十年代也创造过辉煌，是哲里木版画非常重要的组成部分。老一辈的照日格图老师、莫日根老师、张淮清老师等为扎鲁特旗版画奠定了非常好的基础。但是现在扎鲁特旗版画好像非常冷清，比较活跃的也就只有杰仁台老师、韩戴沁老师和佟金峰老师。吉日木图说，他是扎鲁特旗四小的美术教师，也是少儿版画的主要指导老师。他们说，真心希望扎鲁特旗旗委旗政府也能像奈曼旗一样重视版画，让扎鲁特旗版画辉煌重现，他们也祝贺奈曼版画发展得越来越好。

科左中旗的李范春也赶过来参加这次培训班，他说，20 世纪七八十年代，以田宏图老师为首的科左中旗版画也是哲里木版画的重要组成部分。现在，科左中旗的版画创作者非常少，现在比较活跃的就是吕红梅，吕红梅这次有事来不了，还特意嘱托他好好听课回去传授。李范春说，自己非常喜欢版画，科左中旗版画活动基本上在旗美术馆举办，平时活动比较少，版画创作者之间的交流少，版画作品也不多。这次来参加这个培训班，跟版画届的大师们多学习，希望能够提高自己版画作品的创作水平。

第五，乌日切夫老师讲述他所经历的奈曼旗的版画历史（见图17）。

图17　乌日切夫教授、于承佑教授在山丹老师工作室

乌日切夫老师是土生土长的奈曼旗人，他说他非常了解奈曼旗版画的历史。在20世纪六七十年代，宝石柱老先生可以说是奈曼旗第一个版画人，早在宝石柱老先生之前，奈曼旗没有画版画的，假如说有那也是佛教版画，跟现在的创作版画有着本质区别。宝石柱老先生年轻的时候是寺庙的一个小喇嘛，是一个画匠，做剪纸、雕塑，他可以说是奈曼旗第一代版画家。他的小儿子乌兰巴拉老师和安广友、王爱国可以说是奈曼旗第二代版画家；王作才、王爱科可以说是奈曼旗第三代版画家。

作为奈曼旗第一批考过美术院校的人，乌日切夫说，当时奈曼蒙中没有美术老师，所以他们学画画的所有人都去文化馆。当时文化馆就在奈曼王府一带，乌兰巴拉老师、安广友老师都在那，没有培训班，都是教大家画素描，学生也都是自愿找老师学习，所谓"学"，就是看人家画画。乌日切夫老师说，当时乌兰巴拉老师和安广友老师在文化馆刻版画，他们那些学员没有这个任务也没有这个意识，只是看过而没有正规接触过版画，跟着乌兰巴拉老师和安广友老师那个班学习速写、素描。

乌日切夫老师说，他第一次考学没考上，结果去了扎鲁特旗蒙古族第一中学，这所中学当时就有非常大的美术班，它不仅在哲里木盟（现在是通辽地区），在全国都非常出名，《人民日报》都报道扎鲁特蒙一中，当时不叫扎鲁特蒙一中，叫鲁北蒙古族中学。鲁北蒙中当时是全国的榜样，以鲁北蒙中为榜样全国中学关于美术的"第二课堂"。所谓"第二课堂"，就是除了正常的上课以外，大家下午、晚上还有周六、周日都集中在一起画画，大概分初中班和高考班，他去的时候几十个人。经过一年的时间，跟照日格图老师学习美术，第一次接触了版画。后来大学考入内蒙古师范大学美术系，毕业后留校任教，后又考入中央美术学院跟随广军先生读博士研究生。

谈到哲里木版画，乌日切夫老师说，20世纪七八十年代，哲里木版画的名声享誉全国，那个时候不管是版画创作群体的数量，还是版画作品的水平在全国都首屈一指。到了90年代由于市场经济等因素，哲里木版画开始走下坡路；进入21世纪，乌恩琪、山丹包括他自己也都在积极宣传、推动家乡版画的发展，毕竟哲里木版画创造过辉煌，现在，在国家大力发展文化的时候，我们年轻一代的版画家们为什么不能引领大家重塑哲里木版画的辉煌呢？乌日切夫说，这也是他申请中国文联中国梦主题大型文艺创作项目"重塑哲里木版画辉煌"的初衷。乌日切夫老师说，这次回到家乡，感觉奈曼版画院的环境、条件以及政策都更加优越，奈曼旗的版画队伍也越来越壮大，并且学员们的起点也非常高，大都有一定的美术基础，或是经过正规美术版画专业的学习，或是美术专业院校毕业。学员们的起点高，对于知识的接受能力强，民间的东西或是学院派的东西大家都能够理解，大家沟通交流起来也方便。乌日切夫老师说，奈曼旗版画能有如此发展，当然离不开旗委旗政府的大力支持，日后他也定会把全国甚至是世界上版画领域的优质资源都嫁接过来，切切实实为家乡的奈曼版画，为现在的科尔沁版画做出自己的贡献。

经过这十几天培训班短暂的交流，笔者收获了大量的信息与线索。笔者发现哲里木版画具有厚重的历史，不管是20世纪创造辉煌的哲里木版画，还是进入21世纪遭遇冷清而不断进行自我调适的科尔沁版画，每个时代的版画人都在努力做出积极的调整与应对。笔者所接触的就是这样一群人，这样一群对于科尔沁版画艺术有着赤子之心的人，他们热爱版画、热爱生活、热爱自己的家乡，他们在版画艺术这条道路上勤勤恳恳、兢兢业业。当然，这只是笔者作为"他者"在田野初期的直观感受，在接下来的田野考察工作中，笔者会收集更多的信息，梳理好每一条线索，不断"建构"哲里木版画或是称为科尔沁版画的现代性发展以及学术研究。

（二）田野准备：一份考察的工作目录

在跟版画创作者们正式访谈之前，笔者先做了一份访谈目录，把自己想要了解的问题梳理清楚，这便于更好地提高访谈效率。

这是笔者2017年在进行田野考察之前准备的访谈目录：

第一，围绕版画，聊一聊个人的经历。（场景再现）

可以按照时间顺序，按照小学初中高中、大学、工作、退休分阶段回忆一下。

比如，您是哪里人？什么时候开始接触美术的？又是什么时候接触版画艺术的？当时跟谁学习？您的启蒙老师是谁？专业老师是谁？第一次创作的版画作品是哪幅？第一次获奖是哪年？获的什么奖项？后来又获过哪些奖项？大学在哪所学校？是版画专业吗？同学有多少？在校期间的导师是谁？毕业工作分配到哪？工作内容跟版画相关吗？如果不相关，自己为什么坚持版画创作？工作和版画创作如何兼顾？如果相关，工作期间做了哪些关于版画的事情？每个时间阶段从事版画创作的人有多少？能叫得上名字的人有哪些？每个人及其创作的特点能否概括一二？工作以后有没有出去学习过进修过？出去学习进修的缘由？学习进修多长时间/多少人？学习进修有何收获？

第二，围绕版画，谈一谈个人的创作。

如果按照实践者分类来讲，您是民间艺人/非遗传承人/业余爱好者/版画艺术家/高校的教授、教师、学生/学院派版画艺术家/留学归来的版画艺术家？

个人创作还是集体创作？是否经常交流？是否经常出去学习/进修？版画创作风格是民间派/学院派？创作种类有哪些？自己最喜欢/最擅长/最经常创作哪种？创作一幅作品的具体流程有哪些？创作作品的大小尺寸有哪些？创作一幅大约需要多长时间？创作作品的用途是参展？参加过哪些展览？获得

过哪些奖项？获奖后有没有奖金？奖金谁来发大约发多少？作品的市场如何？作品的流向如何？收藏谁来收藏直接收藏还是间接收藏？作品是否经过嘉德等拍卖？

有无工作室？工作室的数量？工作室地点？工作室建立/入驻时间？工作室所需版画器材的采购由政府/本人？器材的采购地点？器材的采购费用大约多少？

第三，谈一谈您对科尔沁版画/版画的整理看法。

1. 简单介绍采访者本人身份、负责课题内容、采访目的和意义；

2. 采访的基本思路：填写表格，表格内容（采访者：姓名；性别；出生年月；家乡及上学经历；时间节点，小学、初中、高中、毕业院校专业；现在的工作；是否兼职；有无工作室；工作室数量；工作室地点；工作室入驻时间；工作室所需版画器材的采购，政府/本人；版画创作风格，民间派/学院派；实践者分类：民间艺人/非遗传承人/业余爱好者/版画艺术家/高校的教授、教师、学生/学院派版画艺术家/留学归来的版画艺术家等）

第四，科尔沁版画考察区域旗县。

版画家：

选出 5~8 位版画家；

每位版画家 3~5 幅代表性作品；

作品最好是获过全国大奖；

初出茅庐的作品（处女作）——真正意义上形成版画语言的作品——最为成熟的作品；

版画家对每幅作品进行自己的解读（创作环境、创作灵感、画面元素、创作语言、创作版型、创作版数；获得奖项；作品价格等）；

政府人员：

市旗县书记、副书记、宣传部长；文化馆馆长；版画院院长；文化馆馆长；具体负责办事人员；

倡导支持版画文化事业的初衷；

采取的具体行动；

收到的具体效果；

今后的想法及打算；

组织者和倡导者：

中国美协；中国文联；中国版画艺委会；内蒙古自治区美协、通辽市美协、通辽市各旗县美协；国家艺术基金；

记录者和传播者：

文化馆、版画院、美术馆自身；版画家自身；研究版画的研究生；微信公众号；拍卖公司；通辽市广播电台、电视台；记者；

版画教育工作者：

初高中美术教师；中专、高职、大学美术学院（版画系）教授。

笔者想通过这样的访谈目录，快速了解版画创作者们的个人创作情况、了解他们每个人与科尔沁版画之间的联系，然后通过每个人提供的信息和线索，再加上自己之前所掌握的文献资料。这样，我们把科尔沁版画的历史和现实一网一网地编织起来，从而"建构"科尔沁版画的现代性发展及我们的研究。在不断的采访中，围绕版画发展的信息总会出现不同程度的重合，而这种信息的重合极为重要，因为我们可以根据不同的人对同一个问题的看法，而达到最接近社会事实的考察效果。笔者坚信这一点，所以，在田野考察的时候，笔者随时准备录音及笔记本记录，不会放过每一次谈话中的每一个信息点。而笔者对科尔沁版画信息的了解、掌握和判断正是在不断的访谈和观察中分析总结出来。

根据实际的田野考察，笔者把通辽市作为一个大的社区，而本市科尔沁区以及市级下版画活跃的奈曼旗、扎鲁特旗、科左中旗、科左后旗、库伦旗等作为一个个小的社区。通过对每一个小社区活跃的版画创作者的访谈考察，研究地理空间的转换、社会时代的转型、政府主导的政策与版画群体艺术的发展、传播、变迁之间的关联。与此同时，通过社区与社区之间的比较，能够更加细致、全面地了解通辽市科尔沁版画的整个发展过程。

美国人类学家库克利克在他的文章《伊丝梅尔（Ishmael）之后：田野调查传统及其未来》中所指出的：当今社会，人类学家田野报告的不是偏远的异域，而是人们身边熟悉的文化，为了将其使命转译成当代的话语，人类学家在不放弃专业化学科值得存在的阐释视角的同时，将不得不比以前更加自觉地向新的表述模式发展。❶ 当今的人类学家在新时代的田野考察中会面临如此的问题,即"社区研究"于当今社会研究范式的转移问题。关于这个问题,笔者在博士论文《传统文化的复兴与再造》中已经提到并找到了可行的两种研究方法:场所聚焦❷与线索追踪❸。

如果我们对于单个"封闭社区"的考察,可以遵循"马林诺夫斯基式"的"定点",但是涉及多个社区的考察,根据笔者以往的经验,就要运用到"线索追踪"的方法。因为田野的访谈与考察需要一个月或者几个月持续的时间,如果在一个社区待的时间过长,那么其他社区所发生的活动就经历不到,这样,就不可能全面掌握信息,从而不利于我们的研究。"线索追踪"则可以避免类似问题,让研究更接近社会事实。线索追踪,即通过每个社区举办的版画活动(培训班、展览),到社区参与其中观察采访,然后再回到原定社区的考察地点,继续之前的考察。

由此,场所聚焦与线索追踪,便成为笔者考察报告的两个重要的研究方法。

二、历史透镜:科尔沁版画发展 60 年

对于科尔沁版画的考察,笔者是先从它的历史开始的,因为现实都是从历史中来,对于科尔沁版画历史的考察,有助于我们更好地理解它的现在,理解其形成发展的过程。当然,社会的历史进程包括政治、经济、文化等诸多方面,其发展的历程也会有诸多的事件,而对于科尔沁版画历史的考察,笔者是紧紧围绕其发生发展的关键事件及其关键人物而展开的。

根据所获得的文献资料和田野访谈资料,笔者将科尔沁版画的历史划分

---

❶ [美] 古塔·弗格森. 人类学定位——田野科学的界限和基础 [M]. 骆建建,袁同凯,郭立新,译. 北京:华夏出版社,2005:65.

❷ 传统人类学注重"社区研究",不管是马林诺夫斯基的"文化功能论",还是布朗的"社会结构说",他们都把文化或者社会看成一个整体,而只有在一个边界明确而又自成一体的社会单位里,才能更清楚地看到各种文化要素的功能,看到更为清晰的社会各结构。与此同时,在这种"封闭性"或者说是人类学家界定其为"封闭性"的社区里,各种文化现象、社会事象才能更方便地被观察与记录。

❸ 所谓线索民族志,即循着人或物移动的轨迹生发出来的各种现象,去实现一种在点之上的线和面上的整体宏观理解,这种理解的核心就是把人和物都放置到某个自然或人造环境的大背景之中,由此去追溯人行动的轨迹,从而形成一种自我提升的民族志真悟。赵旭东. 线索民族志——民族志叙事的新范式 [J]. 民族研究,2015(1).

为三个时代、五个阶段。三个时代即计划经济时代、社会转型时代（计划经济转向市场经济）、市场经济时代；五个阶段即萌芽（1956—1966）、崛起（1969—1990）、陨落（1990—1999）、调适（2000—2008）、复兴（2008—2018）（见图18）。

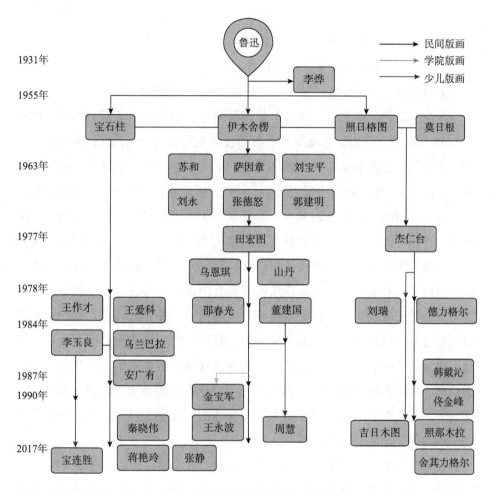

图18　科尔沁版画传承发展脉络

自1931年鲁迅先生的上海木刻讲习所开始，中国现代版画有了标志性的开端。1949年中国美术家协会成立，尔后1953年设立版画组，各省市、自治区也纷纷设立美协分会或分会筹备组，负责推动本省市、自治区的美术和版画运动。1954年从国家行政美协层面，开始举办第一届全国版画展览会；从美术教育层面，版画科系在全国高等学校纷纷设立。同时，民间的版画群体也在持续不断地进行版画创作，整体而言，全国版画队伍也在不断壮大。

（一）哲里木版画群体的萌起与奠基（1956—1966）

核心事件： 内蒙古美协成立

美术教师去北京中央美术学院学习

第一次版画培训班开班

参加全国美展；内蒙古自治区展

第一次进京展于中国美术馆

关键人物： 伊木舍楞；宝石柱；莫日根；照日格图

在众多版画群体之中，哲里木版画群体也开始萌芽，而标志性的事件便是1955年受到《版画》杂志李桦教授传授木刻版画的影响，几位蒙古族青年画家开始了业余版画学习与创作，并在《内蒙古画报》《实践》《内蒙古日报》《草原》等报纸杂志上发表作品。从此，哲里木版画便开启了发展之路。

随后，1956年，内蒙古美协大会成立，伊木舍楞、宝石柱、莫日根、陈玉霞、蒋作臣作为代表赴呼和浩特市参加大会，伊木舍楞、宝石柱当选为理事。内蒙古美协的成立对于哲里木版画以后的发展极为重要，这是从国家层面对通辽市美术工作的领导，是从国家到自治区再到市县所建立的联系，而这种国家层面的联系，为哲里木版画的发展提供了良好的环境。这种环境不仅仅是良好的创作环境，更重要的是提供版画创作一切的物质条件与信息沟通。内蒙古美协的成立，为哲里木版画的发展提供了基本的创作环境，而作为理事的伊木舍楞（通辽市）和宝石柱（奈曼旗）更是成为哲里木版画的发起人、召集人和组织者，为哲里木版画群体的萌起，为哲里木版画在内蒙古的影响力以及今后的辉煌起到了关键作用。

伊木舍楞从小自学美术，1948年分配到农村小学，1950年到吉尔嘎朗小学任教，1952年被调到科左中旗巴彦塔拉中村任教，开始创作剪纸并在报纸杂志发表作品。1956—1966年在盟文教处的领导下一直负责哲盟美术的创作，是活动的召集人和组织者，是内蒙古美术家协会第一届理事。他带头创作作品、征集作品、选画送画往来于地方与北京之间，不辞劳苦，极大地推动了哲盟美术在内蒙古的影响。1956年，伊木舍楞用学生刘宝金从北京带来的木刻刀，开始在《版画》杂志文章的指引自学创作。由于自己的认真和勤奋，1959年，伊木舍楞被调到哲盟师范学校任美术教师，1960年，被内蒙古美协与教育局保送到中央美院版画系进修。当时的这一举动，也看出国家层面的美协十分重视文化艺术尤其是版画的学习。

据伊木舍楞老先生回忆，在临行前，内蒙古美协秘书长旺亲还亲自嘱托他要好好学习版画，并且定了指导性意见：哲盟美术以后的创作以版画为主。1962 年，哲盟文教处、文联组织旗文化馆美术馆干部培训班开班，伊木舍楞将自己在中央美院版画系所学知识第一次向哲盟地区作者传授版画技法。参加者有奈曼的宝石柱、开鲁的张德恕、扎鲁特旗的白增新、科左中旗的闫为民、通辽县的陈献文等十余人，他们用伊木舍楞从中央美术学院带回来的木板，创作了大约十几幅作品，首次将版画创作推广到哲盟各旗县。

这是哲盟版画群体萌起的开始，这次培训班具有里程碑的意义。它不仅提高了哲盟版画创作者的版画创作专业水平，而且更为重要的是，它为哲里木盟整个旗县播下了版画萌起的种子。

除了伊木舍楞老先生，笔者还着重考察了奈曼旗的宝石柱，还有扎鲁特旗的莫日根和照日格图。因为去北京中央美术学院学习版画的名额有限，宝石柱并没有外出学习，而是一直待在奈曼旗，从事文化艺术创作以及哲里木版画的组织领导工作。奈曼版画的萌起跟宝石柱有着重要的关联，正是由于他在内蒙古美协的积极参与，才有了奈曼旗版画今后的发展。

宝石柱和伊木舍楞一样，自幼酷爱美术，17 岁就拜师玛日哈扎布学习雕塑绘画。早年艰苦学徒后曾在奈曼旗、库伦旗等地的王府、寺院干活，学得一手精致描绘佛像壁画图案的功夫，做了大量的彩绘、壁画，雕刻过各种类型的佛像，由于其作品特别是那些画在各类器物上的精美图案，使得他在当地较早赢得了声誉。他积极参与哲里木盟的美术活动，1955 年，被选为内蒙古自治区模范文化工作者；1956 年，内蒙古美协成立大会，宝石柱被选为理事，作为代表之一赴呼和浩特参加大会；1958 年，哲盟筹建建国十周年美展，宝石柱作为五人主力之一积极参加；1959 年，出席自治区宣传文教战线群英会；1962 年，哲盟文教处、文联组织旗文化馆美术干部培训班，宝石柱等十余人参加；1965 年，宝石柱被选为文代会代表到呼和浩特参加全区文代会，又到北京参加了华北地区年画版画讨论会，并受到国家领导人刘少奇、周恩来、谭振林等同志的接见；1966 年"文革"期间，宝石柱复制的泥塑《收租院》，也为他在当时赢得了更多的声誉。他与伊木舍楞共同担负着哲里木版画发展的重任。

通辽县的伊木舍楞和奈曼旗的宝石柱，这两个人带领哲里木盟版画从无到有，一直前行。与此同时，扎鲁特旗也出现了两颗新星：莫日根和照日格图，正是这两位使扎鲁特旗版画得以绽放。

莫日根1955年通辽二中毕业后留校任教美术，在上海支边教师刘贤的指导下学习创作版画，后来刘贤调回上海给莫日根留下一本《苏联版画集》，受画册影响自学版画，创作了大批版画作品。1956年刻出第一幅木刻《上学途中》，后来《晚归》《蒙古族女孩》等刊登在《内蒙古画报》上。他是内蒙古美术家协会第一批会员，1964年《光明日报》发表了参加全国美展的版画《气象员》，接着《习》《隔壁日出》出国参加捷克、墨西哥版画展览。1966年《出工》参加了华北年画版画展览，《良种》参加了吉林省美展并受到好评。莫日根作品多以套色为主，也尝试过水印木刻，构图饱满，气势恢宏，表现家乡的美丽，反映了草原人民的新生活。1973年在蒙文编译室期间办过版画年画创作培训班，与扎旗版画作者一起组织创办了民族版画研究会。莫日根一生勤于创作，存留的50幅版画至今仍然显现着高超的艺术水准。

照日格图1949年到库伦旗任教，1955年被调到通辽二中任教，同年被调到扎鲁特旗鲁北中学开始任教，后又调到巴雅尔吐胡硕任教。1959年开始接触木刻，1960年创作木刻《在新建的俱乐部里》，1966年创作版画《出车之前》参加华北地区年画版画展，1970年起在扎旗版画群体中是骨干作者，1980年起组织"民族版画研究会"，1982年在王琦先生的指导下在官布、王仲的帮助下在北京北海公园画舫斋举办了《扎鲁特版画展》，其独特的民族风貌受到李桦、古元、彦涵、王琦、尹瘦石等著名画家的好评。1987前在北京民族宫举办了第二次进京展，《美术》杂志报道：扎鲁特版画积极反映牧区生活，发扬民族艺术特色的传统——表达了炽热的生活激情。在美术教学上，1977年起，照日格图把版画活动纳入课堂，又开办"第二课堂"，后来又创办了职业美术班。鲁北蒙中成为几十年来出人才、出作品、美术高考生录取率最高的教育单位。照日格图的版画以严谨的造型、精炼的色彩、优美宏大的构图、质朴有力的刀法刻画草原及草原上的人们。1981年版画《驼铃隆隆》入选全国第七届版展；1983年《女学生》入选全国第八届版展；1984年版画《妯娌俩》入选全国第六届美展；1986年《细雨》入选全国第九届版展，1990 年编著《莫日根版画》于内蒙古少儿出版社出版。2000 年组织《走进新千年——扎鲁特版画展》，《美术》用 12 页篇幅介绍扎鲁特版画；2002 年组织《扎鲁特美协成立暨步入新千年美展》，至此退居台后，由杰仁台任扎鲁特旗美协主席并接任民族版画研究会会长。

莫日根与照日格图为扎鲁特旗版画的发展做出了巨大的贡献，他们身体力行，勤奋创作，同时还积极挖掘有美术能力的新人，不断地培养他们，为扎鲁特旗版画群体也为哲里木盟版画群体的不断壮大发挥了重要作用。

哲里木版画在伊木舍楞、宝石柱、莫日根、照日格图等人的带领下，取得了优异的成绩。1958 年，为筹建新中国成立十周年，盟文教局抽调伊木舍楞、莫日根、照日格图、宝石柱、尚华堂五人搞创作，伊木舍楞为创作组组长。五人分版画、油画、年画、剪纸类别创作了大量作品，1959 年在内蒙古庆祝中华人民共和国成立十周年美术展览惊艳亮相，受到自治区美协领导的表扬，尤其是莫日根的版画和伊木舍楞的剪纸，不但数量多、篇幅大，而且质量高。

哲盟有了美术创作的新生力量。

1963 年，相继分配来哲盟的有内蒙古师范学院的毕业生苏和，中央美术学院版画系毕业的萨因章、刘宝平、孙以石、郭建明，哲盟师范学校毕业的张德恕、刘永、陈更等一批人，他们不但充实了哲盟各中学、师范学校美术教学，为哲里木版画群体的崛起奠定了雄厚基础，他们还在创作上呈现出造型严谨、百花齐放的态势。

1964 年哲盟美术作品参加全国美展就有二十几件，作品的高水平和高质量引起内蒙古美协的重视。如莫日根版画《气象员》，伊木、苏和合作版画《打靶归来》《送肥》等参加全国美展后又在《内蒙古日报》《实践》发表。全国美展每五年一次，能够参加全国美展是美术家至高的荣誉。这二十几件哲里木版画作品参展，足以说明当时版画创作者们的艺术水平，也代表了哲里木版画所呈现的美术高度。随后，哲里木版画参加各种大型的展览，并取得了一个又一个优异的成绩，一步一步走向辉煌。

1965 年 1 月，华北局年画版画展览在中国美术馆举办，哲里木版画以整齐的团队组织及出色的艺术质量，成为此次展览内蒙古厅版画作品的中心。其中莫日根的《出工》、伊木、张德恕的《西拉木伦的晚霞》，获得好评，被天津艺术馆收藏；同年 10 月，由伊木舍楞为组长，莫日根、刘宝平为副组长的版画作者 40 人到北京参观全国美展，同时他们三人作为内蒙古代表团成员参加华北局主办的年画、版画研讨会，并受到国家领导人刘少奇、周恩来、郭沫若、谭震林等同志的接见。同年初在内蒙古美协总结表彰大会上，打出了"向哲里木版画创作群体学习"的横幅，至此，这个版画群体首次被"冠名"。

1965 年末到 1966 年上半年，哲盟文教处筹备内蒙古自治区成立 20 周年美展，抽调伊木舍楞、莫日根、刘宝平、照日格图、张德恕、萨苏和、萨因章、刘永等搞创作，并组织下牧区体验生活。伊木舍楞为组长，莫日根、刘宝平为副组长。据伊木舍楞老先生回忆，刘宝平、照日格图、莫日根、苏和、刘勇等冬季深入到扎鲁特旗牧区写生，遇到风雪断路而在牧区滞留了一冬，画了大量的速写；伊木舍楞和张德恕等则到奈曼旗体验生活。但是这次创作班由于"文革"的开始而解散。伊木舍楞、莫日根、照日格图被打成"内人党"，屡遭批斗，所有作品资料都被销毁，还有一些作者受牵连遭到批判，好不容易积累起来的版画创作群体，就此打散，"文革"初期哲里木盟版画创作断档。

（二）哲里木版画群体的崛起与辉煌（1969—1990）

核心事件：《哲里木版画》《扎鲁特木刻》出版

哲盟师范学校设立两届美术班

哲盟文联成立

哲里木版画首次在内蒙古美术馆亮相

哲里木版画在中国美术馆展出登上中国美术界最高殿堂

关键人物：萨因章；刘宝平；张德恕；田宏图

哲里木盟划归吉林省的十年。

1969 年，哲里木盟行政区划归吉林省。

1971 年，吉林省管辖的哲里木盟革委会文教组，为迎接建党 50 周年，成立创作小组美展版画培训班，组织大型美术创作。当时的政治指导员张玉琨，美术组组长刘宝平，副组长苏和、莫日根，作者中增加了天津、北京和当地热爱绘画的知识青年，还有来自旗县的部分农牧民作者，如尔宝瑞、格日勒图、马树林、孙炳昌、舍楞道尔吉、杰仁台、哈斯巴根、满仓、田宏图、沃宝华、邢宗仁、陈立铁等。经过精心的创作，随后参加了中国共产党建党 50

周年全国美展，其中入选的有刘宝平的《鱼水情》、张德恕的《草原气象站》、张怀清的《羊毛丰收》、金立国的《军民守边疆》等作品。

随后，哲里木盟文化局先后多次组织了大型美术创作活动。

1972 年，盟文化局再次组织版画创作，由张世荣负责，刘宝平组织创作。刘宝平组织作者创作草图，又拿着草图到吉林省美协观摩、通过，发挥集体力量，兵团作战，分工合作，流水作业，创作显然从造型能力、印刷技巧都大大提高。那时创作题材大都是保卫祖国、建设边疆、将"文化大革命"进行到底等。这一批版画 80 幅代表吉林省参加了东北三省联展，张德恕代表群体介绍经验，得到著名版画家晁楣、张望、朱鸣冈、李福来的高度评价。这批作品得到吉林省美协的认可，决定从中选出 20 幅再次刻印，由吉林人民出版社出版画辑《哲里木版画》全国发行。同年，在《哲里木版画》出版之后，扎鲁特旗文化馆内部也出版《扎鲁特木刻》，收入扎鲁特版画 14 幅。

自此，哲里木版画的创作队伍越来越壮大，创作的方式也是群策群力，大家集体创作，创作的水平普遍有所提高。1974 年，吉林省美协依托版画人才优势，在哲里木盟举办了全省版画培训班，由萨因章负责，全省约 50 人参加。随后《中华人民共和国国庆二十五周年全国美术作品展》在北京中国美术馆展出，其中以萨因章为《农业学大寨》等 7 件作品入选。同年，哲盟文化处组织大批创作者到大连参观全国办画展，并学习造船厂工人版画创作经验，与之交流。1976 年，哲盟文教处在科左中旗舍伯吐镇举办了全盟版画创作培训班，培训青年作者几十名。由刘宝平、萨因章指导，当时莫日根、张德恕、照日格图、彭志信、肖宽、田宏图、格日勒图等已经成为版画创作的领导者和中间力量，同时，又有王爱国、乌兰巴拉、邵春光、张茂华、陈宝文、胡贵明等一批青年作者脱颖而出。

1979 年，哲盟回归内蒙古。哲里木版画在吉林省的十年，是逐渐成熟、茁壮成长的十年。作为哲里木版画这一阶段的创作者，刘宝平还是见证者、参与者和领导者，他对哲理木版画的发展贡献巨大。

刘宝平 1964 年毕业于内蒙古师范学院艺术系美术专业（五年制），随后分配到哲里木盟，然后又分配到科左后旗甘旗卡中学当美术教师，后又被调到哲盟文教局，成为哲里木盟美术负责人。

刘宝平老师回忆到：当时全盟的美术状况是人少画种杂，❶ 而哲盟的美术力量人员分布广泛，开始并没有明确集中在版画上。他作为一个负责全盟美术工作的领导者、责任人，要根据实际情况抓美术工作。当时考虑到吉林其他市区画国画、油画两大画种的人多，而且都是全国知名画家，而哲里木盟的美术人员都是半业余甚至是全业余的，根本形不成一种力量，当然也无法与别人抗衡。哲里木盟原有的美术工作人员会木刻的多一些，木刻制作方便简洁。一版主印，宣传面大，伊木舍楞、莫日根、照日格图、萨因章、张德恕等都是搞木刻的，并且刘宝平本人大学五年什么都学习了，最后一年选修版画。这样综合起来，版画便成为哲里木盟美术工作的一大优势。

当时的政治形势要求美术工作者必须集中办班，也就是"集体创作"。所以，刘宝平作为哲里木版画活动的组织者，多次带领哲盟多位作者和创作的版画草图去吉林省观摩，听取各地美术负责人的意见和想法，然后再带草图回来，逐张逐幅地把作品草图在省美术会议上听取情况，传达给大家。除了创办培训班，交送草图，刘宝平还带领大家下乡体验生活，深入吉林省郭尔罗斯地区扶余油田和大庆油田工人座谈，大家画了不少表现石油工人生活和工作的速写，回来以油田工人为题材，尔宝瑞创作了《还是那股劲》受到好评。

这一时期的哲里木版画，由于领导者的带领和创作者的辛勤劳作，作品以其独特的边疆草原气息、真实淳朴的人物造型、恢宏饱满的构图和生动的蒙古族生活画卷鹤立其中，多次参加吉林省美展，东北三省版画展，在吉林

---

❶ 当时哲里木盟的美术状况是人少画种杂，师范学校美术教师伊木舍楞（剪纸、木刻）、苏和（国画）、四中美术教师郭建明（中国画）、哲里木日报美编孙笑（漫画）、盟师范附小张德恕（木刻）、明仁小学区刘勇（木刻）、通辽市文化馆陈宪文（国画）、董凤茹（国画）、市二百美工石桂兰（国画）、通辽县陈企衡（漫画、国画）、杨春财（国画）、开鲁县文化馆张德忠（美工）、开鲁中学商华堂（国画）、科左中旗赵桑布（国画）、邢宗仁、田宏图（美工）、闫维民（诗画）、李湖（美工）、张茂华（美工）、科左后旗文化馆王辅明（美工）、库伦旗文化馆韩保全（美工）、奈曼旗宝石柱（泥塑图案）、扎鲁特旗却吉（木刻）、照日格图（油画）、白增新（油画），当时哲盟的美术力量人员分布画种选择就是这些，所以当时也没有明确集中于版画上。刚开始办班时也是根据自己擅长的画种进行创作。经过一段时间的工作，根据哲盟实际情况思路慢慢清晰，因吉林及其他市区画油画、国画的人居多，并且有国内著名的油画家胡悌麟先生、袁运生先生；中国画有王庆淮先生、王绪阳先生。由于名人效应，当时全省各地画油画、中国画的人特多并且具有一批毕业于中央美术学院、鲁迅美术学院、吉林艺专等有实力的作者。按哲盟情况看，顺着这两个画种去搞无法与人家抗衡，根本走不出去。哲盟的美术人员都是半业余甚至是全业余的，根本形不成一种力量。刘宝平的《版画之乡的由来》，天骄编辑部，2017 年 9 月 18 日。

省入选全国第五届美术展览中，哲盟版画入选往往多于其他地市，成绩突出。

1977 年以前，哲盟地区院校还没有美术专业。为培养美术教师，哲盟师范学校成立首个美术班。由苏和、伊木舍楞、山丹、郭建明任教。1978 年和 1980 年又相继招收两届美术班，6 年间培养了造型基础较好、美术知识全面的年轻教师 91 人。这批人充实到哲盟版画创作队伍和后来的儿童版画教育中，起到了非常大的作用。图门乌力吉、杨悦、李秋新、哈日巴拉、邵春光、王作才、王爱科、赵卫国、包丰华、邰永春、黄占元、刘瑞、张延、马成武、董建国、甲夫、德力格尔等十几人后来成为哲里木版画创作的主力，哲盟美术事业版画力量得以壮大、巩固、发展，更加焕发了生机。❶

1980—1990 年是版画繁荣发展的十年。

1979 年哲盟文联成立，萨因章被调到文联美协工作。萨因章作为版画创作者，为哲里木版画的崛起推波助澜；同时又是哲里木版画迈向辉煌的领导者，为哲里木八九十年代的辉煌甚至是现在的发展打下了坚实的基础。

哲里木盟美术各门类创作在版画的带动下，像雨后春笋般生机勃勃，特别是国画、漫画、藏书票、少儿版画都取得了空前的繁荣和发展。萨因章、刘宝平、张德恕等美协负责人在文联的领导下积极努力发挥地方优势，为版画的崛起做出相应对策并创造条件。

1980 年 8 月，哲盟邀请著名版画家李桦先生和谭权书先生系为版画作者讲授版画基础知识、版画创作理论和版画作品分析，并带来许多教学幻灯片和国外版画原作，从创作理论、世界版画名作欣赏、版画技法等方面打开了作者的眼界，美协还整理编印了李桦的讲话《创作与生活》发给作者们学习。后来美协又相继邀请了武必端、梁栋、周建夫、刘大为、胡勃、贾方舟、李松涛等教授和理论家来哲盟讲课。

哲里木盟频繁的创作活动带动了大批年轻作者创作版画，也终于取得了巨大的成果。

1980 年，哲里木版画首次在内蒙古美术馆亮相，给内蒙古美术界和观众

---

❶ 邵春光获得版画金奖；王作才、王爱科作品多次获奖，成为奈曼版画的元老；邰永春在科左后旗一直坚守版画的创作；董建国老师在双泡子电厂小学办起少年儿童版画创作班，开创了我们国家少儿版画创作先例，明仁小学华伟光老师抓少儿版画并与日本进行交流。哲盟聋哑学校马成武老师抓聋哑儿童美术创作，不但开启残疾儿童的美好心灵，而且通过美术增强了他们对生活的信念。

留下了很深的印象。《内蒙古日报》评论：哲里木版画的展出，是我区美术界的一件喜事，作者们继承了我国新兴版画的优良传统，坚持版画为社会主义服务，为人民服务的正确方向，他们没有向外国看齐，没有片面追求形式趣味，而是紧紧联系现实生活中大干"四化"的群众。

1980年，版画基础较好的扎鲁特旗在照日格图的领导下成立跨旗县的民族版画研究会；1982年，科左中旗版画也随之崛起，由田宏图组织的一批青年作者经常在一起创作，张茂华、赵卫国、哈日巴拉、甲夫等成为哲里木版画的骨干力量，田宏图曾带队携版画到呼伦贝尔盟展出，并到草原体验生活，进京参观美展。

1982年，萨因章参加了内蒙古美术家第三次会员代表大会，并被选为常务理事。同年，萨因章代表内蒙古主持召集了边疆六省区版画联展，哲盟24幅作品参加边疆六省区版画联展，萨因章还邀请国家民委主任乌兰夫亲临开幕式剪彩。

经过文联、美协、作者们几年的努力拼搏，哲里木版画即将登上中国美术最高殿堂。

1983年，哲里木筹备进京展，专门成立了由盟委宣传部副部长、科长、文化处长和四位版画家萨因章、刘宝平、田宏图、张德恕组成的工作班子。他们各有分工，萨因章是主要负责人，张德恕的任务是向专家和观众介绍画作、听取意见、整理文字资料。

哲里木版画200幅作品在中国美术馆展出，国家领导王任重参观了展览，著名版画家李桦教授、王琦先生亲临画展并为展览题词。这些版画就像蒙古族气质和性格那样质朴、豪迈和奔放。《人民日报》编辑、著名美术理论家马克撰文："这的确是一次富有地方特色的展出。从展出的两百幅作品看，水平有高低，造诣有深浅，个别作品还比较粗糙，然而它们都努力从各个不同的角度，真切地反映了本地区人民革命斗争的历史和今天的'四化'建设，以及人们平凡而又丰富的日常活动，具有强烈的生活气息。更可喜的是，这些作品多数都出自年轻的有才华的业余作者之手。他们长期生活在人民群众当中，善于敏锐地捕捉美的感情、美的生活、美的自然，把美的东西汇注于自己的笔底刀锋。因此，他们的作品很少凭空虚构的画面和臆造的人物，也没有脱离内容玩弄形式趣味的弊病，而是洋溢着一种真实感人的力量。"《中国青年报》也评论："这次展出的作品，无论是思想性和艺术性方面，都有新的提高，它有两个突出特点：一是鲜明的时代感；二是浓郁的生活气息。此外，在艺术技巧上，尤其是刀法上，也像蒙古族人民的气质和性格那样：质朴、豪迈、奔放。"李桦先生撰文评论在北京举办的多次地方性版展，哲里木版画名列榜首，称其为"成绩最优，影响最大"。中国美术家协会党组书记王琦先生为《中国当代版画》写的前言为："少数民族地区的版画在近几年也有很大的进步，其中尤以内蒙古的版画成绩更为出色，内蒙古版画的中心在哲里木盟。"

展出期间，中国美术馆、中国对外展览公司、民族文化宫等单位收藏了版画 59 件，仅美术馆一家就收藏 16 件。同年举办的第八届全国版画展览田宏图《新圈》，邢玉山《喜迎金秋》，哈日巴拉《草地欢歌》，照日格图《女学生》，哈申其木格《在母亲身边》等入选。因此，可以看出这个展览得到了文化界普遍的好评，使得哲里木版画在全国都有了影响。

紧接着哲里木版画又迎来一个高潮，那就是 1984 年全国第六届美展。过去哲里木版画虽然有了全国影响，但是没有重点奖项作品，而在第六届全国美展上，哲盟入选作品 21 件，其中版画 14 件，国画 1 件，其他 6 件。其中 5 件作品被评为全国优秀作品，刘宝平、张德恕《新娘》；田宏图《草原、你早》获铜奖，萨因章《新的脚印》；张茂华《绿染四方》；邵春光《金秋》获优秀奖。中国美术家协会党组书记王琦在《美术》撰文评六届美展作品高度评价的两幅获铜奖作品。这标志着哲里木版画达到了一个高度，这个高度被文化部和中国美协承认。

经过这两次高潮，可以说哲里木版画已经踏入了中国美术的最高殿堂。

（三）哲里木版画的新生主力军（1985—1999）

核心事件：哲里木盟小版画会成立

扎鲁特旗版画在北京民族文化宫展出

哲里木版画第二次进京展在北京民族文化宫展出

邵春光《乌珠穆沁的傍晚》获第十三届届全国版展金奖

通辽市获文化部命名少儿版画之乡

关键人物：乌恩琪、山丹、邵春光、王作才

刚刚改革开放的中国到处生机盎然，但社会政治、经济、文化的转型必

将带来艺术的阵痛。这个阶段的哲里木版画就出现了冰火两重天的局面，1985—1992年，哲里木版画继续强劲的势头，版画新生主力军不断成熟，形成中坚力量；1992—2000年，社会主义市场经济体制建立，没有市场的版画艺术冷清了许多，哲里木版画群体逐渐消散。

随着哲里木版画的进京展览和不断走出去、请进来，又有几位青年版画家到中央美术学院版画系进修学习，他们开阔了眼界、解放了思路，知晓不断创新与交流才是艺术的进步与发展，他们的版画作品也在不断成熟，显示出较高的水平。而这一阶段，哲里木盟的版画类型、活动也变得更加多元，各种民间组织团体涌现，少儿版画的发展也如火如荼。

1985年1月，哲盟小版画会成立，32岁的乌恩琪任理事长，陈嵘为副理事长，山丹为艺术指导，会员30人来自各学校的青年美术教师和业余版画家。他们在中国藏书票研究会的指导下开始藏书票、小版画创作和参加国内外藏书票展览交流，编印《哲盟小版画》会刊8期。全体会员1985年参加了首届全国藏书票展、日本东京世界书票展。

1986年1月在通辽举办日本版画藏书票展，同年山丹、乌恩琪、邵春光、谷新华、德力格尔、刘晓东六人获得人民美术出版社颁发的《版画世界》奖。1984年董建国辅导的《通辽发电厂子弟学校儿童版画》在北京官园儿童活动中心举办，是乌恩琪、山丹抽出一个月时间辅导孩子们水印纸版画创作。1985年马成武辅导的《通辽聋哑儿童石膏拓彩版画展》在北京官园儿童活动中心举办。1985年张延辅导的哲盟师范附小的儿童版画在日本东京栃木市展出，同年董建国、马成武获得"日本版画金奖"。1986年哲盟师范附小的儿童版画在中国美术馆展出也是山丹进修期间联系中国美术馆和古元先生而办的。

1987年明仁小学教师华维光辅导的儿童版画与南京石鼓路小学的儿童版画联合在北京展出；1989年通辽铁路一小教师尚跃民辅导学生创作了《儿童版画百米长卷》，生动刻画了小学生守则，在北京儿童活动中心展出；1992年奈曼实验小学李玉良辅导学生创作超大版画在北京中国美术馆展出。

哲盟小版画会的这批作者后来都成为哲里木版画创作的骨干力量和儿童版画的辅导教师。

山丹、乌恩琪的学生中有数十位作者获得过《版画世界》奖和少儿版画各类奖项，儿童版画多次在国内外展览中获得"金奖""特别奖""银奖""铜奖"等 120 多个奖项。儿童版画三进日本专题展出，有 6 所学校的儿童版画先后在中国美术馆、中国儿童活动中心举办儿童版画展，李桦、古元、王琦、李平凡、梁栋等版画界元老都积极支持鼓励哲盟的儿童版画，题词鼓励，介绍国内国外报纸杂志刊登作品，一些作品交流到国外展出。1989 年 4 月，由宋庆龄基金会、人间杂志社、寒舍画廊联合举办《哲里木盟——台湾儿童版画联展》，大陆与台湾海峡两岸隔离 40 年后由内蒙古 143 幅儿童版画再次牵手。联合国教科文组织赞助由内蒙古教育出版社出版《哲里木儿童版画选》。1991 年，日本北海道教育版画交流团专程到通辽市与明仁小学等学校进行交流活动，两地教师学生共同讲课、制作，收到了极好的效果。

哲盟美协始终注意队伍的成长、发展、壮大和提高，经常举办各种类型的美术创作班、理论培训班，同时组织作者深入生活。

1986 年组织"大篷车"到扎旗写生体验生活，推荐作者到中央美院等高等院校进修学习，陈更、乌恩琪、山丹、陈玉柱、敖特根、陈立铁等都在中央美院版画系、鲁迅美术学院结业，回来后成为版画创作骨干。20 世纪 80 年代，哲盟已经拥有全国美协会员 12 名，全国版协会员 15 名，内蒙古美协会员 75 名。1985 年《哲里木版画》《扎鲁特版画》由内蒙古人民出版社出版；1986 年山丹、赵岩松、德力格尔的 3 幅藏书票被带往南极长城站图书馆收藏。

1987 年田宏图版画《草原你早》获全国 10 届版展铜奖；1987 年扎鲁特版画在北京民族文化宫展出，展出作品 98 幅；1988 年山丹获全国首届小版画藏书票大赛三等奖；1990 年哲里木版画第二次进京在北京民族文化宫展出作品 125 幅，当年由北京民族宫文化部、日本代表团选出的 49 幅作品送往日本展销。1990 年在中国台湾高雄举办《田宏图版画展》，哲里木盟版画先后在十多个国家和地区展出，版画作品除了发表在《人民日报》《光明日报》《内蒙古日报》等报纸，还发表在《美术》《版画艺术》《版画世界》《黑白版画选》《中国新兴版画五十年选集》《中国版画新作选》等刊物中。

伴随改革开放的进一步深入，1990 年，社会主义市场经济体制逐步建立，政府不再拨钱组织美术创作培训班，文化馆等各单位也不支持采风、看展、交流、创作，于是版画这一画种在全国范围内开始消解，版画群体尤其是地方版画群体瞬间消散。创作者们在向多元的方向发展、分流。有的改画国画、油画、连环画；有的从事装潢、装修、下海；有的买不起刻板和印刷材料而搁笔弃刀。时代就是大浪淘沙，也有少数坚持创作不动摇的，像田宏图、乌恩琪、山丹、邵春光、王作才等一直坚持版画创作，他们多次入选全国美展、版展。虽然这一时期哲里木版画群体数量骤减，但是一直坚持下来的生力军的创作水平却一直延续下来并且呈上扬的趋势。

1991 年，王作才《秋风》《草地风》两获版展铜奖；姬兴东版画《春的气息》获全国版展铜奖；1993 年，由江苏美术馆、江苏版画院组织的《江苏版画展》在哲盟博物馆举办，1994 年，《哲里木版画》回访江苏，展出版画87 幅，两地交流加深了作者之间的友谊，也进一步提高了哲里木版画的知名度。1996 年邵春光、欧广瑞合作《乌珠穆沁的傍晚》一举获 13 届全国版展金奖。这是内蒙古版画家的第一块金牌，也证明了哲里木版画发展的新高度。

这一时期，哲里木版画成人创作群体的数量不断减少，但版画作品的水平却在不断提高。同时通辽市少儿版画发展如火如荼。

1996 年，通辽市少儿版画协会会长张德恕参加了浙江诸暨的少儿版画工作会，领取了中国文化部命名的《少儿版画之乡》奖牌。通辽市科尔沁区少儿版画坚持每年举办一次版画艺术节，如今已经举办十八届，通辽市科尔沁区的每所学校、每所幼儿园都把版画创作纳入美术教学和第二课堂，让孩子们体验刀与纸为媒介而产生的艺术。少儿版画活动辐射到旗县直至今天，2009 年 8 月，奈曼旗举办全国第十届少儿美术研讨会暨《童心奈曼》版画展，扎鲁特旗 2016 年举办过全国第十八届少儿班画作品展暨第二届全国教师版画展。

1996 年萨因章获得中国美协颁发的"中国六十年代为中国版画事业做出贡献"的《鲁迅版画奖》；1998 年山丹在中国美术馆举办的《山丹画展——一个达斡尔人的述说》中展出国画 60 幅，版画 30 幅，其中版画《春风》《安代圣火》被中国美术馆收藏。1999 年，田宏图、乌恩琪、邵春光、山丹四人荣获 20 世纪 80—90 年代优秀版画家《鲁迅版画奖》；2000 年，扎鲁特旗举办了《步入新千年扎鲁特版画》展，展出版画 70 幅，出版《扎鲁特版画》，邀请《美术》杂志副主编王仲、编辑刘建，鲁艺教授李福来，北京前美协副主席官布到扎旗出席开幕式，《美术》杂志用 12 页的篇幅介绍了扎鲁特版画。1999 年，萨因章、刘宝平、格日勒图、乌恩琪、山丹入选《中国百年版画》。

（四）科尔沁版画传承与发展的保卫战（2000—2008）

核心事件： 通辽市美协班子换届

大型画册《科尔沁版画》出版

哲里木版画更名为"科尔沁版画"

山丹主持《科尔沁版画传承与发展》六次研讨会

乌恩琪、山丹入驻深圳观澜版画基地

关键人物： 乌恩琪、山丹、邵春光、韩戴沁、佟金峰

进入 21 世纪，伴随全球化进程的不断加快，市场经济逐渐走入正轨，全国各地的城市化进程在稳步进行。在经济发展的同时，文化的提升也提上日程，不管是国家层面还是学术层面都开始关注文化，"非物质文化遗产""文化复兴""大众文化""文化产业""文化消费""文化自信"等一系列概念相继提出，对于文化艺术的支持力度也明显加大。1999 年，哲里木撤盟设市，通辽市定位为绿色工业城市和民族文化大市，并以全新的速度向前发展。

哲里木版画经历了 20 世纪 90 年代市场经济的冲击，到新世纪之初已经濒临消亡，版画群体的数量少之又少。借着国家民族文化艺术大发展的东风，2000 年，通辽市美协新的班子成立，乌恩琪任主席，邵春光、山丹、陈更、包丰华、王作才任副主席，马成武、胡学智任副秘书长，更有活力的新班子决定抢救濒临消亡的哲里木版画。

2001 年由通辽市文联、美协主办的《哲里木版画精品展》在通辽市宾馆展出，市人大副主任乌云、市政协主席白晶芳、市委宣传部副部长吉建业、文联主席布和德力格尔等出席开幕式，此次展览再次掀起版画创作的高潮。

2002 年，市美协班子乌恩琪、田宏图、邵春光、山丹等 5 位成员走访奈曼旗、扎鲁特旗、科左中旗、库伦旗等 6 个旗县，调查了解近年来版画创作的情况，发动会员创作，观摩作品，指导技法、制订创作、计划任务等。7 月初，乌恩琪等人专程去长春购买椴木版、油墨、纸张发给作者，两个月就创作版画 100 多件，成功举办了《哲里木版画新作展》。此次培训展览，又一次掀起了版画创作的高潮。

2003 年 6 月通辽市文化局携《通辽哲里木版画》走出国门，赴韩国展出；8 月与 10 月《通辽—塘沽版画交流展》在两地举办，双方版画家互访对展；9 月《通辽—辽源书画版画作品联展》；10 月《通辽哲里木版画》赴广

州展览；通辽画院举办《塞外狼版画作品精品展》；2004 年由乌恩琪、山丹主编大型画册《科尔沁版画》出版；收入通辽 40 年来创作版画 104 幅；2004 年 9 月，哲里木版画更名"科尔沁版画"，并参加中国美协主办的《塘沽第一届全国版画群体邀请展》，与全国 20 个版画群体共同探讨了版画的发展和存在的问题。2004 年通辽市送选自治区美术作品 47 件，入选全国美展 11 件，安玉民版画获优秀奖，马成武、乌恩琪、邵春光、田宏图、王作才、甲夫版画入选。内蒙古文化厅、文联、美协向通辽市美协颁发了"优秀组织工作奖"证书。

2005 年美协组织版画作者参加全国 17 届版展，送选版画 47 件，入选全国版展 7 件，其他作品入选内蒙古自治区首届版画作品展；在《第六届中国各民族美术作品展览"民族百花奖"》中韩戴沁版画获铜奖，佟金峰版画获优秀奖。通辽市文联、画院组织部分版画和版画家到深圳画院展出。同年，乌恩琪、邵春光、山丹、陈嵘、马成武赴鄂尔多斯市参加内蒙古自治区美术理论研讨会，在呼市受到内蒙古政协主席王占接见，鼓励通辽作者做好版画，研讨会上乌恩琪发言题目为"科尔沁版画的现状与思考"。

2006 年 4 月，山丹主持的课题"科尔沁版画传承与发展"在内蒙古自治区教科所立项，首次课题研讨会在通辽职业学院召开。课题旨在创新和发展科尔沁民族版画，为科尔沁版画培育新人，萨因章、田宏图、杰仁台、陈嵘、邵春光等 20 余位版画家及通辽职业学院科研处领导参加。随后"蒙古风主体版画"创作动员会在通辽文联召开，美协组织会员参与大型主题版画《蒙古风》的创作。5 月召开并分配创作任务，7 月召开草图观摩会；总策划沃宝华介绍情况，文联主席顾焕金做动员，扎鲁特旗、奈曼旗、科左中旗、科左后旗、库伦旗都有参加。历时百天，30 位作者创作《蒙古风主题版画》70 幅，在科尔沁博物馆举办了大型《蒙古风主题版画展》，壮丽的科尔沁博物馆展厅里挂满了气势恢宏、印刷精美的版画。从《太阳女儿》到《黄金家族》，从《高原大典》到《长子西征》，从《铁骑万里》到《以儒治国》，从《一统中华》到《东方盛事》，70 幅大型版画浓缩了八百春秋，刀雕版印地再现了历史民族文化。这次展览是在课题活动展开后的科尔沁版画群体力量的检验，版画家们合力展开一幅幅画卷，刀舞风扬地讲述着淳厚的民族文化。

2006 年 6 月，山丹主持的课题《科尔沁版画传承与发展》第二次研讨会，在奈曼旗委宣传部召开，旗委宣传部、文化局、文联领导，通辽职业学院科研处科长张继红，通辽市主席乌恩琪、副主席王作才、奈曼旗文联主席安广有等 15 位版画家参加。同年 9 月，《蒙古风主题版画观摩暨版画创作研讨会》，美协邀请全国版画艺委会主任广军、《美术》杂志编辑陈平、版画家乌日切夫观摩蒙古风主题版画 60 余幅，同时召开版画创作研讨会。广军先生向大家谈了创作经验，创组生活，国际国内版画界的信息以及对目前的科尔沁版画指出了不足和改进要求。同年 10 月，大型主题版画《蒙古风》在通辽科尔沁博物馆开幕。通辽市政协、市人大，通辽市委宣传部、市文联领导，中国少儿版画艺委会负责人张桂林、张德恕、资深老版画家伊木舍楞、萨因章以及通辽市蒙古风版画全部作者参加了开幕式。

2006 年 12 月，山丹主持的课题"科尔沁版画传承与发展"第三次研讨会在库伦旗文广电局召开。旗委宣传部领导、文广电局领导、文联主席及 20 余位版画作者和中小学美术教师参加。文联主席包丰华主持会议，资深老版画家格日勒图、通辽市美协主席乌恩琪和课题组主持人山丹与作者们畅谈版画的传承与发展。

2007 年 4 月，山丹主持的课题"科尔沁版画传承与发展"第四次研讨会在扎鲁特旗文联召开。扎旗文联副主席戴宝林、扎旗美协主席杰仁台、老版画家策仁多吉、张怀清、金星铎、敖特根，青年版画家韩戴沁、佟金峰等 20 余位版画作者参加了会议。课题主持人山丹介绍了课题内容、进展情况、培养新人举办培训班等事情，市美协主席乌恩琪号召大家多创作版画，多为民族地区出民族作品。

2007 年 5 月，山丹主持的课题"科尔沁版画传承与发展"第五次研讨会在通辽职业学院艺术系召开。版画家萨因章、乌恩琪、邵春光、马成武、张延、王永波，职业学院科研处张继红，通辽市青年版画作者和职业学院青年教师及美术专业的学生参加了研讨。美术教研室主任赵岩松主持了会议，课题组主持人山丹，讲解了培训班的目的、意义、内容，还介绍了参加"中国观澜国际版画双年展""首届中国原创版画交易会""中国观澜国际版画学术论坛"等多项大型活动情况和心得体会。

2008 年 6 月，山丹主持的课题"科尔沁版画传承与发展"第六次研讨会在市文联举办。参加者为各旗县市美协主席，各院校版画教师，职业学院版画课题组成员，职业学院科研处张继红等。课题组主持人山丹总结课题发展情况，布置下半年工作并决定年底结题。

乌恩琪、山丹不断地组织版画创作活动、交流活动、展览活动；不断联系各地相互办展，邀请版画大家前来授课、交流；申请版画课题，主持"科尔沁版画传承与发展"研究课题，到各个旗县做讨论会，鼓励年轻的版画创作者创作；开通"科尔沁版画艺术在线"传播交流网站；不断组织版画家去外地学习交流，扩大科尔沁版画的国际影响力；大力培养新的版画创作群体，同通辽市职业学院、内蒙古民族大学等高校，为艺术学院的师生们带来新的版画艺术观念、创作思路，培养科尔沁版画强大的后续力量。

与此同时，为了顺应时代潮流，引领科尔沁版画进一步发展，乌恩琪、山丹自出经费到各处参观考察，他们为科尔沁版画走向市场做出了不懈的努力。

2007 年科尔沁版画开始尝试走向市场。参观考察是开阔眼界、开拓思路、交流学习的一种好方法，可以引进先进的工作方法经验，了解国际国内版画发展状况，但是需要大量资金和精力，当然还有机遇。

2007 年 5 月乌恩琪版画入选《观澜国际版画双年展》，乌恩琪、山丹参观考察深圳观澜版画创作基地，参加了观澜国际版画双年展和国际版画论坛，回来后山丹撰写文章《观澜回来话版画》发表在通辽日报和内蒙古美术家通讯上；2007 年 8 月，乌恩琪携带版画 32 幅参加《中国西部文化艺术博览会》，将科尔沁版画风貌展示给我国西部八省区；2007 年 10 月，乌恩琪、山丹携带版画 13 幅参加黑龙江国际文化艺术产业博览会，购买展位，初次走向版画市场，并参观考察了黑龙江原创版画基地和阿城市版画院，与黑龙江版画家座谈当前版画形式，相互了解版画群体的情况。

2008 年 5 月，乌恩琪、山丹携带版画 20 幅参加深圳文博会观澜分会场及《中国当代版画发展论坛》，在论坛上，乌恩琪代表内蒙古版画家发言，表述基层版画家和版画群体的创作心态，与会期还参加了观澜版画原创产业基地和版画工坊剪彩仪式；2008 年 9 月，乌恩琪、山丹受邀参加首届云南国际版画展暨版画研讨会，更进一步了解国际版画和国内版画的状况，了解云南省发挥版画优势，扩大国际影响，推进民族文化强省，大力实施"走出去，请进来"的战略。

通辽美协没有活动经费，科尔沁版画依托通辽市政协，50 幅作品参加《通辽—唐山美术书法摄影作品展》活动，2007 年 6 月 18 日在唐山展出。2007 年参加《全国 18 届版画作品展》内蒙古入选的 5 幅版画全部是通辽市的作者。2007 年 9 月在江苏举办的《全国 12 届藏书票展》，展出通辽市刘贤亮、德力格尔、山丹 3 位作者的藏书票 12 幅；2007 年《内蒙古成立 60 周年美术作品展》，通辽市有 14 幅版画入选，获奖 3 幅；2008 年 6 月 27 幅版画加市政协《通辽—通化书画摄影交流展》，并向通化市赠送版画一幅；参加首次在北京举办的 2008 年《第 32 届国际藏书票双年展》，山丹、德力格尔、刘贤亮、于洋入选。2008 年通辽画院组织版画参加"内蒙古通辽奥运文化活动"；2008 年 9 月天津塘沽《第二届全国群体版画展》科尔沁版画共送交 17 幅作品参展，又一次与全国版画群体交流探讨，整体呈现科尔沁版画的新作。

2008 年 9 月 5 日，通辽市民委、通辽市美协、通辽职业学院版画课题组共同举办《"民族团结杯"科尔沁版画大展》。展览规模为近年来最大，在通辽市引起轰动。市民委积极组织了这次《"民族团结杯"科尔沁版画大展》，参与的作者达 70 位，送展的作品达 200 余件，内蒙古大学艺术学院的师生和内蒙古民族大学的师生及通辽职业学院的学生也参加了此次展览活动，彰显出科尔沁版画创作强大的后续力量。新的科尔沁版画有了新的表现语言，新的制作技法，新的时代特征，还有丝网、铜板、综合版、纸版等新的版种加入，大大丰富了版画的表现力。因为场地的限制，只能评选出 120 件作品参展，25 件作品获奖。这次大展对通辽市的民族文化品牌给予了很大的推动，科尔沁版画创作队伍得到了更大的扩张。

2008 年 11 月 20 日，通辽美协与江苏常熟美术馆共同举办《科尔沁版画展》，在常熟市展出通辽市版画新作 50 幅，向江南人民展示绚丽多彩的民族文化，述说醇厚浓烈的科尔沁版画原生样态。同年 12 月 4 日，版画家乌恩琪、山丹应邀入驻观澜版画基地，并与基地签约常驻东区艺术部落。他们与世界各地的著名版画家及国内版画家佼佼者们一起创作，学习交流，并为科尔沁版画链接世界各地打开了一扇新的大门。

（五）科尔沁版画发展的新格局（2008—2018）

核心事件： 科尔沁版画积极申请列入非物质文化遗产保存名录

奈曼版画基地成立；奈曼美术馆成立；奈曼版画院投入使用

宝石柱民间美术图案列入自治区级非物质文化遗产保存目录

《奈曼版画》《王作才版画作品集》内蒙古文化出版社出版

乌兰巴拉、韩戴沁、佟金峰、照那木拉、周慧获非遗传承人

第二十二届全国版展在通辽市成功举办

关键人物：乌恩琪、山丹、邵春光、李玉山、乌兰巴拉、秦晓伟

经过乌恩琪、山丹老师等众多版画家们近十年的宣传、推广，科尔沁版画的发展呈现出三线发展的新的格局。笔者把它归结为三条线：第一条线：通辽美协换届，以邵春光为首的领导班子通过各种培训展览活动，推动科尔沁版画向前，但由于种种原因，收效并不显著；第二条线：乌恩琪、山丹老师的琪丹版画虽然南下入驻深圳观澜，但时刻与科尔沁版画保持紧密联系，使科尔沁版画与中国最高水平的版画基地联系在一起，资源共享、互通有无；第三条线：各旗县自身纷纷建立版画创作基地，以奈曼旗为首，扎鲁特旗、科左中旗紧随其后，创办版画培训班、举办展览，大力发展本旗县的版画事业。

第一条线：通辽市科尔沁版画的组织者。

2009 年 4 月，通辽市美协第四次代表大会召开，产生新的换届班子，邵春光当选为美协主席。2009 年 6 月 11 日，通辽市政协与深圳宝安区政协联合举办《科尔沁版画展》，展出科尔沁版画新作 80 幅，画展将草原雄风带到了南国之滨，以刀刻版印的形式表现了蒙古人民粗犷豪放的风格和友善耿直的性情，让参观者在了解草原文化的同时也受到一种心灵的震撼。2010 年 7 月，由通辽市文化局、台湾版画会主办的《内蒙古科尔沁版画展》在台湾艺术大学艺术博物馆举办，8 月 17 日台湾版画会四位版画家回访，《台湾现代版画展》在通辽科尔沁博物馆开幕，两岸因版画再度握手交流。

2010 年科尔沁版画的创作与队伍"断代"等问题引起政府重视。通辽市政协文教委为期两个月到各旗县作科尔沁版画调研，形成调研报告并在政协常委会上讨论。2010 年 8 月 28 日通辽日报发表杨海署名文章《科尔沁版画："老品牌"遇到新问题》，建议设立科尔沁版画基金，扶持扎旗、奈曼、左中等重点基地建设，积极争取将科尔沁版画列入非物质文化遗产名录等。2012 年，通辽市文联在北京中国画院美术馆举办《吉祥科尔沁——内蒙古通辽市科尔沁版画作品展》。

2013 年，由市委宣传部组织的《科尔沁版画十杰》评选完成，田宏图、乌恩琪、山丹、邵春光、王作才、秦晓伟、韩戴沁、安广有、王永波、金宝军当选，乌兰巴拉、赵卫国、吕红梅、佟金峰、蒋艳玲入围。2013 年 9 月由第五届中国东北文博会组委会与通辽市委宣传部举行版画十杰作品专场拍卖会，整体以 10.2 万元竞拍成功。2014 年，科尔沁区举办《科尔沁区少儿版画工作会议》，举办科尔沁区少儿版画教师培训，中国少儿版画研究会第二届副会长张德恕、内蒙古民大兼职教授乌恩琪、山丹、内蒙古民大美术学院主讲任金宝军，对 200 名教师进行了综合版、纸版、绝版分印技巧的培训。2016 年 5 月，由内蒙古蔚蓝文化加盟的《2016 中国首届版画艺术界暨第十届中国观澜原创版画交易博览会》，在观澜版画博物馆开幕，科尔沁版画 70 幅参加展出。

第二条线：深圳观澜版画基地琪丹版画。

2009 年 4 月，《山丹 420 的 BLOG——来自观澜版画基地的视觉日记》由大公报出版公司出版，收录了乌恩琪、山丹入驻观澜版画创作基地的创作生活网络博客 79 篇。2009 年 5 月 30 日，版画家山丹和乌恩琪应香港版画协会邀请到香港视觉艺术中心进行讲学交流。山丹的讲座题目是《刀刻版印的蒙古族心灵家园》，介绍了科尔沁版画的起源、现状和发展，并播放了科尔沁版画幻灯片 240 幅。乌恩琪示范了绝版木刻技法，并用两个下午时间完成了版画《神驹》的创作，此次交流活动让香港版画家们领略了科尔沁版画的率真大气，也让草原人了解了香港版画家们的创作技法和创作状态。

2009 年 6 月 25 日，由乌恩琪、山丹策展的《心灵家园——科尔沁版画展》在深圳观澜版画基地东区展览馆展出，展出科尔沁版画 80 幅。2010 年 7 月由通辽市政协、深圳宝安政协主办的《梦幻与诗篇——深圳宝安—观澜国际版画展》在通辽科尔沁博物馆开幕，让草原人民第一次欣赏到国际水准版画的魅力；同年 11 月，由内蒙古美术家协会、通辽市政协、古元美术馆、观澜版画基地主办的《草原之梦——琪丹版画展》在珠海古元美术馆展出，中国美术馆编辑部主任陈履生、原中国版画艺委会主任宋源文、珠海市政府副市长、政协主席通辽市政协副主席包成功、观澜版画基地主任李康、观澜版画基地入驻中外艺术家出席开幕式。2012 年，内蒙古自治区宣传部长乌兰、通辽市宣传部长贺志亮参加深圳市文博会期间参观访问观澜版画基地《琪丹版画工作室》，与版画家乌恩琪、山丹交谈，鼓励他们在文化前言窗口为家乡宣传。

第三条线：各旗县版画创作基地。

2009 年，奈曼画院成立，开始筹建奈曼版画基地。2010 年 8 月，奈曼版画代表内蒙古自治区参加上海世博会，展出版画 40 幅，现场制作版画与群众交流得到观众好评，同时开阔了创作者的眼界提高了奈曼版画的知名度。2010 年 9 月，奈曼旗画院引进《观澜国际版画展》，让旗县版画作者第一次观摩到国内外优秀版画的杰作，旗委书记王广全、副书记李玉山、观澜版画基地入驻艺术家乌恩琪、山丹，通辽市美协主席邵春光出席，文化局局长王书博主持。2011 年，奈曼版画产业协会成立。同年 11 月，纪念中国民间工艺美术家宝石柱诞辰 100 周年奈曼版画在奈曼文化馆展出，《美术》杂志编辑李伟、内蒙古版画家乌日切夫、内蒙古师范大学教授敖迪、通辽市政协副主席王宝湖、市文化局副局长、内蒙古民族大学美术学院院长及教师、资深版画家萨因章、田宏图等参加了开幕式及研讨会。《中国工艺美术大师——宝石柱》出版首发式，此书由乌恩琪、山丹编辑，收录上百件宝石柱一生创作的剪纸、版画、雕塑、团作品。2012 年，奈曼旗成立奈曼本原版画艺术有限责任公司。同年 11 月，奈曼版画 50 幅作品代表内蒙古自治区文化厅、奈曼版画参加全国非物质文化遗产展览展示。2014 年 3 月，由市委宣传部组织的科尔沁版画创作培训班在奈曼版画基地开班，有来自各旗县的 30 名作者，并请来内蒙古师范大学美术学院院长苏和进行讲座，在田宏图、乌恩琪、山丹、邵春光、王作才的辅导下，为期一个月的创作有近 60 余幅版画作品问世。同年，奈曼版画群体考察观澜版画基地，参观版画工坊、艺术家工作室、文博会展览现场、观摩藏书票拍卖活动。同年，《奈曼版画》《王作才版画作品集》由内蒙古文化出版社出版。2015 年市美协班子成员走访奈曼版画基地，探望正在创作的版画作者。同年 10 月，奈曼版画家安广有、高鹏参加意大利米兰世博会，展出版画 50 幅。2016 年 11 月，奈曼美术馆被列入第五批通辽市级非物质文化遗产代表性项目名录名单。2017 年 4 月中国文联"中国精神、中国梦"主题文艺创作工程项目"重塑哲里木辉煌"在奈曼旗版画院开班；2018 年 6 月，奈曼旗被评为 2018—2022 年度全区民间文化艺术（奈曼版画）之乡。

2009 年，扎鲁特蒙古族第一中学获中国美术家协会颁发的"放飞心灵、成就未来"全国首届少儿美术教育学术展《最佳组织单位证书》，扎鲁特旗蒙古族第一中学 30 多年来在照日格图努力耕耘下创作教学硕果累累。2012 年，扎鲁特旗版画群体入驻观澜版画基地，参加深圳市文化博览会，展出扎鲁特旗版画 50 余幅，版画家杰仁台、韩戴沁、佟金峰参观了版画工坊并与全国各地版画家进行了交流；扎鲁特版画参加文化部举办的非物质文化遗产传承目录中展出。同年 12 月，扎鲁特版画家韩戴沁、佟金峰获内蒙古自治区文化厅"非物质文化遗产项目扎鲁特版画代表性传承人"。2016 年中国——内蒙古文化周，在斯里兰卡展出扎鲁特旗《韩戴沁版画》。同年 8 月，《中国扎鲁特旗版画、蒙文》在蒙古国开幕，第十八届全国少儿版画作品暨第二届全国教师办画展在扎鲁特旗举办。2017 年扎鲁特旗版画院成立。2018 年 6 月，扎鲁特版画院成功举办"中美国际艺术联展""国际儿童画展"。该展览共展出中美知名艺术家优秀作品 70 余幅，同时展出中国、美国、蒙古国、法国、英国、德国、加拿大、瑞典等 17 个国家的儿童画作 80 余幅。

2010 年，科左中旗版画创作基地成立。2011 年，科左中旗《庆祝建党 90 周年版画创作基地美术作品展》，之后多次举办培训班和研讨会，自治区领导视察、创作版画作品百余幅。2012 年，科左中旗举办全旗书画、版画作品创作座谈会，近 30 名美术界人士参加。2013 年 4 月，科左中旗成立版画家协会，并举办版画创作培训班，资深版画家田宏图出席大会，为学员讲课。2014 年，《科左中旗版画》由人民出版社出版。同年，市美协班子成员深入科左中旗版画基地与当地作者进行深入研讨。

三、集体活动：科尔沁版画艺术的实践者们

我们从历时性即纵向的时间维度，对科尔沁版画 60 多年发展的概述，分析其创作群体的形成、提炼出其独特的"特质"、经历的转折、做出的调适以及当下新的人文景观。在此基础上，笔者将从共时性即横向平面的空间维度，通过对科尔沁版画群体创作实践活动的观察分析，探寻蕴藏在艺术活动之下实践者们的民族群体认同及其内在的心理结构。

芝加哥学派帕克认为：社区的主体，是具有共同的认同感和共同命运的一群人，他们参与共同生活，参与社会的分工体系，并承担一定的角色；对

于社区人员构成和角色的分析，对于社会主体的集体活动的考察就成为研究社区发展的重要部分。❶

在实际的田野考察中，笔者首先接触到的是活动在科尔沁这片草原上的版画艺术实践者们，他们生活在科尔沁草原，"忙时放牧，闲时刻画"曾是他们草原生活的一部分。那么，进入21世纪的互联网信息化时代，他们的艺术生活、文化体系和社会组织、社会关系发生了怎样的变化？这些新的版画实践群体的艺术创作如何？他们之间的交流如何？互动如何？本章通过一个个鲜活的故事，展现出生活在科尔沁草原这片土地上的这些版画艺术实践者们集体活动的场景，以及场景下所隐含的民族文化心理的行为准则。

在历史透镜中，我们对哲里木版画发展的历史和现状都做了梳理和总结，但是对于某个旗县版画的具体发展而言并不详细。

就科尔沁版画考察区域而言，我们先具体了解通辽市的地区区划。

通辽市位于内蒙古自治区东部，坐落在科尔沁大草原上，是内蒙古自治区东部和东北地区西部最大的交通枢纽城市，被自治区政府定位为省域副中心城市。总面积6万平方公里，人口310万，其中蒙古族人口，近150万，是中国蒙古族人口居住最集中的地区。现辖1个市辖区、1个开发区、1个县、5个旗，代管1个县级市，即科尔沁区、通辽经济技术开发区、开鲁县、库伦旗、奈曼旗、扎鲁特旗、科尔沁左翼中旗、科尔沁左翼后旗和霍林郭勒市。

根据实际的田野考察情况，笔者了解到，目前，科尔沁版画的创作群体大致分为三个类别：科尔沁区、奈曼旗、扎鲁特旗的版画创作者群体较多，发展势头良好；科左中旗、科左后旗和库伦旗的版画创作者相对较少，尚未形成群体规模；开鲁县、霍林郭勒市和通辽经济技术开发区，这三个地方的版画创作者极少，也未形成地方群体版画的发展。因此，科尔沁区、奈曼旗、扎鲁特旗作为本报告研究的重点，科左中旗、科左后旗和库伦旗作为补充，其他三个地方便不做具体分析。

那么，针对目前掌握的实际情况，对于科尔沁版画的具体研究而言，笔者将整个通辽市作为一个"大社区"的概念，将科尔沁区、奈曼旗、扎鲁特

❶ ［美］R. E. 帕克，E. N. 伯吉斯，R. D. 麦肯齐. 城市社会学——芝加哥学派城市研究文集［M］. 宋俊岭，吴建华，王登斌，译. 北京：华夏出版社，1987：4.

旗、科左中旗、科左后旗和库伦旗作为一个个"小社区"，通过"社区研究"，对每一个社区的版画创作活动予以分析研究，以达到对科尔沁版画的整体研究。

接下来让我们进入每一个社区，去接触那里的版画艺术家们，从实际的访谈和观察中，不断"建构"我们对科尔沁版画的具体认知。

（一）科尔沁区版画创作群体

目前，科尔沁区版画群体比较活跃的有哪些？他们在这一社区中又扮演什么样的角色呢？

根据笔者 2017 年的田野考察资料，分析整理如下（见表1）。

表1 科尔沁区"小社区"版画创作群体统计列表

姓名	性别	民族	出生年	出生地	工作单位	是否美协会员
伊木舍楞	男	蒙古族	1926	科左中旗	原哲里木盟师范，教师退休	中国美协会员
萨因章	男	蒙古族	1936	通辽市	原内蒙古美术家协会版画艺委会主任	中国美协会员
张德恕	男	蒙古族	1938	开鲁县	原通辽市文化馆美术部，负责人	中国美协会员
刘宝平	男	满族	1942	科左后旗	原中国美术家协会，版画艺委会	中国美协会员
田宏图	男	蒙古族	1948	辽宁法库	原内蒙古自治区美协，副主席	中国美协会员
乌恩琪	男	蒙古族	1953	科左中旗	原哲里木盟师范，内蒙古自治区美协，副主席	中国美协会员
山丹	女	达斡尔族	1954	扎兰屯	原哲里木盟师范	中国美协会员
邵春光	男	蒙古族	1957	通辽市	内蒙古自治区美协，副主席	中国美协会员
金宝军	男	蒙古族	1969	科左后旗	内蒙古民族大学美术学院，版画系主任	中国美协会员
王永波	男	蒙古族	1977	库伦旗	内蒙古民族大学美术学院，院长	中国美协会员
周慧	女	蒙古族	1982	通辽市	通辽二中，美术教师	内蒙古美协会员

哲里木版画"五大元老"——伊木舍楞、萨因章、张德恕、刘宝平、田宏图。

伊木舍楞、萨因章、张德恕、刘宝平、田宏图既是哲里木版画的重要创作者，还是领导者和组织者，他们为哲里木版画的辉煌起到了至关重要的作用。

第一次见伊木老师是在山丹、乌恩琪老师的家里。伊木老师已经是82岁高龄，但精神状态却非常好，说话听力都还好，十分和蔼可亲。他说他从小酷爱画画，后来工作当了快40年的美术教师，教了非常多的学生，他说他喜欢版画，可因为身体原因，20世纪80年代以后就不做了，现在都看着他的儿子乌恩琪和儿媳山丹在家里创作版画；他说他算是自学成材，在条件极为艰苦的条件下最后还是获得了高级讲师职称；他说他一生热爱美术教育事业，他的许多学生都获得了较好的成绩；他说现在的科尔沁版画成为知名的文化品牌，他很欣慰、很自豪，他一生所追求的理想彼岸达到了（见图19）。

图19　伊木舍楞《哺》黑白木刻 1983 年

伊木舍楞是哲里木版画的开创者、早期组织者和重要的版画家。1952年开始创作剪纸并在报纸杂志发表作品，1956—1966年在盟文教处的领导下一直负责哲盟美术的创作，是活动的召集人和组织者。他带头创作作品、征集作品、选画送画往来于地方与首府之间，不辞劳苦，极大地推动了哲盟美术在内蒙古的影响力。1960年到中央美院版画系进修，1962年第一次向哲盟地区作者传授版画技法。这段时间也是其版画创作的黄金期，他将哲里木地区的现实生活与版画创作融为一体，创作了一批通俗性极高、民族性极强、普及型极广的优秀版画作品，表现了少数民族人民积极向上的精神风貌。其作品《给妈妈送水》1957 年刊登在《内蒙古画报》1957 年第 9 期，《植树》《春之歌》《送肥》《打靶》等刊登在《实践》《草原》《内蒙古青年》上，他的创作技法朴实富有装饰美感，以黑白版画为主。《西拉木伦的晚霞》与张德恕合作，参加全国美展并被多家期刊报纸刊登。"文革"期间所有作品资料遭到毁坏，"文革"后恢复教学与创作，以后在师范美术教学中奉献出力，编写《剪纸技法》《图案技法》等蒙文教材。1983 年版画作品《哺》《放学路上》参加了哲里木版画进京展览，后来入选《哲里木版画》集。2014 年，内蒙古文联向伊木舍楞颁发了"从事新中国文艺 60 年"奖章。

第一次见萨因章老师是在跟乌日切夫老师、广军老师在一起。当时正值"重塑哲里木版画"培训班期间，因为广军老师和萨因章是中央美院的同班同学，好几次来通辽也没能见面，所以乌日切夫老师组了一个饭局，笔者当时也在现场参与其中。

萨因章从小酷爱美术。1955 年考进中央美术学院附属中等美术专科学校，1959 年，又继续考进中央美术学院版画系，在古元工作室深造。在李桦、古元、黄永玉和靳尚谊等先生的熏陶下，五年学业里全面地掌握了专业知识和绘画技能。1964 年中央美术学院版画系毕业，决心要为内蒙古的美术事业奉献自己的力量，毕业后他主动放弃了留校的机会来到科尔沁大地，分配到科左中旗一中任教美术。1970 年调哲盟群众艺术馆美术辅导员，随后调到市美协。

在工作期间，他始终坚持自己的版画创作，坚持创作从生活中来。他的作品画面简洁富有诗意，水印技法娴熟。在内容上始终坚持以蒙古族游牧生活为源泉；在构思和构图上，在版画语言的运用和刀法处理上，他都尽量有机地与民族文化和民族情感揉在一起，创造让人感到质朴、简练并富有美感的意境；在艺术表现上，始终求索着适合蒙古民族那样热情、强悍、淳朴特点的版画艺术语言。《挤奶员》《草原新城》等作品早在 20 世纪 60 年代就入选全国美展，先后发表在《人民日报》《北京日报》《北京晚报》《中国文学》（外文版）等报纸杂志上。《人民日报》还专门为《挤奶员》写了评论性文章。版画《姊妹俩》《新居》《未来的冠军》《新的脚印》《庙门前的小姑娘》《小兰花》《母与子》《母亲》等30多件作品参加全国美展、全国版展和国内外大型展览，其中有部分作品获奖、被各级美术馆收藏和国内外收藏家收藏。

张德恕1938年生于内蒙古开鲁县，1959年毕业于哲里木盟师范留校任教，后到附小任教。1967年调入通辽市文化馆任美术部负责人；1986年任通辽市文化馆支部书记兼馆长；1965年《西拉木伦河上的晚霞》（合作）等三件作品入选"华北局年画版画展览"，《西》发表在内蒙古《实践》杂志，天津艺术博物馆收藏。1984年版画《新娘》（合作）参加第全国六届美展获铜奖，内蒙古文学艺术创作"萨日娜"一等奖（见图20）。

图20 张德恕、刘宝平《新娘》套色木刻 1984 年

张德恕是20世纪七八十年代哲里木版画的主要作者和组织者，并在通辽地区开展儿童版画方面做出了突出贡献，也在中国美协少儿艺委会、中国少儿版画研究会中有重要地位。1985年他成立了通辽少儿版画研究会（今科尔沁区）任会长，一百多名会员覆盖了整个科尔沁区学校，经常组织教师版画培训班，提高教师辅导儿童版画水平，带领青年教师出去展览交流。1992年，张德恕被文化部、全国少年儿童文化艺术委员会授予"全国少年儿童文化工作先进工作者"。1996年通辽市获文化部授予全国首家"中国少年儿童版画艺术之乡"。张德恕创办通辽市少儿版画艺术节，至今已经十八届。1997—2014年任"中国少儿版画研究会"常务副会长，2001—2010年受聘"中国美协第二届、第三届少儿美术艺委会委员""中国美协第三届少儿美术艺委委会专家组专家"等职。张德恕对于目前科尔沁版画中少儿版画的发展贡献巨大。

　　田宏图 1968 年毕业于保康一中后知青下乡，1971 年到旗文化馆做美术辅导班干部，后相继任副馆长、馆长。1987 年调任旗文学艺术创编室主任，先后被评为"全区自学成材模范""自治区劳动模范"，副研究馆员。田宏图是自学成才的典型，可以说是哲里木版画的中坚力量，作品多、质量高、影响力广（见图 21）。

组一　　　　　　　　　　　　　组二

组三　　　　　　　　　　　　　组四

组五

图 21　田宏图　组一《草原，你早》套色木刻 1983 年之前

组二《工余》套色木刻 1983 年之前

组三《喜待暮归》黑白木刻 1983 年之前

组四《希望的原野》套色木刻 1983 年之前

组五《出猎》套色木刻 1983 年之前

1979 年，版画连环画入选《嘎哒梅林》"第五届全国美展"；1980 年，《嘎哒梅林》木刻连环画出版；之后《出猎》《喜待牧归》《工余》《新圈》《草原，你早》《希望的原野》《集归》《这里曾经是大海》《草地在召唤》《套马者》《春之恋》《嘎查达》《高原风》《金鹰之歌》《他们》《晨祭》《牧马人》《火烧云》《秋草唤征人》等一批有影响力的作品入选历届全国美展、全国版展、民族百花奖美展，并获得铜奖、优秀奖；内蒙古政府"萨日娜"奖；1999 年被评为"中国优秀版画家"并获《鲁迅版画奖》。跨世纪后又有《草原吉祥》《草香八月》《追赶春天的人们》《岁月留痕》《乌拉盖牧羊人》等一批作品入选全国美展、版展、观澜版画双年展等。2010 年被自治区党委、自治区政府、自治区文联评为"自治区文学艺术创作——突出贡献奖"；2012 年被自治区乌兰夫基金会评为"民族文化艺术杰出贡献奖"。田宏图 1985 年在内蒙古美术馆举办《田宏图版画展》，1990 年在台湾举办《田宏图版画展》，2014 年由自治区文史馆举办《撒满阳光的草原——田宏图版画展》。同年扎鲁特民族版画研究会与北京美协分会在北京北海画舫斋举办"扎鲁特版画展"展出 100 幅版画，受到首都各界、新闻媒体和观众的好评。

刘宝平 1942 年生于科左后旗。曾就职于中国美术家协会，编审、国家一级美术师。在 20 世纪 70 年代至 80 年代是哲里木版画的主要组织者和主要作者，创办版画培训班，送交草图，带领作者下乡体验生活。

在领导大家的同时，自己也在勤奋创作，版画、国画作品曾参加全国第四届、第五届、第六届、第七届美术作品展览，其中在第六届全国美术作品展览以版画《新娘》（合作），国画《草原上的人们》两幅作品入选；第七届全国美术作品展览以中国画国画《黄土魂》、版画《牧羊女》入选；在这两届全国美展中，都是以双项作品入选；并在第六届全国美展中《新娘》（合作）获第六届美展铜奖。后相继参加全国第七届、第八届、第九届版画展览，以及全国多项展览。1983 年组织哲里木版画进京展，1989 年创建哲里木画院等做出了积极贡献。1991 年调往北京，后调到中国美协展览部任职。1999 年获"20 世纪 80—90 年代优秀版画家鲁迅版画奖"。作为领导者、组织者和主要创作者，刘宝平为哲里木版画的辉煌和发展起到了至关重要的作用。

哲里木版画的中间力量——乌恩琪、山丹、邵春光

在中国改革开放新时期，哲里木版画不断迈向辉煌，而这一时期山丹、乌恩琪便成为哲里木版画的中坚力量。山丹在哲里木盟师范学校担任美术教师，培养了一批又一批优秀的版画人才；乌恩琪创办哲盟小版画会，同山丹一起指导来自各个学校的青年美术教师和业余版画家。不管是哲盟师范学校培养的各届学生还是哲盟小版画会培养的青年美术教师和业余画家，他们后来都成为哲里木版画创作的骨干力量和儿童版画的辅导教师。山丹、乌恩琪在版画人才的培养方面为哲里木版画的辉煌延续做出了重要贡献。

乌恩琪，蒙古族，1953 年生，内蒙古科左中旗人。通辽日报社主任编辑，中国美术家协会会员、原内蒙古美术家协会副主席、版画艺委会副主任，内蒙古政协书画院院士，内蒙古民族大学客座教授，通辽市第一届、第二届政协委员，通辽市文联副主席。1985 年创立哲里木小版画会，带领 30 多位青年作者创作版画、藏书票，参加国际国内展览事项；1986 年引进并联合举办《日本—哲盟藏书票联展》；1987 年引进《全国藏书票展览》，让青年作者在展览交流中开阔眼界、提高技艺。1984—1988 年、1991 年参与辅导、协助青年教师在北京举办《通辽发电厂子弟校儿童水印纸版画展》《通辽铁路一小儿童版画百米长卷》《奈曼实验小学巨幅版画》。

乌恩琪本职工作之余创作颇丰。版画《雪映慈母心》《溢香草原》《原野音符》《五骑士》《祭敖包》《乳香飘》《马背上的歌》《塞北情》《查干萨拉》《草原恋》《苍穹》《天堂——故乡》《游动的云》《圣祖》《草原魂》《煦风》《天边》《暖日》《蒙古长调》等入选全国第六届、第九届、第十一届美展；第九届、第十一届、第十二届、第十三届、第十四届、第十五届、第十六届、第十七届、第十八届、第二十届版展，全国少数民族百花奖美展，观澜版画双年展等。2014 年版画《乳香飘》《萨满组画》入选内蒙古历史重大题材展。他的版画曾获全国版展优秀奖、全国美术金彩奖、全国文联群星奖、版画藏书票铜牌奖。1999 年获"中国 20 世纪 80—90 年代优秀版画家"称号（见图 22）。

乌恩琪为人宽厚豁达，凭报社美编职业，广泛联系作者，又在创作上探求新内容、新手法。1991 年当选为哲盟美术家协会副主席，2000 年当选为美协主席，文联副主席；2006 年当选为内蒙古美协副主席。乌恩琪一直致力于科尔沁版画的发展与传承。2000 年开始带领美协班子抢救濒临灭绝的版画创作队伍。向市委市政府打报告申请资金，购买材料，举办展览，出版画册；

组一   组二

组三   组四

组五   组六

图22　乌恩琪　组一《雪映慈母心》水印木刻 1986 年

组二《少妇》水印木刻 1982 年

组三《原野音符》水印木刻 1987 年

组四《祭敖包》绝版套色 1992 年

组五《塞北情》绝版套色 1998 年

组六《成吉思汗》绝版套色 2005 年

走访旗县基层文化馆和美协，提供版材刀具油墨，发动作者创作版画，再次激发作者的创作热情。2001 年举办《哲里木版画精品展》；2002 年举办《哲里木版画新作展》；2003 年与天津塘沽版画联合展出交流；2003 年携版画赴韩国展出；2004 年带领版画群体人员参加全国版画群体展；2006 年开始参与内蒙古自治区课题《科尔沁版画传承与发展》，多次召开研讨会；2006 年主持大型主题版画《蒙古风》的创作；2007 年举办《民族团结杯——科尔沁版画大奖赛》；2008 年在常熟美术馆举办《科尔沁版画展》等展览。

山丹，达斡尔族，1954 年出生，内蒙古扎兰屯人。1973 年哲盟师范学校毕业留校任教美术，曾任通辽职业学院艺体系副主任、副教授直至退休。1985 年进修于中央美院版画系，多年来创作年画、剪纸、连环画、版画等并多有出版发表，在教学上勤于探索，电化教学录像片曾获全国电教进步奖、自治区教学优秀奖；首届哲盟拔尖人才、内蒙古自治区劳动模范、全国五一劳动奖章获得者、获"中国 20 世纪 80—90 年代优秀版画家"、哲盟政协七届、八届委员，通辽市政协一届、二届、三届常委，内蒙古政协书画院院士，内蒙古民族大学兼职教授。

山丹在版画创作上勤奋努力，版画作品多次入选全国美展、全国版展，北京双年展、全国少数民族百花奖，中国艺术节优秀作品展等。1984 年创作的版画连环画《骑红牤牛的大灰狼》获得首届全国幼儿读物三等奖，藏书票1988 年获得全国小版画藏书票大赛三等奖；1990 年获得银奖；1995 年获得全国藏书票邀请展金奖。1997 年在哲盟举办《山丹画展》，展出国画 60 幅；1998 年在中国美术馆举办《一个达斡尔人的述说——山丹画展》，展出国画60 幅，版画 30 幅；2009 年与乌恩琪在深圳宝安群艺馆举办《琪丹版画》展；2010 年在珠海古元美术馆举办《草原之梦——琪丹版画展》（见图 23）。

邵春光，1957 年生于内蒙古通辽市，现为中国美术家协会会员、内蒙古美术家协会副主席、通辽市美术家协会主席、通辽画院院长、科尔沁版画院院长、内蒙古大学艺术学院客座教授、内蒙古民族大学美术学院客座教授，国家一级美术师。作品曾获第十三届全国版画作品展金奖；第六届全国美术作品展优秀奖；内蒙古文学艺术创作"萨日娜"奖；内蒙古自治区美术创作"神马"奖；内蒙古自治区历届美术作品展金、银奖等。作品入选第六届、第九届、第十届、第十一届全国美术作品展；第九届、第十三届、第十六届、

组一   组二

组三   组四

图 23 山丹 组一《我的家》水印木刻 1983 年
组二《敖包相会》水印木刻 1993 年
组三《诺恩吉雅》绝版套色 2006 年
组四《纹之踪》绝版套色 2007 年

第十八届全国版画作品展；第一届、第二届、第三届全国藏书票（小版画）作品展；"浩瀚草原"中国美术作品展；建国 60 周年"环渤海新视线"全国美术大展；中国当代版画文献展；中国优秀版画家作品展；第一届、第二届塘沽全国版画邀请展等重要展览。邵春光荣获 1986 年版画世界奖和纪念鲁迅逝世 50 周年版画展"鲁迅版画奖章"；荣获"20 世纪 80—90 年代优秀版画家鲁迅版画奖"；被中共通辽市委、市政府授予"科尔沁英才"称号；内蒙古自治区第十二届人大代表（见图 24）。

  邵春光 2009 年接任通辽市美术家协会主席，主持过在中国画院举办的《吉祥科尔沁——内蒙古通辽市科尔沁版画展》，内蒙古大学艺术学院《探索与交流——哲里木版画与内蒙古艺术学院版画交流展》；出席《继往开来——2015 中国版画家邀请展》和 2016 年深圳"首届中国版画艺术节"。

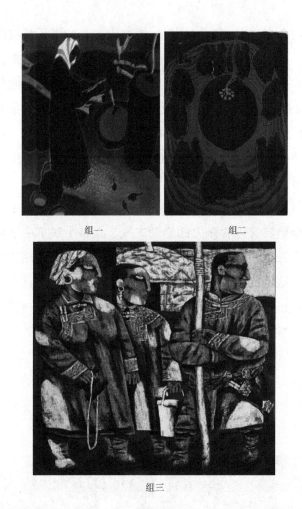

组一　　　　　　　　　　　组二

组三

图24　邵春光　组一《金秋》套色木刻 1983 年之前
组二《暮》套色木刻 1983 年之前
组三《乌珠穆沁的傍晚》套色木刻 1996 年

《美术》杂志执行主编、编审尚辉曾写道："当1996年邵春光的版画《乌珠穆沁的傍晚》荣获第十三届全国版画作品展览金奖时，这或许已暗示了哲里木版画创作审美方向上的整体转换。《乌珠穆沁的傍晚》改变了哲里木风情版画的抒情性，画面不仅没有描绘那些煽情的草原和游牧生活，而且用夸张的笔致改变了牧民形象。毫无疑问，《乌珠穆沁的傍晚》并不在于状物抒情，而在于艺术语言的现代性探索，乌珠穆沁草原的傍晚以及傍晚中的牧民，只是艺术家进行套色版画语言实验的形象载体。作品的成功之处也就在于：画家通过有意味的变形和对于原始社会绘画的借鉴，夸张了游牧民族那种特有的朴实、粗壮、野性的体格，作者试图以直觉把握对象的方式传递草原牧马人独特的性格与精神。这种表达直觉感受凸显精神真实的版画创作，不仅成为邵春光此后的创作特征，而且引领了 20 世纪 90 年代后内蒙古本土版画创作的路向。"张远帆在《第十三届版展评奖后记》中也写道："邵春光的作品注重气度与史诗感，它采用夸张的造型的主要手法使草原牧民的粗犷强悍但又如土地般沉着质朴的气质特征表露得更为直观。团块式的造型意趣、含蓄醇厚的色彩气氛以及绝版套色木刻特有的斑驳浑厚的肌理效果，使作品充满了如岩石般雄健坚实又饱含张力的遒劲之气，在整个展览中独树一帜。作者对海外的艺术手法有所借鉴，但对'借'与'用'关系的把握却十分妥帖，绝无斧凿之痕，这也从一个侧面显示出今日中国版画家面对海外来风的态度在几经碰撞中正日趋成熟而富有自信。"这是内蒙古版画家的第一块金牌，也证明了哲里木版画发展的新高度。

内蒙古民族大学美术学院教授——王永波、金宝军

王永波，男，1977 年生于内蒙古库伦旗，2001 年毕业于内蒙古师范大学美术学院。2015 年毕业于中央美术学院，艺术硕士。中国美术家协会会员。内蒙古民族大学美术学院副教授、副院长。内蒙古美协第九届理事（见图25）。

图 25　王永波《风过科尔沁》水印木刻 2017 年

王永波在繁忙的教学与领导岗位上努力工作，参与科尔沁版画传承与发展课题研究，培养了大批学生版画作者。空余时间他还创作了大量作品，版画作品曾入选第十一届、第十二届全国美展，第二十届、第二十一届全国版展，观澜国际版画双年展，第三届造型艺术新人展，中国美术家协会第二十次新人新作展，第十届中国艺术节全国优秀美术作品展，首届"朝圣敦煌"全国美术作品展览，第十三届全国藏书票小版画艺术展，版画一百—2014 年度收藏作品展，纪念毛泽东同志《在延安文艺座谈会上的讲话》发表 60 周年全国美展，《民族百花奖》第六届中国各民族美术作品展，内蒙古自治区青年美术作品展览，内蒙古自治区第二届版画展，庆祝内蒙古自治区成立 60 周年全区美展，纪念中国共产党建党 90 周年内蒙古自治区美术作品展览，内蒙古自治区第三届写生作品展，内蒙古自治区小幅美术作品展览，江苏常熟"科尔沁版画邀请展"，天津塘沽全国群体版画邀请展，台湾艺术大学、内蒙古科尔沁版画邀请展等，版画作品《风过科尔沁》入选第二十二届全国版展。

金宝军，蒙古族，1969 年生人，2007 年毕业于内蒙古师范大学美术学院版画专业硕士研究生。中国美术家协会会员。现任职内蒙古民族大学美术学院，基础教研室与版画教研室主任，从事版画教学工作。内蒙古美协理事（见图 26）。

图 26　金宝军《静静的霍林河》黑白木刻 2017 年

2006 年版画《过河》入选《新世纪中国首届黑白木刻展》，2007 年《正午无声》内蒙古美术作品展优秀奖，2007 年《瞬间的凝固 I》入选首届观澜国际版画双年展，入选《第十八届全国版画作品展》。2011 年《敢问路在何方》入选《第十九届全国版画作品展》在《第二届内蒙古自治区青年美展》获一等奖。《乌珠穆沁的八月》在内蒙古成立 65 周年内蒙古美术作品展上获一等奖。2013 年《斜阳》参加"今日草原"全区青年美展获二等奖。2013 年《这一天，那一月》《岁月》参加意大利孔子学院联合举办的 2013 帕多瓦中华书画文化展上展出。2014 年《过河》《这片草原》参加版画"中国当代民族国际巡回展——2014 蒙古国"作品邀请展。2014 年荣获第七届全国高校美育成果展优秀组织、指导教师奖；2014 年《塞外秋色》参加内蒙古第四届写生展获二等奖；2015 年 11 月作品《天堂科尔沁》入选第二十一届全国版画展。2016 年 1 月作品《梦中的绿荫》入选第 16 届全国小版画展。2017 年 7 月作品《静静的霍林河》入选第二十二届全国版展。

通辽二中美术教师非遗传承人——周慧

周慧，1983 年生，通辽市人，中共党员，中国少儿版画研究协会理事，《中国少儿版画》杂志编委会成员，内蒙古美术家协会会员，通辽市美术家协会会员，科尔沁非物质文化遗产科尔沁版画传承人。多年从事版画教学工作，所辅导学生多次荣获国际级、国家级、市级、区级版画大奖。

周慧的版画，重视用版画的语言去激活版画的元素。创作一件作品的表现形式有很多，但周慧用自己独特的方式去激活这些自然元素，她的版画，善于把自然形态的景观转变为版画中的点、线、面元素，并通过鲜艳的红色带给人直观的视觉引导，别具一格。2014 年，版画作品《风》入选内蒙古六十五周年大庆美术作品展，版画作品《秋韵》在中韩美术家精品交流展中获得铜牌；2015 年，版画作品《山城吊脚楼》《徐悲鸿旧居》在重庆磐溪画院展出并被磐溪画院收藏；2016 年，版画作品《牧归》入选内蒙古东部区美术作品展，版画作品《秋韵》入选全国教师版画作品精品展；2017 年作品《牧归》《速度系列之一》《秋韵》在中国文联"中国精神·中国梦"主题文艺创作工程项目中入选并在呼市美术馆展出。2017 年，版画作品《觅》在内蒙古成立 70 周年大庆中入选美术作品展，刊登在《中国版画》《美术报》上，出版在绘画作品集——赛努呼和浩特系列丛书中，并被中国国版画博物馆收藏（见图 27）。

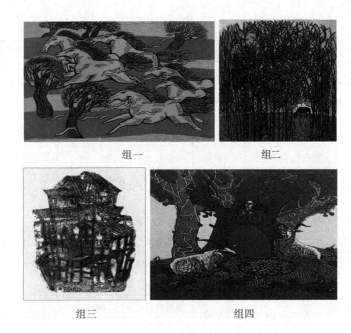

组一 组二

组三 组四

图27 周慧 组一《风》套色木刻 2014 年

组二《秋韵》绝版套色 2014 年

组三《山城吊脚楼》综合版画 2015 年

组四《牧归》套色木刻 2016 年

（二）奈曼旗版画创作群体

目前，奈曼旗版画创作群体比较活跃的有哪些？他们在这一社区中又扮演什么样的角色呢？

根据笔者 2017 年的田野考察资料，分析整理如下（见表 2）。

表 2　奈曼旗"小社区"版画创作群体统计列表

姓名	性别	民族	出生年	出生地	工作单位	是否美协会员
乌兰巴拉	男	蒙古族	1952	奈曼旗	原奈曼旗文化馆，现"非遗"传承人	中国美协会员
王作才	男	汉族	1954	奈曼旗	一中美术教师	中国美协会员
安广有	男	蒙古族	1954	奈曼旗	原奈曼美术馆副馆长	内蒙古美协会员
王爱科	男	汉族	1957	呼和浩特	奈曼美术馆，签约版画家	内蒙古美协会员
白富强	男	蒙古族	1959	奈曼旗	奈曼美术馆厨师	内蒙古美协会员
陈立	男	汉族	1964	赤峰	奈曼美术馆签约画家	否

姓名	性别	民族	出生年	出生地	工作单位	是否美协会员
高鹏	男	蒙古族	1969	奈曼旗	奈曼美术馆签约画家	内蒙古美协会员
王铁柱	男	蒙古族	1971	奈曼旗	奈曼旗蒙古族中学美术教师	否
韩东	女	蒙古族	1972	奈曼旗	旗二小美术教师	否
齐达拉图	男	蒙古族	1972	奈曼旗	奈曼五中美术教师	否
宝连胜	男	蒙古族	1972	奈曼旗	奈曼旗蒙古族实验小学，美术教师	内蒙古美协会员
王智成	男	蒙古族	1974	奈曼旗	旗二中美术教师	否
秦晓伟	男	蒙古族	1975	奈曼旗	奈曼美术馆，馆长	中国美协会员
王秀春	女	汉族	1976	奈曼旗	奈曼美术馆工作人员	内蒙古美协会员
张栋彦	女	汉族	1976	奈曼旗	大镇第四小学美术教师	否
宝香玲	女	蒙古族	1976	奈曼旗	奈曼旗章古台学区中心校，美术教师	内蒙古美协会员
王丽丽	女	汉族	1982	奈曼旗	旗四中美术老师	内蒙古美协会员
扎力根	男	蒙古族	1984	奈曼旗	奈曼旗固日班花中心校，美术教师	否
王永志	男	蒙古族	1984	奈曼旗	旗一中美术教师	否
张静	女	蒙古族	1984	通辽市	奈曼美术馆，副馆长	否
蒋艳玲	女	蒙古族	1984	奈曼旗	奈曼美术馆，财务秘书，版画家	内蒙古美协会员
贾艳洁	女	汉族	1984	奈曼旗	奈曼二中美术教师	否
郭楠杰	男	蒙古族	1987	通辽市	旗一中美术教师	内蒙古美协会员
颜青春	女	汉族	1987	奈曼旗	平安第中心小学美术教师	否
李娜	女	汉族	1987	通辽市	奈曼美术管工作人员	否
王景靖	女	蒙古族	1987	奈曼旗	奈曼教体局	否
孟强	男	蒙古族	1989	扎鲁特旗	奈曼第五小学美术教师	否
张亚军	男	蒙古族	1989	奈曼旗	奈曼旗蒙古族实验小学美术教师	否
贾涛	男	汉族	1991	奈曼旗	奈曼美术馆，工作	否
孙蕊	女	汉族	1992	奈曼旗	奈曼三中美术教师	否
赵玲玲	女	蒙古族	1992	奈曼旗	奈曼美术馆秘书	内蒙古美协会员
沈宇	男	蒙古族	1995	奈曼旗	奈曼旗美术馆工作人员	否

奈曼旗版画"五大元老"：宝石柱、乌兰巴拉、王作才、安广友、王爱科。

蒙古族中国民间工艺美术家——宝石柱

宝石柱，奈曼旗人，生于 1911 年，自幼酷爱美术，17 岁就拜师玛日哈扎布学习雕塑绘画。早年艰苦学徒后曾在奈曼旗、库伦旗等地的王府、寺院干活，学得一手精致描绘佛像壁画图案的功夫，做了大量的彩绘、壁画，雕刻过各种类型的佛像，由于其作品特别是那些画在各类器物上的精美图案，使得他在当地较早地赢得了声誉（见图 28）。

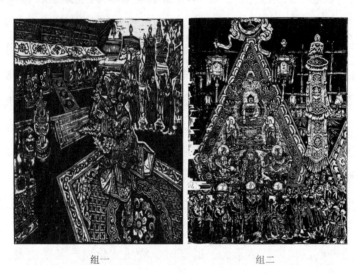

组一　　　　　　　　　　　　　　组二

图 28　宝石柱　组一《回府》黑白木刻 1976 年
组二《佛灯》黑白木刻 1976 年

1952 年，他被政府调到奈曼旗美术馆任创作员，创作剪纸、泥塑、连环画等，开始了描绘新生活的创作。从他创作的剪纸和连环画都能看出反映现实生活的配合时事形式教育。比如像《送公粮》《接羔羊》《安代舞》等剪纸，不但发表在《内蒙古日报》《哲里木日报》等各级报刊上，还在全盟各地巡回展出。1978 年改革开放以后，70 多岁的他又用了三年时间，集中精力创作了 140 多幅蒙古族民间图案；1981 年《民族画报》《内蒙古画报》等画刊先后刊登了他的部分作品，引起了国内外读者的强烈反响。

宝石柱没有上过学，父亲拉西旺都特精通蒙汉两种文字，他就是随父亲教书时旁听学文化的。宝石柱也没有上过美术院校，他拜师学艺，新旧社会这所大学让他学到了独特的艺术表达方式，再加上他对艺术的深度热爱与执着追求，使他创作颇丰，1982 年他加入中国美术家协会；宝石柱不是领导干部，没有职称，但他用勤劳、用艺术回馈社会，1980 年光荣加入中国共产党；他朴实、真实、倾情艺术，献身艺术，尽管没有学习过版画，但还是在 70 多岁的时候刻出了黑白版画。他创作的木刻版画作品大多取材于蒙古族的出行、庆典和寺庙喇嘛的祭祀等活动场景，造型准确，形象生动，神态各异，画面场景庞大，构图严谨，气氛或热烈，或庄严，黑白对比强烈而又和谐，生活气息浓郁，极具蒙古族特色。1983 年参加哲里木版画进京展，他的代表作品《观灯》被中国美术馆收藏；《回府》赴日本展出，并受到日本友人的称赞。1989 年，也就在他去世的当年，他荣获"中国民间工艺美术家"称号。2008 年宝石柱民间美术获得内蒙古自治区非物质文化遗产。2011 年纪念中国工艺美术家宝石柱 100 周年诞辰《奈曼版画》在奈曼文化馆展出，《中国工艺美术大师——宝石柱》出版首发式。2015 年宝石柱的儿子乌兰巴拉成为通辽市级内蒙古自治区非物质文化遗产名录传承人。

佛教版画非遗传承人——乌兰巴拉

乌兰巴拉❶，蒙古族，1952 年出生于奈曼旗，中国著名民间工艺美术家宝石柱之子，现为内蒙古美术家协会会员，哲里木版画家，内蒙古自治区非物质文化遗产项目代表性传承人，通辽市非物质文化遗产名录代表性传承人。

---

❶ 乌兰巴拉创作作品及其所获奖项：1984 年，版画作品《秋》在庆祝中华人民共和国成立 35 周年内蒙古自治区职工美术、书法摄影展中荣获二等奖。1986 年，《观灯》首届民族大家庭美术摄影书法展览参展。1988 年，版画作品《秋》在文学艺术创作中荣获一等奖。1988 年，漫画作品《无题》在全区漫画大奖赛中荣获三等奖。1994 年，剪纸作品《吉祥》在内蒙古自治区·天津市美术摄影展中荣获优秀作品奖。2004 年，版画作品《锦裘》入选在北京中华世纪坛举办的《北京内蒙古文化周美术作品展览》。2004 年，版画作品《佛》入选"塘沽第一届全国版画展"。2005 年，版画作品《天堂》在庆祝通辽市政协成立 50 周年书法绘画摄影大展中荣获优秀奖。2013 年，版画作品《萨日朗》入选"今日草原"——内蒙古自治区美术作品展览。2013 年 9 月，荣获通辽市首届"科尔沁版画十杰"提名奖称号。2014 年，版画作品《神灯》入选内蒙古庆祝中华人民共和国成立 65 周年美术作品展荣获三等奖。2015 年，版画作品《萨日朗》《神灯》参加法国文化交流展。2015 年，版画作品《吉祥》《神灯》参加第十一届中国（深圳）国际文化产业博览交易会。2015 年，版画作品《萨日朗》入选内蒙古自治区第十二届草原文化节美术作品展。2016 年 5 月，版画作品《吉祥》参加在深圳观澜举办的首届中国版画艺术节。2016 年 9 月，版画作品《圣火》入选第十八届全国少儿版画作品展暨第二届全国教师版画展。2016 年 10 月，版画作品《宝贝儿》入选"庆祝中国共产党建党 95 周年内蒙古自治区第五届写生展"。2016 年 12 月，版画作品《心愿》入选第五届全市美术书法摄影展并获得优秀奖（最高奖）。2017 年 7 月，版画作品《吉祥》入选第二十二届全国版画作品展。

1974 年，在奈曼旗文化馆美术辅导组工作，1976 年乌兰巴拉作为奈曼旗文化馆工作人员代表，去通辽艺术馆参加版画学习版的培训。当时通辽艺术馆组织者为萨因章、刘宝平，科尔沁五旗二县三四十个人参与其中。当时宝石柱、王爱国、乌兰巴拉作为奈曼旗代表参加培训，学习 40 天的创作版画。随后，20 世纪 80 年代初开始创作版画，在以后的文化馆工作期间，组织了很多次美术、版画学习者的学习活动。乌兰巴拉一方面继承了其父亲宝石柱民间美术的文化艺术遗产，为奈曼旗版画艺术发展贡献力量；另一方面通过培训办班授课的方式，对奈曼旗版画人才的培养，为哲里木版画的传承与发展做出了重要贡献。

乌兰巴拉从他从事版画创作 20 余年，继承了父亲宝石柱的创作工艺和手法，注重将现实与传统相结合，创作的题材多来源于内蒙古人民的生活，汲取了民间美术的精华，又以极具现代性的元素用活了寺庙美术艺术，其创作的剪纸、雕塑、版画等精品频出。其中，雕塑的佛像达 428 尊，绘制的壁画达 3000 多幅，创作展出的版画 80 多幅。板胡作品在市级、省级国家级展出、发表并获奖，代表作《观灯》《秋》《原流》等赴日本、法国展出，《飘逸》入选"民族团结杯"科尔沁版画展，《远方的草地》获内蒙古美术展三等奖，并在台湾艺术大学艺术博物馆国际展览厅参加内蒙古科尔沁版画展，该作还被上海世博会国际信息发展网馆荣誉收藏。乌兰巴拉版画艺术不仅在奈曼旗版画历史甚至在哲里木版画发展中占有极其重要地位（见图 29）。

奈曼民族风情创作者——安广有

安广有❶，蒙古族，1954 年生于内蒙古通辽市奈曼旗。内蒙古美术家协

---

❶ 安广有创作作品及其所获奖项：2008 年，版画作品《回家》获得纪念内蒙古成立 60 周年画展三等奖。2002 年，版画作品《春潮图》迎党十六大召开通辽市书画美术展获一等奖。2012 年，版画作品《祭敖包》首届中国黄山非物质文化遗产展示会金奖。2013 年，版画作品《吉祥草原》入选内蒙古"今日草原"美术作品展荣获三等奖。2013 年 9 月，荣获通辽市首届"科尔沁版画十杰"称号。2014 年，版画作品《牛市》入选内蒙古庆祝中华人民共和国成立 65 周年美术作品展荣获三等奖。2014 年，版画作品《宝古图的傍晚》入选内蒙古自治区第四届写生作品展。2015 年，版画作品《祭敖包》《宝古图的傍晚》《草原酒家》《蓝色的疆噶》《吉祥草原》《祈福》参加法国文化交流展。2015 年，版画作品《天上草原》《牛市》《祭敖包》参加第十一届中国（深圳）国际文化产业博览交易会。2015 年，版画作品《蓝色的疆噶》入选内蒙古自治区第十二届草原文化节美术作品展。2015 年 9 月，版画作品《长生天》等 15 幅作品在 2015 年米兰世博会中展出。2015 年 12 月，版画作品《长生天》获米兰世博会中国艺术品交流金奖。2016 年 5 月，版画作品《牛市》参加在深圳观澜举办的首届中国版画艺术节。2016 年 9 月，版画作品《诚和公正》入选第十八届全国少儿版画作品展暨第二届全国教师版画展。2016 年 10 月，版画作品《金秋时节》入选"庆祝中国共产党建党 95 周年内蒙古自治区第五届写生展"。2016 年 12 月，版画作品《牧野马兰》入选第五届全市美术书法摄影展并获得优秀奖（最高奖）。

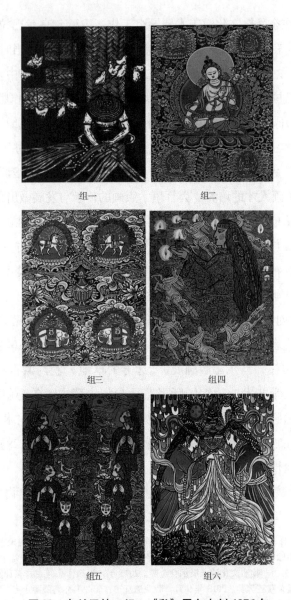

组一　　　　　　　　　组二

组三　　　　　　　　　组四

组五　　　　　　　　　组六

图29　乌兰巴拉　组一《秋》黑白木刻 1976 年

组二《白度母》套色木刻 2016 年

组三《吉祥八宝之二》套色木刻 2014 年

组四《心愿》套色木刻 2015 年

组五《吉祥》套色木刻 2016 年

组六《福》套色木刻 2017 年

会会员，通辽市美术家协会会员，奈曼旗文学艺术界联合会副主席，奈曼旗美术家协会主席，原奈曼画院副院长。

1979 年，在奈曼旗文化馆美术辅导组工作，和乌兰巴拉老师主要负责奈曼旗的文化艺术的培训、美术学习的指导。1980 年，受宝石柱、王爱国、乌兰巴拉老师影响，开始创作版画，加入到哲里木版画的群体之中。1982 年，担任旗文化馆美术组组长，去通辽市参加哲里木盟版画培训，通过培训班的学习，掌握更多的版画创作知识，然后回到奈曼旗文化馆，从事美术版画等艺术的培训辅导活动，同乌兰巴拉等一起为奈曼旗版画人才的培养做出重要贡献。

2009—2014 年任奈曼画院副院长，多次组织奈曼旗版画创作人才培训的工作，成为版画培训班的辅导主力。安广有具有较牢靠的美术绘画基础知识，从 20 世纪 80 年代开始进行版画创作，多年来为社会绘画了大量的各类壁画，图版，书写了无数大小美术字块等，至今共创作版画上百幅，百余幅版画作品参加市级以上展览和报纸杂志上发表（见图 30）。

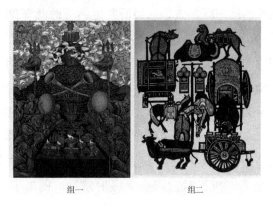

组一　　　　　　　　　组二

图30　安广有　组一《祭敖包》套色木刻 2013 年
组二《草原酒家》黑白木刻 2010 年

安广有代表作版画《草原酒家》随哲里木盟版画赴日本展出；与王作才合作的版画《塞外皓月》被《人民日报》海外版和《农民日报》发表；版画《祭敖包》参加上海世博会展出并收藏；版画《赛羊归》《塔力拜》参加内蒙古职工美展在北京工人文化宫等展览；版画《云》《回家》《载誉而归》分别去台湾、深圳、华北地区、塘沽等地参展并发表；2011 年 4 月《卓越理财》刊登《祈福》《爷爷》《祭敖包》三幅版画作品；2012 年黄山举行的全国非物质文化遗产展览展示中版画作品《祭敖包》获金奖；2012年4月《中国信息报》发表《祭敖包》《祈福》《回家》等10幅版画作品；2013年代表奈曼版画参加东北文博会，得到社会的好评；2013年被通辽市评为"科尔沁版画十杰"称号。

大漠蒙古风版画工作室——王作才

王作才❶，汉族，1959年生人，毕业于哲盟师范美术学校，通辽市美术家协会副主席、中国美术家协会会员、高级教师、版画家、科尔沁版画十杰之一。作为哲里木盟版画群体的重要一员和奈曼旗一中的美术教师，教书育人与版画创作是王作才老师一生不懈的追求，他对奈曼旗版画人才的培养以及哲里木盟版画的传承与发展做出了重要的贡献。

自小喜欢文学、美术，初期学习国画，后期受哲盟美协主席萨因章以及山丹老师的影响，开始从事版画创作。1980—1982年于哲盟师范学校美术班学习版画。1982年毕业分配到奈曼旗第一中学，担任美术教师，从此，走上了"教书育人"的道路。王作才老师可谓桃李满天下，教过的学生有1000多人，考上美术院校的达300多人，取得研究生学历的就有30多人，学子遍及全国八大美术学院、内蒙古师范大学等知名学府。王作才用他高尚的人格、精湛的技艺、渊博的学识影响着一代又一代的学生。1988年，旗一中开设高考班时，美术教师就只有王作才1人，学生只有6个。后来美术队伍逐年发展壮大，现在美术教师4人，2008年、2009年学生数量达到最高峰，全校达400多人。2006—2009年，内蒙古师范大学美术系连续四届奈曼学生人数占最多。王作才老师把美术教学视为自己生命中一部分，孜孜不倦的教书育人。他用实际行动改变了一些人对这门小学科的偏见，提高了美术教师的价值，

---

❶ 王作才作品名称及所获奖项：1992年，版画作品《秋风》获全国第十一届版画作品展览铜奖。1994年，版画作品《草原风》入选全国第十二届版画作品展览。1996年，版画作品《铁马秋风》入选全国第十三届版画作品展览。1998年，版画作品《草地风》获全国第十四届版画作品展览铜奖。1999年，版画作品《驯马手》入选全国第九届美术作品展览。2000年，版画作品《快乐马头琴》入选全国第十五届版画作品展览。2002年，版画作品《神箭》入选全国第十六届版画作品展览。2004年，版画作品《守望家园》入选全国第十届美术作品展览。2005年，版画作品《沙地之春》入选全国第十七届版画作品展览。2006年，版画作品《守望家园》获内蒙古自治区人民政府"萨日娜"奖。2007年，版画作品《游牧》入选全国第十八届版画作品展览。2010年，版画作品《蓝色故乡》入选上海世博会中国美术作品展览。2013年，版画作品《大漠风》入选今日草原——内蒙古美术作品展览。2014年，版画作品《静水祥云》入选作品庆祝中华人民共和国成立65周年内蒙古自治区美术作品展览。2015年，版画作品《故乡明月》《静水祥云》《沙地深处》《沙地之晨》《沙地之秋》参加法国文化交流展。2015年，版画作品《故乡明月》《大漠行》参加第十一届中国（深圳）国际文化产业博览交易会。2015年，版画作品《静水祥云》入选内蒙古自治区第十二届草原文化节美术作品展。2017年，版画作品《追风马》入选第二十二届全国版画作品展。

促进了学科的发展并受到学生的欢迎，在学校民族艺术人才培养方面为哲里木版画的传承与发展贡献力量。

　　王作才老师自己的版画创作，并非一帆风顺。哲盟师范毕业后在一中任美术教师，一直专心于国画的创作。1983 年，通辽市萨因章老师提议让他尝试版画，经过多次尝试，他最终开始以浓郁的蒙古风情为题材展开创作。版画《送粮路上》（见图 31），1985 年发表在《中国教育报》上；版画《苞米地里的笑声》参加自治区美术画展，这些成绩的取得坚定了他版画创作的信心。

图 31　王作才《送粮路上》黑白木刻 1983 年

　　为了提高自己的版画创作水平，王作才不断学习，他翻阅了中外美术史，学习了达达派、立体派、梵高派等表现形式，也翻阅了各类中外名著，从书中寻找灵感。西方的印象派、表现派给了他很大的启发。通过细腻的观察，"科尔沁的草原科尔沁的风"让王作才找到了"风"这种表现形式。

　　1988 年，王作才的画风有了很大的转变，开始具有自己的物点和特色，画作多以强烈的动感、线条表现立直美，具有很强的视觉冲击力，形成了王作才作品的一大特色。此后，其版画创作走向高峰期，荣誉也接踵而至。《秋风》获全国第十一届版画作品铜奖。《草原风》入选全国第十二届版画作品展览。为使作品更丰富、更贴近生活，王作才亲自到锡盟大草原，看赛马，住蒙古包，和牧民生活在一起，了解草原人的生活习性，记录了草原人的音容笑貌，创作的《情满草原》《接羊羔》《晚风》参加了内蒙古 40 周年大庆（见图 32）。版画创作是王作才老师毕生的追求，他现在正在创作三部系列版

组一　　　　　　　　　组二

组三

组四

组五

图 32　王作才　组一《秋风》套色木刻 1992 年

　　　　　　　组二《草地风》套色木刻 1998 年

　　　　　　　组三《静静地沙地》套色木刻 2012 年

　　　　　　　组四《追风马》套色木刻 2017 年

　　　　　　　组五《蓝色部落》套色木刻 2012 年

画，即以展现草原风情的《蒙古草原蒙古人》系列、以展现奈曼风光的《奈曼沙地草原风光》《诺恩吉雅想念家乡》系列，以展现蒙古历史题材的《成吉思汗统一蒙古》系列。

1992 年至今，王作才老师所创作的作品累计参加全国美展 2 次，参加全国版画展 8 次，多幅作品被深圳、江苏、广东等 8 家美术馆收藏。版画作品共 12 次参加全国版画作品展览和全国美术作品展览并两次获得全国版画作品展览铜奖和内蒙古自治区人民政府文艺"萨日娜"奖。

奈曼版画院签约画家——王爱科

王爱科❶，汉族，1957 年生于内蒙古呼和浩特，奈曼旗第四中学美术教师、内蒙古美术家协会会员（见图 33）。

组一　　　　　　　　　　　　　组二

图 33　王爱科　组一《地平线交响曲》套色木刻 2014 年
组二《林中人家》套色木刻 2014 年

他自幼受父兄影响，酷爱画画。1978 年进入哲里木盟师范学校首届美术专业班，跟随伊木舍楞老师、山丹老师等学习版画专业创作。1980 年毕业分

---

❶　王爱科作品名称及其获奖情况：2007 年 4 月，作品《绿月亮》入选美术报社主办的"首届全国美术教师作品展"。2009 年，作品《晚秋的田野》入选庆祝中华人民共和国成立 60 周年内蒙古自治区美术作品展。2013 年，作品《柳结》《花季》参加"吉祥草原"科尔沁版画在中国画院展览。2013年 10 月，作品《柳结》入选"今日草原"内蒙古自治区美术作品展览。2014 年 7 月，作品《叫来河畔》入选庆祝中华人民共和国成立 65 周年内蒙古自治区美术作品展览。2014 年 11 月，作品《林中人家》入选内蒙古自治区第四届写生作品展。2015 年 3 月，作品《叫来河畔》《静静的老哈河》《柳结》《朔风》赴在法国巴黎举办的"相约内蒙古"——法国·中国内蒙古文化周系列展中交流展出。2015年 8 月，作品《地平线交响曲》入选第二届全国少儿美术教育学术展（全国少儿美术教师美术作品展）并收藏。2015 年 6 月，作品《朔风》入选第十二届中国·内蒙古草原文化节"亮丽风景线"——内蒙古美术作品展。2016 年 5 月，作品《远方的云》参加在深圳观澜举办的首届中国版画艺术节。2016 年 9 月，作品《地平线交响曲》入选第十八届全国少儿版画作品展暨第二届全国教师版画展，并荣获最佳作品奖。2016 年 10 月，版画作品《午后的阳光》入选"庆祝中国共产党建党 95 周年内蒙古自治区第五届写生展"。

配至奈曼旗第一中学，担任美术教师。1982 年调至奈曼旗教师进修学校，担任美术教师，培养成年教师美术工作。

1987 年，参加由奈曼旗旗委宣传部领导、奈曼旗文化馆举办的版画培训班，开始创作版画，第一幅作品黑白木刻《牧人之秋》，被国家展览公司收藏世界巡回展览。1988 年，参加内蒙古自治区美协举办的首次漫画大奖赛，获得二等奖，乌兰巴拉老师获得三等奖。后伴随市场经济时代浪潮版画创作暂停。1998 年调到奈曼四中，担任美术教师。2002 年左右又重新开始版画创作，2011 年举办过两次学生版画展览活动，2013 年入住奈曼版画院签约画家，参加多次奈曼版画院举办的版画培训活动并指导授课。

海南归来的奈曼旗本土版画家——陈立

陈立❶，1964 年生人，内蒙古赤峰红山人，自小在通辽市奈曼旗长大。1984 年毕业于内蒙古哲里木盟师范学校。90 年代随市场经济的大潮南下海南，在海南从事美术教学的工作。在书法、篆刻、剪纸、版画等领域有不菲的成绩，荣获海南省工艺美术大师的称号，海南省美术家协会会员，内蒙古美术家协会会员，2014 年回到家乡奈曼旗，入驻奈曼版画院，开始从事专业版画创作。

陈立深入自然生活，通过对大漠夕阳驼影、初春生机勃勃的景象、草原儿女幸福生活场景等的捕捉构思，表达内心对生命、自然、生活的深深爱恋。他从美的视角出发，敏锐捕捉版画的特征，创造出一幅幅活泼动人的作品，无声无息诠释着岁月静好（见图 34）。

---

❶ 陈立作品及其所获奖项：1983 年至 1988 年先后十余幅版画作品在《哲里木日报》上发表。1985 年 10 月藏书票赴日进行"首届中日藏书票艺术交流'，并发行成明信片。1988 年 9 月版画《草原晨曦》《小小金杯》赴俄罗斯进行"中俄版画交流巡回展"。2002 年 1 月荣获由海南省证券协会主办的书画摄影比赛书法三等奖。2005 年 4 月《篆刻》获第三届海南省、新疆、云南中小学教师书画作品展二等奖。2007 年《人鱼共乐醉游人》荣获第三届"神州风韵"全国剪纸艺术大赛铜奖。2009 年 9 月荣获"中国优秀剪纸艺术家"提名。2009 年 9 月《牛文化》获第五届国际剪纸艺术大赛铜奖，2010 年荣获"中国优秀剪纸艺术家"称号。2014 年版画《归》入选内蒙古庆国庆 65 周年美术作品展。2014 年书法《厚德载艺》获奈曼旗文联举办的美术书法摄影大赛二等奖。2014 年版画《母爱》获奈曼旗文联举办的美术书法摄影大赛三等奖。2015 年 6 月版画《金沙绿梦》入选第十二届草原文化节美术作品展览。2015 年 7 月版画《金沙绿梦》荣获中国人口文化奖民间艺术品类优秀奖，2015 年 9 月奈曼旗第二届"诺恩吉雅"文化奖中《归》获得文学艺术优秀作品奖。2016 年陈立版画《沙川新宠》入展首届中国版画艺术节暨第十届中国（观澜）原创版画交易会。

图 34　陈立《母爱》绝版油套 2014 年

自学成才的地理教师和军人——高鹏、秦晓伟

高鹏[1]，1969 年生于内蒙古通辽市奈曼旗。内蒙古美术家协会会员，奈曼美术馆专业版画家。高鹏老师自幼喜欢美术，现在是奈曼三中的地理教师，但在 90 年代他刚刚参加工作的时候也曾担任过美术教师。由于对美术的喜爱，在 2006 年左右与版画结缘。高鹏老师说，当时山丹老师主持的一个关于科尔沁版画的项目"科尔沁版画的传承与发展"在奈曼旗召开，当时他就参加了那次研讨会，再加上旗委旗政府的大力支持，尤其是李玉山书记将版画作为全旗美术工作的重点等因素，自己决定在美术方面主攻版画。2009 年奈

---

[1]　高鹏创作作品及其获得奖项：2014 年 7 月版画作品《赛罕塔拉风情之相悦》在庆祝中华人民共和国成立 65 周年内蒙古自治区美术作品展览获三等奖。2015 年 3 月版画作品《赛罕塔拉风情之长调》等四幅作品在"相约内蒙古"——法国·中国内蒙古文化周系列展出。2015 年 4 月版画作品《赛罕塔拉风情之憨爷们》入选第二届《朝圣敦煌》全国美术作品展。2015 年 6 月版画作品《赛罕塔拉风情之比赛》入选第十二届中国·内蒙古自治区草原文化节美术作品展览。2015 年 7 月版画作品《赛罕塔拉风情之憨爷们》入选第三届内蒙古自治区青年美术作品展。2015 年 9 月版画作品《赛罕塔拉风情之憨爷们》等 15 幅作品在 2015 年米兰世博会中展出。2015 年 12 月版画作品《赛罕塔拉风情之憨爷们》获米兰世博会中国艺术品交流金奖。2016 年 5 月版画作品《赛罕塔拉风情之飞翔》入选首届中国版画艺术节。2016 年 8 月版画作品《赛罕塔拉风情之相恋》在第二届全国美术教师版画作品展中获优秀作品奖并被收藏。2016 年 11 月版画作品《祥云》入选庆祝中国共产党建党 95 周年内蒙古自治区第五届写生展。2017 年 3 月版画作品《赛罕塔拉风情之相恋》入选庆祝内蒙古自治区成立 70 周年写生内蒙古美术作品展览。2017 年 7 月版画作品《赛罕塔拉风情之正步走》入选第二十二届全国版画作品展。2017 年 5 月版画作品《赛罕塔拉风情之飞翔》入选庆祝内蒙古自治区成立 70 周年美术、书法、摄影展。2017 年 7 月版画作品《赛罕塔拉风情之正步走》入选内蒙古自治区成立 70 周年内蒙古美术作品（东部）展。2017 年 7 月版画作品《赛罕塔拉风情之飞翔》入围中国·观澜国际版画双年展。2017 年 10 月版画作品《赛罕塔拉风情之正步走》荣获庆祝内蒙古自治区成立 70 周年·内蒙古美术作品展览优秀奖。2018 年 4 月版画作品《赛罕塔拉风情之匹马西风》入选第三届中国版画作品展。2018 年 4 月版画作品《花之恋》入选第一届（观澜）小型版画作品展。

曼旗举办第一期版画培训班，他全程参加并且向当时的授课老师邵春光、田宏图、山丹、乌恩琪老师们虚心请教。培训班结束自己创作的版画作品也得到了老师们的一致认可，这也极大地鼓舞了高鹏老师，他觉得自己是个半路出家的"土八路"，不是美术版画专业科班出身，能够得到老师的指点与认可，更加增强了自己的自信心。

2013年奈曼版画院成立，他积极签约入驻，得到一间属于自己的版画创作工作室，从此开始了更为专业的版画创作，并且版画院举办的每一期版画培训班他都参加，一直坚持到现在的第九个年头第十五期版画培训班。经过这么多年的刻苦努力，高鹏老师的作品不仅得到了通辽市自身版画家们的一致认可，而且版画作品《赛罕塔拉风情之正步走》入围2017年第二十二届全国版画作品展（见图35）。这次全国版画作品展的入围，是对高鹏这十几年努力的一个肯定，同时也极大地刺激了高鹏。高鹏老师说，通过观看全国高

组一

组二

组三

图35　高鹏　组一《赛罕塔拉风情之比翼》2015年

组二《赛罕塔拉风情之憨爷们》套色木刻 2016年

组三《赛罕塔拉风情之正步走》套色木刻 2017年

水平的版画作品，更加意识到自己作品的不足，在以后的版画创作中，自己需要更加努力地学习、实践，创作更多更好的版画作品，来回报奈曼版画院，回报给予自己及其他版画创作者们极大帮助的前辈们。

秦晓伟❶，蒙古族，1975 年生，通辽市奈曼旗人，中国美术家协会会员。原奈曼旗美术馆馆长。2009 年，组织筹划成立奈曼画院。同年组织第一期奈曼版画培训班，当时参加人员共 70 余人（全旗美术教师）。到 2017 年底，共组织开展培训班 12 期，累计培训学员 800 余人次，培养出骨干版画作者 30 余人，参与负责建成奈曼旗版画基地。

秦晓伟负责奈曼版画工作之余，积极创作版画，探讨版画不同的表达语言。

高校美术专业归来的本科和研究生——张静、蒋艳玲、赵玲玲、王景婧、颜青春、孙蕊、杨帆、贾涛、李娜、沈宇、郭楠杰、孟强等

奈曼版画群体还有一部分年轻的版画创作群体，他们有的是本科毕业，有的是研究生毕业，但是都是美术专业毕业，有些还是版画专业科班毕业。他们的入驻为奈曼版画群体增加了新鲜的血液，增加了新的活力（见图36、图37、图38、图39）。

---

❶ 秦晓伟创作作品及其所获奖项：2004 年 9 月版画作品入选全国"塘沽第一届版画邀请展暨版画之乡、版画群体作品展"。2004 年 12 月版画作品《爷们》入选"庆祝内蒙古文联成立 50 周年美术·书法·摄影作品展览"。2005 年版画作品《云》入选全国"第十七届版画作品展览"；2009 年获得通辽市科尔沁区文艺创作奖新人新作奖。2006 年版画作品《云》在"内蒙古自治区第二届版画作品展览"获得银奖。2009 年版画《云》入选庆祝中华人民共和国成立 60 周年内蒙古自治区美术作品展览。2010 年版画作品《阳光下的爷们》入选"内蒙古自治区小幅美术作品展览"。2010 年在奈曼旗参加 2010 年上海世博会工作中被评为先进个人。2011 年在奈曼旗首届"诺恩吉雅"文化奖评选活动中获文学艺术新人奖。2006 年版画作品《云》被贵阳美术馆收藏。2010 年版画作品《爷们》在内蒙古科尔沁画展中参展。2013 年 10 月版画作品《远去的风景》入选"今日草原"——内蒙古自治区美术作品展览。2013 年荣获通辽市首届"科尔沁版画十杰"称号。2014 年 7 月版画作品《吉祥草原》入选"1949—2014 庆祝中华人民共和国成立 65 周年内蒙古自治区美术作品展"并荣获三等奖。2014 年 11 月版画作品《印象·哈日干图》入选"内蒙古自治区第四届写生作品展览"。2014 年版画《远去的风景》《蒙古汉子》国外（参展）入选当代"版画中国·当代民族版画国际巡回展——2014 蒙古国"。2015 年 3 月版画作品《吉祥草原》《印象·哈日干图》《蒙古汉子》《西湖印象》五幅作品在法国巴黎举办的"相约内蒙古"——法国·中国内蒙古文化周系列展中交流展出。2015 年版画作品《窗外》入选国家级展览"第二届全国少儿美术教育学术展（全国少儿美术教师作品展）"中荣获最高奖项优秀奖。2015 年 10 月版画作品《穿沙路》入选"第三届内蒙古自治区青年美术作品展"。2016 年 5 月版画作品《穿沙路》参加在深圳观澜举办的首届中国版画艺术节。2016 年 9 月版画作品《穿沙路》入选第十八届全国少儿版画作品展暨第二届全国教师版画展，荣获优秀作品奖。2016 年 10 月铜版画作品《远方》入选"庆祝中国共产党建党 95 周年内蒙古自治区第五届写生展"并荣获三等奖。2016 年 12 月版画作品《红色记忆》入选第五届全市美术书法摄影展并获得优秀奖（最高奖）。

组一　　　　　　　　组二　　　　　　　　组三

图 36　秦晓伟　组一《云》套色木刻 2005 年
组二《蒙古汉子》黑白木刻 2014 年
组三《吉祥草原》套色木刻 2015 年

图 37　张静《途中小憩》套色木刻 2014 年

　　张静是内蒙古民族大学美术学院版画系毕业，现在是奈曼版画院的副院长，她不仅要负责版画院的具体事务，而且有自己进行版画的创作。谈到奈曼版画院，她说在旗委旗政府的大力支持下，自己一定担负起版画院副院长的重要责任，为版画创作者们提供全方位的服务，希望版画创作者们多出好的、优秀的版画作品。谈到自己的创作，她说，虽然自己是版画系毕业，但是毕竟大学实践较少，作品不多也不精细，在版画院这么好的平台上，在以后的时间里，一定多学习多实践，争取多出精品。2018 年，张静作为奈曼版画院的外出学习人才，参加国家艺术基金的巡回培训项目。她说，通过近两个多月的外出学习，深刻意识到咱们版画院创作者们的水平真是有待进一步提高，深刻意识到自己的局限，意识到需要改进的地方和以后的方向。她把

图38　蒋艳玲　组一《金色果实的背后》套色木刻 2016 年

组二《轮回》套色木刻 2015 年

郭楠杰　组三《唐装》套色木刻 2012 年

组四《金色的草原》套色木刻 2015 年

外出学习的知识和感受讲给版画创作者们，通过这种互动与交流，使得奈曼版画创作群体的整体水平都有了较大的提高。

蒋艳玲、郭楠杰、孟强都是内蒙古师范大学美术学院版画系硕士毕业。蒋艳玲 2013 年毕业后考入奈曼版画院，现在是奈曼版画院办公室主任。她负责版画院版画印刷设备、纸张、颜料的购买、维修，有时候有人前来参观版画院，她还负责接待、讲解，同时她也是版画创作的主力军。她说，虽然事务繁多很辛苦，但是能够从事自己喜爱的工作，能够为版画家们服务，自己还能从事自己喜欢的版画创作，再辛苦也值得。郭楠杰毕业后考入奈曼旗一中，与他之前的高中美术老师——王作才老师成为同事。上班之余郭楠杰便会来奈曼版画院自己的工作室进行创作。孟强是 2017 年作为人才引进到奈曼版画院，但是由于

组一　　　　　　　　　　组二

组三

图 39　赵玲玲　组一《神韵》套色木刻 2014 年

组二《翠颜女》套色木刻 2014 年

扎力根　组三《图腾供命》套色木刻 2012 年

版画院的编制已满，只能将工作单位定在奈曼旗第五小学，担任美术教师，同时在奈曼版画院配备了工作室，平时在版画院吃住，进行版画创作。

少儿版画的美术教师——宝连胜、宝香玲、韩东等

宝连胜和宝香玲是乌兰巴拉老师的儿子和女儿。宝连胜是奈曼旗蒙古族实验小学的美术教师，宝香玲是奈曼旗章古台学区中心校的美术教师，同时他们也是各自小学少儿版画的指导教师。2013 年他们和乌拉巴拉老师一同入驻奈曼版画院，由于工作比较忙，只能周末时间来版画院进行创作。2017 年宝香玲的作品《云》入围第二十二届全国版展（见图 40）。

韩东老师是奈曼旗第二小学的美术教师，也是学校少儿版画的指导教师。

组一　　　　　　　　组二

组三

图 40　宝香玲　组一《乐院》套色木刻 2015 年

组三《云》套色木刻 2017 年

宝连胜　组二《祈福》套色木刻 2015 年

她有自己的美术辅导班——雅苑画室，同时在版画院也有自己单独的工作室。韩东老师说，平时上课轻松一点，课下的雅苑画室，主要是辅导孩子们画画，国画、水彩、版画什么都有，比较忙，但是她自己每周还要挤出时间来搞一搞自己的版画创作。笔者在跟三位老师交流的时候，能感觉到他们对自己职业的热爱以及对版画这门艺术的热爱。

油画和水彩画专业的美术教师——王铁柱、张亚军、额德勒夫、齐达拉图

奈曼旗版画创作群体中还有一部分创作者，他们是美术学院毕业，但是并不是版画专业方向。由于奈曼旗版画院每年两期的培训班，他们积极参加，也加入到版画创作的队伍中，并且在版画院也有了自己的独立工作室。

王铁柱毕业于内蒙古师范大学美术学院水彩画专业，现在工作于奈曼旗蒙古族中学。他擅长水彩画，但是版画却没有上过手，自从参加了版画院的培训班，开始关注版画。他说，不同的画种有自己的特点，他觉得自己对版画的构图、造型和色彩都能够尽快掌握，但是对于版画语言却非常欠缺。于是，他除了听培训班老师们的版画课，自己还买了版画教材，从黑白木刻开始自学。

张亚军、额德勒夫、齐达拉图同样面对寻找版画语言这样的问题。他们也在不断地补充版画知识，不断地向版画前辈们学习，不断地创作实践。他们说，虽然不是版画专业出身，但是毕竟学习了那么多年的美术，基本功底还是有的，假以时日他们也会创作出更多的版画精品。

奈曼版画院的厨师和保洁员——白福强、王秀春

白福强是奈曼版画院的厨师，王秀春是版画院的保洁员，这两人自从进入奈曼版画院后，受到版画院版画创作氛围的影响，更重要的是受到李玉山副书记的鼓舞和支持，开始进行版画创作。经过几年的努力，两人都取得了骄人的成绩，他们现在都已经是内蒙古美术家协会会员，这在其他旗县都是不太可能的事情。

白师傅说，没想到自己在接近 60 岁的年龄，从事艺术创作，想想都不可思议。他说，奈曼版画院为他提供了这样好的艺术创作平台，王爱科老师、陈立老师平时也经常指导他、帮助他，让他备受鼓舞。他说，他的主要工作当然还是厨师，为版画院的版画家们服务好，然后一有空闲就在画室刻画，多学习多实践，争取创作出更多优秀的作品。王秀春到版画院工作之前是奈曼旗针织厂的一名工人。2013 年，经过熟人介绍来到版画院做保洁工作。王秀春说，自己之前就是一名工人，所做工作跟艺术创作根本就是两码事，但是版画院良好的艺术创作氛围以及领导们的大力支持，自己也勇敢地拿起了刻刀，跟随乌兰巴拉老师学习佛教元素的版画。她说，最开始给乌老师做助手，后来慢慢地自己也学习了很多知识，现在版画创作也能够独立完成。她说，因为乌老师是非物质文化遗产传承人，自己又是乌老师的学生，所以，有这份责任把佛教元素版画传承下来，自己再进行其他类型的创作可能会比较难，但是她也会继续努力，争取在传承乌兰巴拉老师版画技艺的同时，自己也思考如何不断创新（见图41）。

组一 组二

组三 组四

图 41 白福强 组一《林海鹿鸣》套色木刻 2015 年

组二《村间小路》套色木刻 2015 年

王秀春 组三《圣洁》套色木刻 2015 年

组四《吉祥好运》套色木刻 2015 年

（三）扎鲁特旗版画创作群体

目前，奈曼扎鲁特旗版画创作群体比较活跃的有哪些？他们在这一社区中又扮演什么样的角色呢？

根据笔者 2017 年的田野考察资料，分析整理如下（见表 3）。

表 3 扎鲁特旗"小社区"版画创作群体统计列表

姓名	性别	民族	出生年	出生地	工作单位	是否美协会员
杰仁台	男	蒙古族	1947	科左中旗	扎鲁特旗蒙古族第一中学，高级美术教师	内蒙古美协会员

姓名	性别	民族	出生年	出生地	工作单位	是否美协会员
韩戴沁	男	蒙古族	1963	扎鲁特旗	扎鲁特旗文化馆，扎鲁特旗版画"非遗"传承人	中国美协会员
佟金峰	男	蒙古族	1963	扎鲁特旗	扎鲁特旗蒙古族第一中学，高级美术教师，扎鲁特旗版画"非遗"传承人	内蒙古美协会员
照那木拉	男	满族	1959	科左中旗	扎鲁特旗版画"非遗"传承人	否
吉日木图	男	蒙古族	1981	扎鲁特旗	扎鲁特旗蒙古族实验小学美术教研组组长；中国少儿版画研究安会学术部副部长	内蒙古美协会员
白斯阿尔	男	蒙古族	1987	扎鲁特旗	扎鲁特旗版画院，院长	否
戴苏敏	女	蒙古族	1991	扎鲁特旗	扎鲁特旗五小，美术教师	否
齐佟月	男	蒙古族	1962	扎鲁特旗	扎鲁特旗蒙小，美术教师	否
张秀花	女	蒙古族	1962	扎鲁特旗	扎鲁特旗二中，美术教师	否
金山	男	蒙古族	1974	扎鲁特旗	扎鲁特旗四小，美术教师	中国美协会员
舍其力格尔	男	蒙古族	1987	扎鲁特旗	扎旗版画院画家	内蒙古美协会员

扎鲁特旗版画的开创者和引领者——莫日根、照日格图、杰仁台

莫日根，1936 年生人，1955 年通辽二中毕业后留校任教美术，在上海支边教师刘贤的指导下学习创作版画，后来刘贤调回上海给莫日根留下一本《苏联版画集》，受画册影响自学版画，创作了大批版画作品。

1956 年刻出第一幅木刻《上学途中》，后来《晚归》《蒙古族女孩》等刊登在《内蒙古画报》上。他是内蒙古美术家协会第一批会员，1964 年《光明日报》发表了参加全国美展的版画《气象员》，接着《习》《隔壁日出》出国参加捷克、墨西哥版画展览。1966 年《出工》参加了华北年画版画展览，《良种》参加了吉林省美展受到好评。莫日根作品多以套色为主，也尝试过水印木刻，构图饱满，气势恢宏，表现家乡的美丽，反映了草原人民的新生活。1973 年在蒙文编译室期间办过版画年画创作培训班，与扎鲁特旗版画作者一起组织创办了民族版画研究会。莫日根一生勤于创作，存留的 50 幅版画至今仍然显现高超的艺术水准。

照日格图，1926 年生人，中国美术家协会会员，中国美术教育研究会会员，中国少数民族促进会常务理事，扎鲁特版画研究会会长。曾获全盟职工劳模，全国教育系统劳模《人民教师奖章》，特级教师荣誉证书。

1959 年开始接触木刻；1960 年创作木刻《在新建的俱乐部里》；1966 年创作版画《出车之前》参加华北地区年画版画展；1970 年起在扎旗版画群体中是骨干作者；1980 年起组织"民族版画研究会"；1982 年在王琦先生的指导下以及官布、王仲的帮助下在北京北海公园画舫斋举办了《扎鲁特版画展》，其独特的民族风貌受到李桦、古元、彦涵、王琦、尹瘦石等著名画家的好评。1987 年在北京民族宫举办了第二次进京展，《美术》杂志报道：扎鲁特版画积极反映牧区生活，发扬民族艺术特色的传统——表达了炽热的生活激情。

在美术教学上，1977 年起，照日格图把版画活动纳入课堂，开办"第二课堂"，后来又创办了职业美术班。鲁北蒙中成为几十年来出人才、出作品、美术高考生录取率最高的教育单位。照日格图的版画以严谨的造型、精炼的色彩、优美宏大的构图、质朴有力的刀法刻画草原及草原上的人们。1981 年版画《驼铃隆隆》入选全国第七届版展；1983 年《女学生》入选全国第八届版展；1984 年版画《妯娌俩》入选全国第六届美展（见图 42）；1986 年《细雨》入选全国第九届版展，1990 年编著《莫日根版画》（内蒙古少儿出版社出版）。2000 年组织《走进新千年——扎鲁特版画展》，《美术》用 12 页篇幅介绍扎鲁特版画；2002 年组织《扎鲁特美协成立暨步入新千年美展》，至此

组一   组二

图42　照日格图　组一《新书》套色木刻 1983 年之前
组二《妯娌俩》黑白木刻 1983 年之前

退居台后，由杰仁台任美协主席并接任民族版画研究会会长。

杰仁台，蒙古族，1947年出生于通辽市科左中旗巴彦塔拉镇，全国少数民族美术促进会会员、内蒙古美术家协会会员，中国少数民族美术促进会会员，曾担任过哲里木盟美术家协会理事。现任扎鲁特旗民族版画研究会会长、扎鲁特旗美术家协会主席，扎鲁特旗蒙古族第一中学高级美术教师。

早年受老版画家莫日根、照日格图的影响，自学版画。20世纪70年代处女作《红霞万朵》《万蹄漫踏》参加吉林省美展，并发表于《松花江两岸》版画选。版画《白音芒哈》《草原新春》入选全国版画展和美展。版画《关怀》和《雁来了》入选全国师生美展，并荣获一、二等奖。版画《忽如一夜春风来》等作品曾在国外展出，版画《班主任》被民族文化宫收藏，有近百幅版画作品在《人民日报》《中国青年报》《美术》等区内外报纸杂志上发表（见图43）。

组一　　　　　　　　　　　组二

组三　　　　　　　　　　　组四

图43　杰仁台　组一《白音芒哈》套色木刻 1985 年

组二《班主任》套色木刻 1987 年

组三《忽如一夜春风来》1990 年

组四《秋醉罕山》套色木刻 2008 年

扎鲁特旗版画非物质文化遗产传承人——韩戴沁、佟金峰、照那木拉

韩戴沁，蒙古族，1963 年出生，通辽市扎鲁特旗人，1982 年就读于扎鲁特旗蒙古族第一中学，现于扎鲁特旗文化馆工作（美术师），中国美术家协会会员，中国版画家协会会员，中国少数民族美术家协会会员，内蒙古美术家协会会员，通辽市美术家协会副主席，扎鲁特旗美术家协会副主席、秘书长。

他的版画源于草原，源于深厚的民族文化生活底蕴，20 多年来，在国家、省、市级刊物上发表了 1000 多幅版画作品，赢得了众多美术专家的好评。版画作品《动物与人》《说唱好来宝》分别入选第十二届全国版展和第十一届全国美展（见图 44）；版画《日月之故乡》获中国少数民族百花奖银奖；《扎鲁特草原婚礼》《马头琴声》《祭敖包》等多幅版画在国内外获奖，部分作品在日本、俄罗斯、新加坡等展出。2012 年被选为内蒙古自治区非物质文化遗产扎鲁特版画传承人，2013 年被评为"科尔沁版画十杰"之一。出版《韩戴沁画集》《韩戴沁——中国美术家协会会员图册》等。

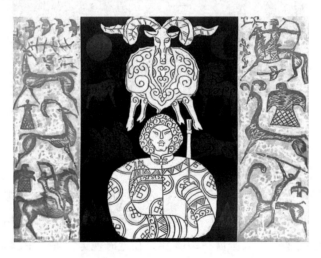

图 44　韩戴沁《动物与人》木板油印 1996 年

韩戴沁创作作品及其所获奖项：1996 年，版画《动物与人》获中国少数民族"百花"银奖。1996 年，版画《动物与人》参加第十二届全国版画展。1998 年，版画《日月之故乡》获中国少数民族"百花"银奖。

1994 年，在内蒙古师大举办个人画展。2000 年版画《吉祥人间》获"步入新千年"扎鲁特美术展金奖。2002 年，版画《送新娘》参加第十六届全国版画展。2004 年，在蒙古国首都乌兰巴托举办个人画展；2004 年，版画《一代天骄成吉思汗》获全国民族"百花奖"铜奖。2005 年版画《布日贴赤纳》作为中、小学语文《阅读课本》的封面画，并在德国展出。2005 年，版画《马头琴声》作为中、小学语文《阅读课本》的封面画，并在日本、俄罗斯、新加坡展出；2008 年，版画《迎奥运》在中国第二届"神采云南"农民版画展中获得银奖；《说唱好来宝》入选全国十一届美术作品展，同时被中国美术馆收藏（见图 45）。

图 45　韩戴沁《说唱好来宝》木板油印 2009 年

2012 年，在中国文化部及内蒙古文化厅的组织举办的《根与魂》——走进澳门活动中个人版画展览。2012 年，被选为内蒙古自治区非物质文化遗产版画传承人。2013 年，被选为"科尔沁版画家十杰"之一。2014 年，在蒙古国首都乌兰巴托举办个人画展；2015 年，在上海视觉学院"中国非物质文化遗产传承人群研修班"学习。2016 年，在"美丽的草原我的家——斯里兰卡·中国内蒙古文化周"活动中展览个人版画。2016 年，在蒙古国首都乌兰巴托举办的《罕——扎鲁特》扎鲁特版画，蒙文书法展览中展出个人版画作品，赢得了蒙古国人民的喜爱（见图 46）。

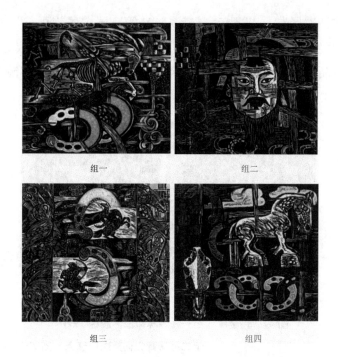

图46　韩戴沁　组一《欧亚神章（之一）》木板油印 2009 年

组二《欧亚神章（之二）》木板油印 2009 年

组三《欧亚神章（之三）》木板油印 2009 年

组四《欧亚神章（之四）》木板油印 2009 年

2017 年 8 月，版画《主人》入选第二十二届全国版画展；2018 年 1 月，版画《成吉思法汗出征》和《吉祥人间》在内蒙古自治区"一带一路"版画大赛中均获金奖。主要出版：2006 年，《韩戴沁画集》内蒙古人民出版社。2015 年，《韩戴沁——中国美术家协会会员图册》人民美术出版社《中国美术》杂志社。

佟金峰，1963 年生，蒙古族，中国美术家协会内蒙古分会会员，中国少数民族美术促进会会员，全国美术教育最佳辅导教师，内蒙古文化艺术研究会副主席，自治区民族中学优秀教师，内蒙古自治区级非物质文化遗产项目扎鲁特版画第一批传承人，扎鲁特旗民族版画研究会理事，扎鲁特旗蒙古族第一中学正高级美术教师，2014 年荣获通辽市"首届行业领军人才"称号。

佟金峰创作作品及其所获奖项：1995 年，《晨雾》参加第二届"民族百花"奖全国美术作品展览。1996 年，《芳草地》参加日本东京"第三世界和我们"第十四次展览。1997 年,《梦乡》获第三届"民族百花"奖全国美术作品展览铜奖。1997 年,《森林印象》入选庆祝内蒙古自治区成立 50 周年内蒙古美术作品展览(见图 47)。1999 年,《红云》获全国大观杯园丁绘画大赛铜奖。

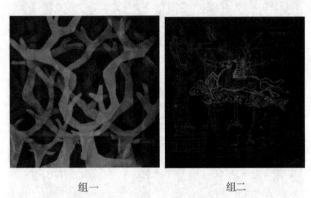

组一   组二

图 47 佟金峰 组一《森林印象》漏板 1997 年

组二《马背文化》油印套色木刻 1999 年

1999 年,《马背文化》获全国大观杯园丁绘画大赛优秀奖,同年,获第四届"民族百花"奖全国美展优秀奖;同年,在庆祝中华人民共和国 50 周年内蒙古美术作品展览中获三等奖。2000 年,《欣欣向荣》获内蒙古自治区青年美术作品展览一等奖(见图 48)。2000 年,《世纪风》入选内蒙古自治区青年美术作品展。2001 年,《欣欣向荣》荣获第五届"民族百花"奖、全国美术作品展览金奖。2001 年,《欣欣向荣》在大观杯新世纪全国书画大赛中获

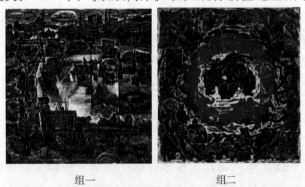

组一   组二

图 48 佟金峰 组一《欣欣向荣》黑白木刻 2000 年

组二《那达慕》油印套色木刻 2001 年

铜奖。

2001 年，《那达慕》在纪念中国共产党建党 80 周年，内蒙古自治区美术、摄影、书法优秀作品展中展出。2003 年，《马背文化》参加中韩美术交流展。2004 年，《节日的盛装》参加全国版画邀请展。2004 年，《天上草原》入选"北京内蒙古文化周"内蒙古自治区美术作品展览。2004 年，《节日的盛装》在庆祝中华人民共和国成立 55 周年内蒙古自治区美术作品展中获铜奖。2005 年，《祥和的空间》获第六届"民族百花"奖全国各民族美术作品展览优秀奖。

2006 年，《草原母亲》参加纪念鲁迅先生逝世 70 周年 21 世纪首届中国黑白木刻展览，并选送韩国、美国、俄罗斯展出（见图 49）。2007 年，《欣欣向荣》参加中央电视台第七套举办的、由中国美术家协会指导的"描绘新农村"全国美术作品巡展中荣获一等奖。2007 年，国画《蒙古族头饰》参加第三届中日友好书画交流展。2007 年，《祥和的空间》入选首届全国美术教师作品展。2007 年，《魂系草原》入选庆祝内蒙古自治区成立 60 周年内蒙古美术作品展览。2008 年，《魂系草原》参加塘沽第二届全国版画群体作品邀请展。2008 年，《草原母亲》《祥云》《欣欣向荣》《节日的盛装》在江苏常熟美术馆展出。2008 年，《魂系草原》获"民族团结杯"科尔沁版画大展一等奖。2009 年，《幸福之家》入选"中华人民共和国成立 60 周年——内蒙古自治区美术作品展览"。2010 年，《蒙古族头饰》在台湾艺术大学博物馆展出。2010

图 49　佟金峰《草原母亲》黑白木刻 2006 年

年，被内蒙古文化厅命名为内蒙古自治区非物质文化遗产项目扎鲁特版画第一批传承人。2011 年，《幸福之家》和《百里杜鹃红》分别获全国画乡作品联展二等奖和三等奖。2012 年获通辽市市级骨干教师称号。2013 年，国画《头饰》参加全国民族百花艺术交流展。2014 年，《卓日吉日嘎拉》入选庆祝中国人民共和国成立 65 周年内蒙古美术作品展览。2014 年，油画《和谐空间》获第三届全国少数民族美术作品展览优秀奖。2014 年，版画《幸福之家》《这片草原》参加"版画中国·当代民族版画国际巡回展——2014 蒙古国"。2016 年，《父亲的草原》和《这片草原》在北京民族文化宫举办的"孝庄故里——魅力通辽"地方民族文献、书法、美术、摄影作品展中展出。2016 年，《百里杜鹃红》入选庆祝中国共产党建党 95 周年内蒙古自治区第五届写生作品展览。2017 年，《这片草原》参加庆祝内蒙古自治区成立 70 周年写生内蒙古美术作品展览。2017 年，《印象草原》参加第二十二届全国版画展览（见图 50）。2017 年，《祥和的空间》参加内蒙古自治区成立 70 周年美术作品邀请展。2017 年，《牧》参加内蒙古自治区成立 70 周年美术、书法、摄影作品展览。

组一　　　　　　　　　　　　　　组二

图 50　佟金峰　组一《印象草原》黑白木刻 2017 年
组二《我的草原》套色木刻 2018 年

2017 年，《印象草原》获内蒙古自治区成立 70 周年"内蒙古美术作品展览优秀奖"。2018 年，《天上草原》获书写民俗风情、描摹大好河山"内蒙古自治区'一带一路'版画大赛金樽奖"。2010—2016 年应邀参加在西安、呼和浩特、深圳、澳门地区以及蒙古国乌兰巴托等地举办的内蒙古自治区非物质文化遗产项目扎鲁特版画展览。另有几百幅作品发表于《美术》《美术大观》、美术报等 20 多家区内外报纸杂志,并有多幅作品被美术馆、博物馆及国内外友人收藏。

主编出版:2008 年,出版《佟金峰版画集》《佟金峰速写集》《佟金峰人物速写》(民族美术出版社);2016 年,出版《佟金峰草原风情版画》《佟金峰水粉头像写生》(民族美术出版社);2018 年,即将出版发行《版画摇篮·扎鲁特蒙古族第一中学师生作品集》(民族出版社);2018 年,即将出版发行《版画摇篮——扎鲁特蒙古族第一中学版画教学与传承》(校本教材)(民族出版社)。

收藏:1999 年,《马背文化》参加中华人民共和国成立 50 周年香港艺术大展后被组委会收藏。2001 年,《金秋》被人民画报社收藏。2002 年,《森林印象》由中国民族文化宫收藏。2006 年,《草原母亲》由重庆西南大学收藏。2007 年,《欣欣向荣》被"描绘新农村——全国美术作品巡展组委会"收藏。2008 年,《祥云》被常熟美术馆收藏。2010 年,《蒙古族头饰》《魂系草原》《欣欣向荣》《草原母亲》《神箭手》《节日的盛装》等 26 幅作品被春秋版画博物馆收藏。2011 年,《幸福之家》《百里杜鹃红》被綦江农民版画院收藏。2012 年,《花的草原》被内蒙古自治区首届国土资源"北国风,大地情"书画摄影组委会收藏。2015—2016 年,《欣欣向荣》《百里杜鹃红》《这片草原》《祥和的空间》《演出之前》被内蒙古展览馆收藏。

照那木拉,蒙古族,内蒙古美术家协会会员、内蒙古非物质文化遗产版画传承人。1959 年 6 月出生于科左中旗花图胡硕苏木巨日合茫合嘎查,祖籍阜新市蒙古族自治县,两岁时跟随父母搬迁到扎鲁特旗乌兰哈达苏木乌兰哈达嘎查。

自幼喜欢美术和写作,在乌兰哈达中学读初中时,受到了后来的旗委史志办主任杜瓦萨的启蒙,写作成绩提高很快。在扎鲁特旗巴雅尔图胡硕中学读高中时,拜自治区著名版画家照日格图为师,专攻版画,其处女作是《套马杆》。

1977 年,高中毕业后回乡放牧。1979 年被扎鲁特旗毛道苏木中心小学聘为美术代课老师,由于工资收入低,于 1982 年重返家乡放牧。

因为当时文化生活特别落后,加上民族用品的艺术风格非常古朴,在放牧的业余时间，他用自己的才华为牧民们的家具及其他生活用品画上了大量的花草树木、山水风景。在此期间，他的美术才华不但得到了发挥，而且还提高了绘画技艺，得到了广大牧民的赞扬。他是一位真正从生活实践中走出来的画家。

2010 年，扎鲁特旗文广局和文联联合举办扎鲁特版画创作培训班，他进入该班系统学习版画创作，并受到了著名版画家韩戴沁的指导。同时创作了版画《群马》等三幅作品，参加扎鲁特版画展，并在《哲里木文艺》上发表；2011 年，创作八幅版画作品，参加重庆版画展，受到了评委和观众的好评，获得优秀奖；2012 年，创作了 12 幅版画，代表作《圣主八骏》（见图51）被选为内蒙古精神文明现场会指定礼品，该年度版画《圣主八骏》《乌兰哈达》《珠斯朗》和《牧归》参加了北京版画展；2013 年，在《上海晚报》举办的"夜光杯"书画展中版画《父亲的草原》入选；2014 年，通辽民航机场为他个人设立专门展厅展出 20 余幅作品一直到现在，《民族文学》《中国民族》《民族画报》《内蒙古青年》以封面及专版介绍等形式刊登了其大量的版画作品；2015 年，内蒙古蒙文文学期刊《花的原野》在第 6 期上专门为其设立专版进行宣传，其间版画作品还发表在《锡林郭勒》《通辽日报》等报纸杂志上。

组一　　　　　　　　　　　　　　组二

图51　照那木拉　组一《圣主八骏》套色木刻 2012 年
组二《美丽的阿日昆都楞河》套色木刻 2015 年

2016 年，在"滕王阁杯"全国第十二届文学艺术大奖赛中版画《寻》《天堂草原》《牧羊曲》获一等奖（见图52），在通辽市第四届美术书法展中版画《春天的故事》《秋染罕山》荣获最高奖；2017 年，在"八一杯"全国第十三届书法美术诗词大展中版画《春满罕山》获奖，在"科尔沁版画"德国展获得好评；2018 年，参加"内蒙古自治区'一带一路'版画大赛"获银樽奖。

图 52　照那木拉《寻》套色木刻 2016 年

照那木拉的版画创作继承了扎鲁特版画的传统技法，在古朴中写实，在写实中赋予了作品的灵动和飘逸，其最大的特点就是真实地反映了家乡扎鲁特旗的地理风貌和草原风光。

扎鲁特少儿版画美术教师——吉日木图、金山

吉日木图，1981 年 7 月出生于内蒙古通辽市扎鲁特旗巴雅尔图胡硕镇，内蒙古美术家协会会员、内蒙古书法家协会会员、西南大学美术教育研究所研究员、中国少儿版画研究会学术部副部长。

2001 年 7 月毕业于内蒙古通辽市师范学校，现任内蒙古自治区通辽市扎鲁特旗蒙古族实验小学美术教师、扎鲁特旗版画院副院长。曾荣获自治区级美术教学能手、学科带头人及区级小学美术骨干教师等称号。承担的课题"蒙古族传统文化艺术教育课题实验研究"，荣获国家教师科研专项基金"十二五"规划重点课题"三祖教育研究"科研成果一等奖。

他自幼喜爱绘画，尤其对版画情有独钟，并一直默默耕耘在美术教育第一线，辅导和培养了许多优秀美术人才。从教以来从未间断版画创作，主要以木刻版画创作为主，近几年创作了一系列有关草原一隅天地生灵的景象，力图表现草原既静谧又灵动的面貌，借此唤起人们对大自然的保护意识和对神圣草原的敬畏之心。他运用现实主义手法表现草原的景物，多采用细腻的刀法与和谐的色调刻画大自然万物共生的温馨画面。

2010年7月版画《寻觅》在蒙古国乌兰巴托展出；2016年4月版画《鸿雁飞过芦苇荡》入选"中国青年原创版画作品展"（见图53），8月版画《安祥草原》在"第二届全国美术教师版画作品展"中荣获最佳作品奖；2017年7月版画《鸿雁飞过芦苇荡》在美国展出并被收藏，11月该作又入选"版画100——2016"全国收藏作品展，同月，版画作品《听风》入选"内蒙古新人新作展"（见图54）。

图53　吉日木图　《鸿雁飞过芦苇荡》套色木刻 2015 年

组一　　　　　　　　　　　　组二

图54　吉日木图　组一《听风》套色木刻 2017 年
组二《浮生》套色木刻 2017 年

2018 年版画作品《浮生》《憩》《心之寻》入选"2018 首届中国青年版画

提名展"，五幅版画作品入选"版画中国"系列全国巡展，版画《巢》入选"中国第一届（观澜）小型版画作品展"，6月将参加在宁夏举办的"全国青年版画家提名展"，7月将参加"改革开放40周年全国青年版画家提名展"。

金山，蒙古族，1974年出生于扎鲁特旗前德门苏木傲干朝鲁嘎查，1999年毕业于赤峰学院美术系。毕业后在查布嘎图学校任教，2004年调入扎鲁特旗特色学校。中学一级教师，通辽市美术家协会会员，扎鲁特旗民族版画研究会会员，中国少儿版画研究会会员。

2000年8月版画作品《白马》荣获"步入新千年扎鲁特美展"三等奖；2002年7月版画作品《天堂》入选"哲里木版画新作展"（见图55）；2002年9月作品《牧民新居》入选"全区社会书画学会第二届书画展"；2005年7月版画作品《天堂》入选"内蒙古政协五十华诞书画作品展"并荣获二等奖；2006年版画作品《成吉思汗四子》入选"蒙古风主题版画展"并被通辽市博物馆收藏。

组一　　　　　　　　　　　　　　　组二

图55　金山　组一《天堂》套色木刻2002年

组二《成吉思汗四子》套色木刻2006年

2014年12月版画《灿烂的笑容》入选纪念邓小平110周年诞辰"春天的故事——全国版画艺术精品展"并被重庆市湛江农民版画院收藏；2016年8月版画《午后的阳光》在"第二届全国美术教师版画作品展"中荣获最佳作品奖（见图56）。

高校美术学院版画专业的学生——舍其力格尔

舍其力格尔，男，蒙古族，1987年出生，毕业于呼伦贝尔学院美术学院版画专业，中国美术家协会内蒙古分会会员。

组一 组二

图56　金山　组一《午后的阳光》套色木刻 2014 年

组二《脱贫牧家》套色木刻 2018 年

毕业作品《民族的灵魂》获呼伦贝尔学院 2012 届毕业作品展"最佳创意奖"，被呼伦贝尔学院美术系收藏，该作还入选"喜迎十八大暨庆祝内蒙古自治区成立 65 周年"内蒙古自治区美术作品展；同年，版画作品《那达慕的那天之二》荣获"内蒙古自治区第三届写生作品展"二等奖；2014 年版画《民族的灵魂》《原上清风》参加"非物质文化遗产项目——扎鲁特版画"展，在呼和浩特、西安、黄山、深圳、澳门地区及蒙古国展出（见图 57）。

组一 组二

图57　舍其力格尔　组一《民族的灵魂》铜板 2012 年

组二《那达慕的那天之二》套色木刻 2012 年

2016 年 10 幅版画参加在蒙古国乌兰巴托举办的"中蒙文化交流展"；2017 年版画《望》《金秋》参加非物质文化遗产走进校园校本课程暨美术教

育"高参小"成果展，版画《敖包山下》入选"美丽的草原我的家——内蒙古科尔沁版画走进柏林"展；2018 年版画《我的草原》《敖包山下》荣获"内蒙古自治区'一带一路'版画大赛"银樽奖（见图58）。

组一　　　　　　　　　　　　　组二

图58　舍其力格尔　组一《敖包山下》套色木刻 2017 年
组二《我的草原》套色木刻 2017 年

宣传画油画专业的艺术家——王志友

王志友，北京书画艺术院会员，中国民族美术促进会会员，北京一号地国际艺术园区合作画家，扎鲁特旗版画院创作员。1963 年出生于内蒙古通辽市扎鲁特旗鲁北镇，自学绘画，先后在扎鲁特旗电影公司、扎鲁特旗文管所等单位长期从事宣传画、油画创作。曾深入新疆、西藏等地进行大量写生采风，创作了大量风景、人物画作品。80 年代跟随老师彭志信系统学习绘画、设计等专业知识，2000 年后在扎鲁特旗成立个人画室，大量作品参加国家级画展，被国内外机构个人收藏。2017 年入驻扎鲁特旗版画院开始创作民族版画。

（四）通辽市其他旗县的版画创作群体

科左中旗版画的创作群体——吕红梅、李范春

20 个世纪七八十年代，科左中旗版画在田宏图的带领下，以张茂华、赵卫国、哈日巴拉、甲夫等为骨干力量创作群体，曾创造辉煌的历史。进入 21 世纪在市场经济大潮的冲击下，科左中旗版画群体的调适似乎变得停滞。目前比较活跃的版画家不多，主要有吕红梅和李范春等。

吕红梅，蒙古族，1972 年生人，中共党员，毕业于内蒙古大学艺术学院，中国美术家协会会员，中国共产党内蒙古自治区第十次代表大会代表，群文系列高级职称，科左中旗文化研究室研究员，科左中旗版画协会秘书长。科

尔沁版画十杰提名奖获得者，通辽市五一巾帼标兵，现工作在科左中旗文化研究室。

吕红梅，"70后"女版画家，是科左中旗版画群体主要创作者。田宏图老师对她的评价是：吕红梅的作品给人一种很强烈的装饰美、形式美和意趣美，在具有当代性的同时，也透出一种中国画、民间剪纸、皮影造型等传统美学元素，形成了天真童趣、装饰性强的个人风格。好的艺术作品，要给人以美的视觉享受与心灵的净化，要耐人寻味，应是一种有意味的形式，吕红梅的作品做到了。

2002年版画《暮霭图》；2004年版画《翔》《额吉》；2008年版画《芦花舞动的季节》《天边飘过朵朵祥云》；2009年版画《天堂草原》；2012年版画《敖包相会》；2012年《亲亲草原》；2013年作品《原之梦》入选全国20届版展；2014年版画《盛装》；2014年版画《遗韵长歌之下马酒》；2015年版画《静待春天》《喜欢你》《这片草原》《寻梦家园》等入选自治区各项美展并获优秀奖；2013年荣获通辽市委宣传部颁发的"科尔沁版画十杰"提名奖称号（见图59）。

组一　　　　　　　　　　组二

图59　吕红梅　组一《翔》套色木刻 2014年
组二《寻梦家园》套色木板 2017年

李范春，内蒙古美术家协会会员，科左中旗美术家协会秘书长。

2014 年版画《感恩》入选《世界情 中国梦 中国农民画联合国大展》；2015 年版画《腾格里塔拉》入选第三届内蒙古全区青年美术作品；2016 年版画《腾格里塔拉》入选 70 周年写生内蒙古美术作品展；2017 年版画《阿都沁夫》荣获通辽市企事业美术作品展优秀作品；2017 年版画《呼思乐》入选庆祝内蒙古自治区成立于 70 周年美术作品展；2017 年版画《故乡哲里木》《呼思乐》荣获中国文化促进会、中国书画院、内蒙古文化艺术研究会"一带一路"版画作品展金奖；2018 年 1 月 21 日，内蒙古自治区"一带一路"版画作品赛事展览颁奖大会在呼和浩特市内蒙古国际会中心隆重举行，此项活动面向全国征集优秀作品，大量的精品版画参与其中，科左中旗版画家李范春创作的两幅作品《故乡的哲里木》和《呼思乐》荣获"金樽奖"（见图60）。

组一 组二

图 60 李范春 组一《故乡的哲里木》套色木刻 2017 年
组二《呼思乐》套色木刻 2017 年

科左后旗版画创作群体——邰永春

目前，科左后旗版画创作者为数不多，主要集中在科左后旗文化馆。

据科左后旗文化馆馆长邰永春介绍，现在科左后旗版画发展跟不上奈曼旗和扎鲁特旗，这其中一个重要的原因便是政府文化项目规划的倾向问题。科左后旗旗委旗政府把更多的精力和财力都放在了音乐和舞蹈（乌兰牧骑）

方面，对美术这块尤其是对版画不太注重。没有了政府的主导，版画制作的机器、木板、颜料、纸张等设备无法购买，如果自己掏腰包也不是办法，维持不了多久（因为版画艺术的市场不景气，而版画家创作版画需要的时间和成本远远超过卖画所得）。所以，没有政府的支持，之前创作版画的创作者以及现在的美术教师也不再从事版画的创作。邰馆长说，他是哲里木版画的参与者，见证了哲里木版画走向辉煌，也看到了哲里木版画遭遇的冷清，更是感受到进入21世纪科尔沁版画所做的积极调适。他说，这些年自己也想过换国画、油画等其他画种，也画了不少国画，但是总感觉对版画情有独钟，在他的心目中，仍然希望现在的科尔沁版画能够回到20世纪的辉煌，希望通辽市各个旗县的版画，尤其是自己的家乡科左后旗的版画能够发展起来。所以，他也从未间断版画的创作和学习，他也经常参加通辽市各旗县举办的版画培训班、版画展览活动，经常与山丹老师、乌恩琪老师，跟奈曼旗版画艺术家们，跟扎鲁特旗版画艺术家们一起交流创作。他说，他希望科左中旗的政府能够重视版画，自己在今后还要继续创作，不仅自己创作，还要鼓励更多的美术教师进行版画创作，为科尔沁版画的发展贡献自己的力量。

邰永春，蒙古族，1958年生于科尔沁，中国书画家协会会员，内蒙古美协会员，内蒙古科左后旗文联副主席。从20世纪80年代初开始美术创作，作品多次参加全国性美术展览，并赴美国、俄罗斯、日本、韩国等国家展出。

1982年创作的科普漫画发表在《中国青年》杂志第11～12期；1982创作版画《建新房》入选"全国边疆六省区版画展"和"全国少数民族美术展览"（见图61）；参展"内蒙古美术作品首次进京展览"，作品被中国美术馆收藏，并分别发表在《工人日报》《中国青年报》《宁夏日报》《党的教育》等报刊上；1985年《雏鹰》参加哲盟版画赴日本展出；1986年《母亲太阳》参加"内蒙古美术作品赴俄罗斯巡回展览"；1989年《草地·青春》列入内蒙古美术作品选送全国美展内蒙古优秀作品奖；1992年《草地·青春》入选"第十一届全国版画展"；1990年《驯马者》入选"全国群文干部美术作品展"并获内蒙古美展二等奖，同时应邀参加"90美国纽约国际艺术展览"并被收藏。

2005年《白音芒哈的秋天》参展"科尔沁版画赴韩国展览"编入《科尔沁版画》集；2005年《东方神剑》荣获纪念中国人民抗日战争胜利60周年

组一　　　　　　　　　　　　组二

图 61　邰永春　组一《建新房》黑白木刻 1983 年

组二《力量之源》套色木刻 2014 年

当代艺术家作品展三等奖；2013 年出版专著《中国古文字构成图案》一书，
被世界纪录协会认证为运用古汉字构成图案最多的人；2014 年《祭神树》入
围"第十二届全国美展"被评为内蒙古美展优秀作品；2016 年《祭树节》入
选中国首届版画艺术节；2016 年《清晨的喜悦》入选"中国首届版画艺术界
节"；2017 年《祭树节》入选第二十二届全国版画展览（见图 62）。

图 62　邰永春《祭树节》套色木刻 2017 年

库伦旗版画创作群体——格日乐图

目前，库伦旗的版画创作者为数不多，老一辈的版画家们已经不再创作版画，年轻一代的美术创作者中，创作版画的也是极少数。

格日乐图，1942 年 10 月生，蒙古族，内蒙古通辽市库伦旗人。曾任库伦旗文化馆副馆长、旗文学艺术创编室主任，先后被评为"全区自学成才模范""通辽市劳动模范"。现为中国美术家协会会员（1985 年入会）、中国版画家协会会员、中国少数民族美术家协会会员、内蒙古美术家协会会员和通辽市美术家协会会员。

格日乐图自学美术，擅长版画。

格日乐图主要版画作品有《警惕》《草原晨曲》《探宝》《傍晚》《沙漠深处》《出工》《绿色的摇篮》《暮归》《牧铺又一春》《细雨》等。美术事迹被收入《中国艺术家传集》《中国当代美术家名人录》《中华人物辞海》《美术辞林·版画艺术卷》《中国美术书法界名人·名作博览》等。先后创作出近100 幅版画作品，其中有 10 多幅参加国家级美展。例如，东北三省版画联展、全国首届全军美术作品展、中国新兴版画 50 年、全国第七届、第九届、第十届版画展、边疆六省区美展、全国民族大家庭美术作品展、全国建党 60 周年展、全国第九届美术作品展、中国少数民族百花奖美术作品展、中国版画艺术百年大展等。有 10 余幅作品发表在《人民日报》《解放军报》《工人日报》《北京日报》《美术》《东北民兵》《人民画报》《版画艺术》《版画世界》《中国版画艺术百年大展》《中国版画藏品选》（日本版）、《浩瀚草原》（中国美术作品选集）等。有 10 余幅作品被中国美术馆、民族文化宫、江苏美术馆、湖南美术馆、南京宾馆、内蒙古美术馆等国家级美术馆、省级美术馆和个人收藏。还有 10 余幅作品先后参加过美国、苏联、日本、韩国、蒙古国等国家以及中国香港、台湾地区美术作品展。2006 年，在日本长野举办个人画展。作品《傍晚》获自治区首届艺术创作"萨日娜"奖，《牧歌》《绿色的摇篮》《戈壁人家》《春雨》等作品在全国民族"百花"奖美术作品展中分别获铜奖和优秀作品奖。

四、艺术生态之一：网络矩阵及其各关联点

一个社会的关系网络，似乎就是一张"有意义的网"，就如同布朗所言，

这种社会网络关系的排列秩序也就是所谓的社会结构。❶ 前面我们提到，如果把通辽市作为大的社区，把各旗县作为小的社区，那么，关于"大社区""小社区"的社会关系结构是如何构成的？这种关系结构又是如何建构的？

费孝通先生在进行"社区研究"的时候，提到"解剖麻雀式"的"切片"研究。在这一章笔者就是要对构成"大小社区"网络各关联点、区域联合体进行"切片"研究。比如，对科尔沁区及各旗县版画院做实地考察，了解各版画院整体的概况、建院历史、规划、画院艺术家规模（签约非签约）、工作室内部结构、版画设备及工具引进、画院是否内设宣传销售推广一条龙服务、画院培训班举办情况、开办的展览（国内、国外）、作品获奖情况、画院的版画交流活动、服务保障及奖励机制，以及少儿版画、成人版画各个学校版画工作室硬件、软件等。

通过对科尔沁版画群体集聚的几个"点"做深入地考察研究对比，运用布尔迪厄"场域"的概念，加之马林诺夫斯基、布朗等人类学家社会功能、结构与关系之论点，加之实际的田野考察，深层阐释区域网络及其各个关联点的特质、转换、更替、要素及其形成的内在原因，更为清晰地再现蒙古族科尔沁版画及其群体于现代社会的传承发展现状及所产生的流变。

那么，对于笔者研究的科尔沁版画艺术而言，版画群体的创作环境如何？他们存在于怎样的社区？社区的结构关系又是如何建构的？

接下来，让我们通过对每一个小社区"解剖麻雀"式的田野调查，研究地理空间的转换、社会时代的转型、政府主导的政策与版画群体艺术的发展、传播、变迁之间的关联，从而更加细致、全面地了解进入21世纪以来科尔沁版画的发展历程。

前面通过对各旗县版画创作群体的深入访谈和对比分析，了解到奈曼旗版画创作群体数量庞大，在近几年也取得了显著的成绩，成为科尔沁版画的典型代表。我们先把镜头聚焦到奈曼旗，对奈曼旗版画进行全面的考察。

（一）奈曼旗版画网络及其各关联点

奈曼旗位于通辽市的西南部，是科尔沁沙地南缘，有"沙海明珠"之称。

---

❶ ［英］拉德克里夫·布朗. 原始社会的结构与功能 ［M］. 潘蛟，等，译. 北京：中央民族大学出版社，1999：9.

奈曼旗有著名的旅游景点包谷图沙漠，每年的六七月都会举办那达慕大会；著名的奈曼王府，现为内蒙古自治区重点文物保护单位，也是全市绝无仅有的较完整的旗扎萨克王府。

奈曼版画的创作者主要是全旗的美术教师、奈曼版画院的签约画家及工作人员。最开始奈曼版画的组织、培训都接受通辽文联、美协的领导，开展的活动都在奈曼旗文化馆，文化馆设有单独的美术创作室。直到 2013 年奈曼版画基地的建立，奈曼旗的所有版画活动都在奈曼版画基地进行。奈曼版画基地每年举办两期版画培训班，培训班学员范围广泛，有中小学教师、农牧民、企业个人、版画爱好者等各行各业的人士。奈曼版画基地还为版画家提供方便、舒适、安全的创作环境，为版画家提供版画创作工作室、印制工作室，并提供作品创作所用的基本耗材（木板、铜板、锌板，油墨、纸张等）。奈曼版画基地适时组织在奈曼旗内开展定期的采风、写生等创作活动，并承担相应费用，提供住宿和餐饮服务，其中住宿免费。另外，奈曼版画基地还负责版画家们的展览交流活动，自建立以来，举办过多次的版画交流、展览活动。2018 年 6 月科尔沁区被评为 2018—2020 年度全区民间文化艺术（科尔沁区少儿版画）之乡（见图63）。

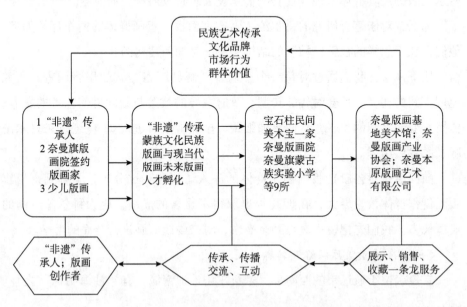

图63 奈曼旗"小社区"版画艺术生态体系示意

奈曼旗版画发展的历史及现状

奈曼版画起始于 20 世纪 70 年代，从它诞生之初起就是科尔沁版画的重要组成部分，紧跟科尔沁版画的发展步伐，深深地根植于民族文化沃土之中。

最初的奈曼版画，是在以蒙古族民间艺术家宝石柱为代表的一批科尔沁早期版画家的辛勤创作和不懈追求下诞生的，他们为奈曼版画的发扬光大奠定了坚实基础。

近年来，奈曼版画经过多年的创作和艺术积淀，在传承中不断发扬光大，大量的精品力作多次在自治区、全国以及国外大型展览中入选、获奖、被收藏。其中，王作才作品《秋风》《草地风》分别获全国第十一届、第十四届版画作品展铜奖；《午》《牧野情》《土地》等数十枚藏书票作品入选"全国藏书票展"。

2010 年，奈曼作为内蒙古自治区唯一参加上海世博会的旗县，成功展出了 40 余幅奈曼版画精品，引起了国内外媒体的广泛关注。2012 年，奈曼版画代表内蒙古自治区参加国家非物质文化遗产展示会，参展作品得到了国内外专家的一致好评。2013 年奈曼版画参加第五届东北文博会，现场演示印制版画 30 余幅。2013 年奈曼版画创作培训基地与北京市少年儿童版画研究会联合举办了"儿童画·画儿童"全国少儿版画展暨北京·奈曼少儿版画论坛，展出少儿版画作品 100 余幅。2014 年为庆祝中华人民共和国成立 65 周年内蒙古自治区美术作品展中，奈曼版画有 17 幅版画作品入选，其中 6 幅作品获得三等奖；同年在内蒙古自治区第四届写生作品展中有 6 幅作品入选；奈曼画院乌兰巴拉、安广有、王作才、秦晓伟同志的 8 幅作品参加"版画中国·当代民族版画国际巡回展——2014 蒙古国"巡回展。2015 年 3 月奈曼版画 50 幅精品版画亮相法国进行展览交流；4 月奈曼版画有 16 幅作品两次参加赴蒙古国展出；6 月奈曼版画 5 幅作品入选国家级美术作品展其中秦晓伟的版画《窗外》获得优秀奖。

20 世纪 80 年代，奈曼少儿版画紧随科尔沁少儿版画而兴起，是通辽地区较早开展少儿版画教育和创作的旗县之一。80 年代初，奈曼旗实验小学率先在奈曼旗开展了少儿版画课。目前，奈曼旗所在地各小学均建立了少儿版画创作基地，固日班花、明仁等苏木乡镇小学也开设了少儿版画课。1992 年，中国美术馆专场举办了奈曼实验小学儿童巨幅版画展，原中共中央政治局常委、中共中央组织部部长宋平，原中国美协党组书记王琦亲临现场并为画展剪彩，参展作品引起了国内外的高度关注。2009年，全国第十届少儿版画研讨会暨"童心奈曼"版画展在奈曼成功举办。

奈曼版画立足于奈曼的自然风光和风土人情，思想积极向上，呈现出取材多样化、用材多样化、手法多样化、风格多样化的特点，既继承发扬了好的传统，又不断吸收新的营养，力求突破和创新，以巩固和推动科尔沁版画的发展。

近半个世纪以来，奈曼成人版画创作作品600余幅，30余幅在国内外参展；奈曼少儿版画作品对次赴美国、加拿大等20多个国家和地区展出，130余件作品在国际画展中获奖，1000余件作品在全国少儿书画展赛中获奖。500余幅学生作品发表在《人民教育》《中国青年报》等20余家报纸杂志上。全旗已有骨干版画创作人员50余名，少儿版画创作人员1000余名，形成了以中老年画家为龙头，中青年画家为骨干，青少年为基础，老中青结合的版画创作队伍。并随着"奈曼书画院＋苏木乡镇综合文化站＋学校"的人才培训机制的建立，版画创作队伍还在继续壮大和提升。

目前，奈曼旗更加高度重视版画事业，提出把"丰富生活、打造品牌、促进交流、发展产业、培养队伍"作为发展奈曼版画的指导思想，组建了奈曼书画院，建设了奈曼版画创作及少儿版画创作培训基地，成立了奈曼版画协会，并合理地整合了资源理顺了组织机构，注册了奈曼旗本原版画艺术有限责任公司，正在向产业化方向迈进。奈曼版画院集创作、印制、展览、研讨、培训以及住宿、餐饮等于一体的创作基地，总占地面积200多亩，建筑面积4323平方米，设施先进，功能完备，为旗内外版画家创作、交流提供了理想的场所和优美的环境。

场所聚焦一：奈曼旗版画基地

建设情况

2009年10月奈曼画院成立，2015年更名为奈曼旗美术馆。2011年12月奈曼版画协会成立，2013年更名为奈曼版画产业协会。2012年1月成立奈曼旗本原版画艺术有限责任公司。2010年奈曼版画创作培训基地开始筹建，2013年投入使用至今，已经举办过多期版画培训班和多次版画展览活动。

战略伙伴和名师指导

奈曼版画创作培训基地（见图64）与国家版画院、中央美院、内蒙古师大、内蒙古艺术学院、内蒙古民族大学和深圳观澜国际版画基地建立了长期稳定的友好关系，得到了全国著名版画家张桂林、宋源文、广军、苏和、乌日切夫等以及市版画家田宏图、山丹、乌恩琪、邵春光等人的大力支持与积极参加，为奈曼版画的对外交流起到了重要作用。

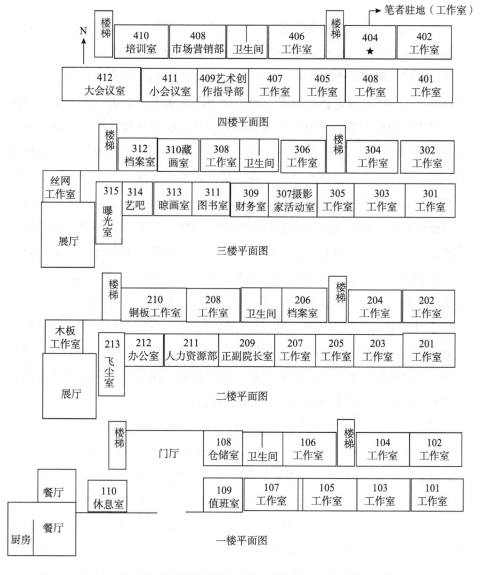

图64 奈曼版画基地结构与功能空间分布示意

中国国家画院院委、版画院研究员、版画家王琦先生为基地题字"中国奈曼版画创作培训基地"。中央美术学院教授、中国美术家协会版画艺术委员会主任广军先生，中国版画家协会常务副主席，中国美术家协会版画艺委会主任宋源文先生，多次对奈曼版画的发展提出宝贵建议。中央美院版画系副教授，中国美术家协会版画艺术委员会秘书长康剑飞，到奈曼版画基地参观指导。

在第七期版画培训班期间聘请中央美术学院版画系教授张桂林先生到奈曼版画基地授课，教授丝网版画印制技术，并聘请其为奈曼版画创作培训基地客座教授。聘请内蒙古师范大学美术学院院长苏和，内蒙古师范大学美术学院教授乌日切夫等到基地授课指导。在中国文联中国梦大型主题文艺创作项目"重塑哲里木版画辉煌"培训班期间，乌日切夫教授邀请到中央美术学院的教授广军先生、张桂林先生；内蒙古师范大学美术学院的教授纳日松先生、张存刚教授、乌力吉教授；留英加拿大籍本土版画家布日固德博士；黑龙江版画院的于承佑院长前来为学员们授课、观摩草图、指导作品。在第十五期版画培训班期间，版画院邀请到内蒙古民族大学美术学院副院长王永波教授、中国美术学院著名教授、国际知名版画家张敏杰教授前来授课。通辽市知名版画家，原通辽市美协主席乌恩琪和原哲盟师范学校教师山丹老师，每次培训差不多都是版画院的"座上客"，为了培养版画学员的创作，他们入驻奈曼版画院，和奈曼旗的版画创作者们同吃住，不仅在每年两期的培训班上给学员们上课教授版画知识，在平时的草图、刻画、印画的每一个环节，只要一有时间他们就会给学员们指导。不仅如此，他们还时刻记录学员们的生活创作情况，见证着奈曼版画的发展与成长。

培训班情况

自 2009 年举办奈曼旗第一期版画培训班以来，每年举办两期版画培训班，每期培训 40 余人。培训学员范围广泛，有教师、农牧民、企业个人等各行各业的人士。至今已举办 15 期培训班，累计培训 700 余人次。创作作品 600 余幅（3000 余张）。2016 年针对全旗美术教师进行专业培训，共有 100 名美术教师参加，创作版画作品 85 幅，此次培训在中小学校普及推广奈曼版画起到重要作用。2017 年，奈曼旗为迎接内蒙古自治区成立 70 周年暨第十三期培训班开班，全旗美术教师有 90 人参加，历时 45 天，创作作品 300 余幅，创造了自开班以来创作作品数量最多的一期。

为了更有效地学习版画知识，提高版画创作的水平，每一次的培训班在实际创作环节之前都会出去采风，采风地点基本上是青龙山风景区、宝古图沙漠自然村、固日班花怪柳林等。在正式的版画创作环节都会采用分组的形式，根据培训班班级人数的多少分不同的组，为保证学习和创作的效率，每组大约少则三四人，多则五六人。每一组的组长一般都由版画专业水平较高的老师担任，组长负责学员们的版画创作，包括草图的构思、草图的修改、审稿、定稿、制版、印制等环节（见表4）。

表4 奈曼旗迎内蒙古自治区成立70周年版画创作
群体分组名单统计列表

编号	组长	组员
第一组	乌兰巴拉	王海军；乌云；额尔德木图；王秀春；宝香玲
第二组	王作才	宋艳青；孙志荣；程文集；李双燕
第三组	安广有	陶国富；包赛音花；胡宝山；王献雨
第四组	王永志	包红伟；张英豪；刘明艳；王连霞
第五组	刘颖会	天仓；王世武；王国文；宝乌日韩
第六组	王景婧	张栋彦；贾艳洁；陈玉兰；赵明秀
第七组	王铁柱	周有娣；李苏乙拉；陶婧菊；马迎燕
第八组	扎力根	宝音格什格；哈旦吉如嘎；张桂丽
第九组	高鹏	颜青春；贾芳芳；孙蕊；娄双宝
第十组	王爱科	蔡贺亮；于洪威；苏丽敏；白福强
第十一组	王智成	李燕飞；冯子杰；兰娟
第十二组	郭楠杰	那木拉；张玉奎；徐芳
第十三组	王丽丽	李图雅；王朝格图；高丹丹；赵鑫
第十四组	齐达拉图	额尔敦珠拉；李斯琴巴特尔；刘乌云
第十五组	秦晓伟	左世雪；刘海坤；佟菊梅；孟凡晶
第十六组	蒋艳玲	李娜；贾涛；赵玲玲；孙秀文
第十七组	张静	那顺；沈宇；宝成娟；韩东
第十八组	宝连胜	满都玛；白梅花；萨仁其木格；宝荣
合计		88人。注：后来又加入从海南赶来的陈立老师以及从通辽赶来的前德门老师，人数增加至90人。

奈曼旗迎内蒙古自治区成立70周年版画创作培训班共90人，就分了18个组，每个组平均四五人。组长乌兰巴拉、王作才、安广友、王爱科、秦晓伟、高鹏等都是版画创作水平比较高的创作者（见图65）。

组一　　　　　　组二　　　　　　组三

组四

图65　组一 高鹏、颜青春在共同创作版画，陈立在拍摄

组二 包塞音花、扎力根在公共印刷室印画

组三 组长王智成、高鹏为学员试范刻板

组四 李玉山书记、乌兰巴拉老师现场为学员们审稿

这次培训班人数众多，创作主题鲜明，画院要求每位创作者创作的作品也不能雷同，所以，这次的版画培训班为版画学员们确定了10大项内容共85个主题，每位组长根据组员的创作思路风格，选择不同的表现主题，在一个半月的时间内，组长每人创作至少3幅作品，组员每人至少2幅作品，并且版画作品的尺寸也有规定。

由于内蒙古自治区安排的任务比较艰巨，这次又是李玉山书记亲自领衔，为高效率、高质量地完成任务，在每位组长定好组员的稿子后，还需要进行第二遍审稿。在第二遍审稿的时候，会有一个专家团，专家团一般由几个老版画家组成，有时候重要的培训李玉山副书记也会参加。

学员创作的草稿，如果二审通不过，再回去重新构思画稿，如果通过了，那么就去画院办公室主任蒋艳玲那去领木板、纸张，有时候也会发一些工具（每位版画家都会有一套自己的版画工具，有时候学员太多，有的学员刚刚开始接触版画，没有工具，这时候版画院会根据具体学员的情况，除了免费提供木板、纸张外，还提供基本的刻刀等创作工具）。而所有版画创作者所有的花费，包括外出打印的费用都予以报销，并且版画院有专门的餐厅提供免费就餐，住宿免费也极为方便（见表5）。

表5　奈曼旗迎内蒙古自治区成立 70 周年版画创作
群体主题内容分类列表

编号	内容	主题
1	工业方面	灰砂砖；透水砖；水泥厂；林木质电厂；风电；太阳能发电；炼铁；手工粉条；麦饭石；制作马头琴；制作民族服饰；柳编；拨面条；牛肉干
2	农业方面	大棚；沙里水稻；农业机械化；无籽西瓜；药材；蒙古野果；谷子；玉米；冬捕；养殖（牛、羊、驴、骆驼、鸡、猪、鸭）；葵花；万寿菊；荞麦；地瓜
3	服务业	夜市；电商
4	旅游业	沙漠旅游；怪柳；水库；青龙山
5	文化	沙漠那达慕；广场舞；集体过大年；沙漠婚礼；民间小剧场；老人门球；秧歌；灯会；大漠风筝；太极拳
6	城市	城市夜景；居民区；公园；城市绿化；雕塑；城市街道；城市建设；体育场；体育馆内活动
7	农村	村容村貌；文化广场；卫生室；农村超市；晚年娱乐；尊老爱幼；敬老院；乡村道路；婚礼；丰收场面；扶贫济困；干部下乡；科技扶贫；精神扶贫；民主选举；党支部活动；关爱留守儿童；新时代牧羊人；时代步伐；农民工
8	交通	高速；高铁；飞机
9	教育卫生	农村幼儿园；现代化教学；卫生院变化；送医下乡；义务看病
10	生态	造林；沙漠绿洲；环保；花鸟
合计	10 项内容	85 个主题

服务保障

奈曼版画创作培训基地为入驻画家提供方便、舒适、安全的创作环境。为画家提供版画创作工作室、印制工作室，并提供作品创作所用的基本耗材（主要是木板、铜板、锌板，油墨、纸张、刻刀等）。适时组织在奈曼旗内开展定期的采风、写生等创作活动，并承担相应费用。奈曼版画院提供住宿和餐饮服务，其中住宿免费。

版画基地对入驻画家签订协议，协议内容包括入驻条件、要求。协议规定，入驻画家在 60 日内，创作一幅版画作品（规格为 50 厘米 ×60 厘米、如规格 30 厘米 ×40 厘米的 2 幅算作一幅），5 张作品交于基地保留。画家交付的 5 幅作品，除署名权外，著作权、作品载体所有权及作品展览权无偿归奈曼版画基地所有，基地有权对作品进行宣传、出版、印刷、发行和出售，作品收益全部归基地所有，不再另行出具授权委托书。奈曼旗美术馆对外免费开放，每年接待参观人数达 8000 余人次，累计参观人数达 30000 余人次。

奖励机制

为进一步激发广大版画作者的创作热情，鼓励多出作品，多出精品，多出版画创作人才，繁荣和发展奈曼版画，奈曼版画基地自筹资金用于奈曼版画开展各类活动。对作品获奖、入选国家级美展的画家进行表彰奖励。凡在奈曼旗内工作或属于奈曼户籍并且是奈曼版画产业协会会员的版画作者，创作的版画作品（作者原创）在自治区级以上美展、版画展中入选、获奖，可申请奖励。

（1）在内蒙古美术家协会举办的全区美展或全区版画展中入选、获奖的版画作品。每幅奖励人民币 2000 元；获优秀奖的奖励 4000 元；获铜奖奖励 6000 元，获银奖的奖励 8000 元，获金奖的奖励 10000 元（该展出的获奖、入选作品具备申请加入内蒙古美术家协会会员一次条件）。

（2）在中国美术家协会举办的全国美展或全国版画展中获奖、入选的版画作品。在国家级美展或全国版画展中入选的版画作品，奖励人民币 10000 元；获优秀奖的奖励 12000 元；获铜奖的奖励 14000 元；获银奖的奖励 16000 元；获金奖的奖励 18000 元（该展出的获奖、入选作品具备申请加入中国美术家协会会员一次条件）。

举办展览情况（见表6）

表6 奈曼版画院举办版画相关展览情况统计列表

时间	展览主题
2009 年	全国第十届少儿美术研讨会暨"童心奈曼"版画展
2010 年	第一届版画摄影展
2011 年	第二届版画摄影展
	纪念中国民间工艺美术家宝石柱 100 周年诞辰奈曼版画展展出版画作品 100 幅
	"蒙和吉杯"书法美术作品大赛及全旗第十七届书法美术作品联展
2012 年	旗图书馆由第二小学、固日班花中心校承办的"十月金秋·童心飞扬"全旗第二届少儿版画作品展，展出作品共计 200 余幅
	喜迎十八大奈曼版画摄影联展
2013 年	奈曼版画基地成立仪式
	奈曼与北京市少年儿童版画研究会联合举办了"儿童画·画儿童"全国少儿版画展暨北京、奈曼少儿版画论坛，展览共展出版画作品 100 幅
2014—2017 年	版画院四次办年展
2017 年 10 月—2018 年 1 月	国家艺术基金项目；第一次在深圳观澜国际中国版画博物馆举办展览；第二次在呼和浩特展内蒙古美术馆展；第三次在通辽市博物馆展

自画院成立以来已举办各类展览 14 次。2010 年，第一届版画摄影展、2011 年第二届版画摄影展。2011 年纪念中国民间工艺美术家宝石柱 100 周年诞辰奈曼版画展展出版画作品 100 幅。2011 年"蒙和吉杯"书法美术作品大赛及全旗第十七届书法美术作品联展。2012 年喜迎十八大奈曼版画摄影联展。自 2013 年奈曼版画基地成立以来，每年举办一次奈曼版画年展，已举办 5 次年展。2017 年 10 月，在深圳观澜国际中国版画博物馆举办展览（国家艺术基金项目），12 月呼和浩特展内蒙古美术馆展，2018 年 1 月通辽市博物馆展。

举办少儿版画展览四次。2009 年，全国第十届少儿美术研讨会暨"童心奈曼"版画展在奈曼成功举办。2012 年 10 月在旗图书馆由第二小学、固日班花中心校承办的"十月金秋·童心飞扬"全旗第二届少儿版画作品展，展出作品共计 200 余幅。2013 年奈曼与北京市少年儿童版画研究会联合举办了"儿童画·画儿童"全国少儿版画展暨北京、奈曼少儿版画论坛，展览共展出版画作品 100 幅。2018 年奈曼旗首届中小学师生版画作品展。

相关交流活动（见表7）

表7　奈曼版画院举办版画相关交流活动统计列表

时间	活动主题
2010 年	奈曼作为内蒙古自治区唯一参加上海世博会的旗县，成功展出了 40 余幅奈曼版画精品，引起了国内外媒体的广泛关注。
2011 年	奈曼版画参加第二届西部非物质文化展示会。
	深圳宝安·观澜国际版画展。奈曼版画与北京延庆文联交流展，共展出版画作品 21 幅。
2012 年	安广有、乌兰巴拉等作者的 50 幅版画作品代表内蒙古自治区文化厅、奈曼版画参加全国非物质文化遗产展览展示。
2013 年	奈曼版画参加在沈阳举办的第五届东北文博会，现场演示印制版画 30 幅。
2014 年	奈曼 8 幅版画作品参加 "版画中国·当代民族版画国际巡回展——2014 蒙古国" 巡回展。
2015 年	由国家文化部、商务部、广电总局、新闻出版总署及广东省政府、深圳市政府共同主办的第十一届中国（深圳）国际文化产业博览会，展出奈曼版画作品 30 幅。
	"相约内蒙古" ——法国、中国内蒙古文化周系列展于 3 月 17 日在法国巴黎拉开帷幕，来自奈曼旗 50 幅版画作品亮相库尔布瓦市会展中心。
	在意大利米兰世博览会上，安广有、高鹏的版画作品《长生天》《赛罕塔拉风情之相悦》《赛罕塔拉风情之憨爷们》等共 16 幅版画作品亮相米兰世博会威尼斯水馆意中联合馆。
	由自治区党委宣传部、文化厅、旅游局、乌海市政府举办的 "第二届内蒙古自治区文化与旅游融合发展主题活动" 中展出奈曼版画作品 20 幅。
2016 年	奈曼版画 16 幅作品参加在深圳市观澜举办的中国首届版画艺术节。
	中国蒙古国博览会 2016 通辽国际商品交易会，奈曼版画选送 25 幅版画作品，其中 2 幅作品在交易会中成交。
2017 年	版画院举办中国文联中国精神中国梦主题文艺创作工程项目：重塑哲理木版画培训班开班仪式。

参展情况

国家级展览（见表8）。

表8 奈曼版画院参展（国家级）获奖情况统计列表（2009—2017 年）

时间	作者	作品	展览	获奖情况
2010 年	王作才	《蓝色故乡》	上海世博会中国美术作品展览	入选
2011 年	蒋艳玲	《祥云六骏》	全国《民族百花奖》中国各民族美术作品展	入选
		《干花》《家乡》《奈曼怪柳》	第二届全国青年藏书票及小版画艺术展	入选
2015 年	王爱科	《地平线交响曲》	第二届全国少儿美术教师作品展	入选
	赵玲玲	《神韵》		入选
	秦晓伟	《窗外》		优秀奖
	高鹏	《赛罕塔拉风情之憨·爷们》	第二届"朝圣敦煌"全国美术作品展	入选
2016 年	王爱科、秦晓伟、陈立、高鹏、蒋艳玲、宝香玲、扎力根、王永志	优秀	第十八届全国少儿版画作品展暨第二届全国教师版画展	优秀作品奖并被收藏
2017 年	乌兰巴拉	《吉祥》	第二十二届全国版展	入选
	王作才	《追风马》		
	宝香铃	《云》		
	高鹏	《赛罕塔拉风情之正步走》		
	孙蕊	《蒙春风》		

自治区级展览（见表9）。

表9 奈曼版画院参展（自治区级）获奖情况统计列表（2009—2017 年）

时间	作者	作品	展览	获奖情况
2009 年	秦晓伟	《云》	庆祝中华人民共和国成立 60 周年内蒙古自治区美术作品展览	入选
	安广有	《祭敖包》		
	王爱科	《晚秋的田野》		

续表

时间	作者	作品	展览	获奖情况
2010 年	秦晓伟	《阳光下的爷们》	内蒙古自治区小幅美术作品展览	入选
2011 年	王作才	《天边草原》	纪念建党 90 周年内蒙古自治区美术展览	三等奖
2012 年	王作才	《乳香飘》	庆祝内蒙古自治区成立 65 周年内蒙古自治区美术作品展览	三等奖
	王丽丽	《沙地风雪》	庆祝内蒙古自治区成立 65 周年内蒙古自治区美术作品展览	三等奖
	王作才	《蓝色部落》	纪念毛泽东同志《在延安文艺座谈会上讲话》发表 70 周年内蒙古自治区美术作品展	三等奖
2013 年	安广有	《吉祥草原》	今日草原——内蒙古美术作品展览	三等奖
	王作才、安广有、乌兰巴拉、王爱科、郭楠杰	《祈福》《草地风》《天堂》等 13 幅作品	"吉祥草原"科尔沁版画在中国画院展览	入选
2014 年	王作才等	17 幅奈曼版画作品	庆祝中华人民共和国成立 65 周年展览	8 幅获得优秀奖
2015 年	蒋艳玲等	14 幅版画作品	内蒙古草原文化节"亮丽风景线内蒙古美术作品主题展"	入选
	张静等	11 幅版画作品	内蒙古自治区美术家协会主办的"第三届内蒙古自治区青年美术作品展"	入选
2016 年	秦晓伟等	14 幅版画作品	内蒙古自治区第五届写生作品展"	入选、优秀
2017 年	秦晓伟等 80 人	163 幅	庆祝内蒙古自治区成立 70 周年专题版画大型创作活动	优秀

传承与发展

奈曼版画现有创作人员有 100 余名，骨干版画创作人员 50 余名。其中，中国美术家协会会员 1 人，内蒙古美术家协会会员 20 人。2013 年秦晓伟、安广有、王作才获得通辽市"科尔沁版画十杰"荣誉称号。少儿版画创作人员 5000 余名，形成了以中老年画家为龙头，中青年为骨干，青少年为基础，老中青少结合的版画创作队伍。随着"奈曼书画院＋苏木乡镇综合文化站＋学校"的人才培训机制的建立，版画创作队伍还在继续壮大和提升。奈曼版画在老版画家传、帮、带过程中，正在迅速发展，壮大队伍。

老版画家不惜利用休息时间，指导学员构思草图，刻制、印制版画，毫不保留地教授版画技法，使年轻作者快速成长起来，能够独立完成创作任务。部分画家以带徒弟的形式，传授蒙古族民间图案、版画知识，使奈曼版画发扬光大，使民族文化代代相传。

场所聚焦二：奈曼旗蒙古族实验小学（见图 66、表 10）

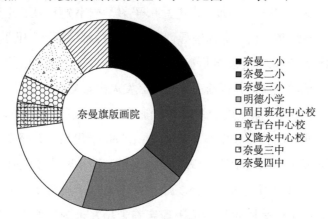

图 66　奈曼旗少儿版画培训基地分布示意

表 10　奈曼版画院举办少儿版画交流活动统计列表（2009—2017 年）

时间	活动主题
2009 年	全国第十届少儿美术研讨会暨"童心奈曼"版画展在奈曼成功举办。
2012 年	在旗图书馆由第二小学、固日班花中心校承办的"十月金秋·童心飞扬"全旗第二届少儿版画作品展，展出作品共计 200 余幅。
2013 年	奈曼与北京市少年儿童版画研究会联合举办了"儿童画·画儿童"全国少儿版画展暨北京、奈曼少儿版画论坛，展览共展出版画作品 100 幅。
2014 年	奈曼版画创作培训基地被中国少年儿童版画研究会、全国少儿版画教育基地评委会评为"全国青少儿版画教育示范基地"。奈曼 20 幅少儿版画作品参加全国少儿版画精品展，14 余幅作品分别获得一、二、三等奖。
2015 年	奈曼版画基地被中国儿童版画研究会评为"全国少儿版画教育基地先进单位"称号。 由中国文化部文化交流集团公司主办"西班牙青少年交流展"，有 5 张儿童版画参展交流。

时间	活动主题
2016 年	第十八届全国少儿版画作品展暨第二届全国教师版画展中，全旗中小学生少儿版画作品 35 件参展。其中 15 件作品分别获得一、二、三等奖。
2017 年	奈曼少儿版画训练基地多次组织各旗县中小学生来院参观、创作版画。
2018 年	奈曼旗首届少儿版画师生作品展览在奈曼美术馆举办。

改革开放伊始，伴随哲里木版画的蓬勃发展，哲里木少儿版画也在通辽大地上生根发芽。1983 年，通辽发电总厂子弟学校率先开展了儿童版画创作活动，他们由乌恩琪、山丹老师辅导创作的"纸版水印版画"得到广泛好评。1984 年科尔沁区聋哑学校指导儿童创作"石膏拓彩版画"。由此，哲里木少儿版画便开始蓬勃发展，并逐渐由科尔沁区发展到奈曼旗等地。

20 世纪 80 年代，奈曼旗少儿版画紧随哲里木少儿版画而兴起，是通辽地区较早开展少儿版画教育和创作的旗县之一。80 年代初，奈曼旗实验小学率先在奈曼旗开展了少儿版画课。1992 年，奈曼实验小学李玉良辅导学生创作的超大版画在北京中国美术馆展出。原中共中央政治局常委、中共中央组织部部长宋平，原中国美协党组书记王琦亲临现场并为画展剪彩，参展作品引起了国内外的高度关注。自此，奈曼旗各个中小学美术课开设了版画课程。

自奈曼旗开展少儿版画课程以来，奈曼少儿版画作品多次赴美国、加拿大等 20 多个国家和地区展出，130 余件作品在国际画展中获奖，1000 余件作品在全国少儿书画展赛中获奖。500 余幅学生作品发表在《人民教育》《中国青年报》等 20 余家报纸杂志上。

奈曼版画基地在奈曼旗中小学校建立九个少儿版画训练基地，奈曼一小、二小、三小、明德小学、固日班花中心校，章古台中心校、义隆永中心校、三中、四中等学校。奈曼旗版画院每年举办少儿版画培训班两期，每期培训学生 1000 余人次，累计培训学生 10000 余人次。

目前，奈曼旗所在地各小学均建立了少儿版画创作基地，固日班花、明仁等苏木乡镇小学也开设了少儿版画课。

奈曼旗蒙古族实验小学版画教学活动非常出色，学校建校于 1980 年，当时美术特长班由宝石柱老师担任，其负责辅导的学生多次获奖，有的去到日本参加展览。而现在负责学生版画创作教学的是宝石柱老先生的孙子（乌兰巴拉老师的儿子）——宝连胜老师。

宝连胜老师毕业于哲里木盟师范学校，1997 年至 2008 年就职于章古台小学，担任美术教师；2008 年至今就职于奈曼旗蒙古族实验小学，担任美术教师。蒙古族实验小学特长班有 4 个平行班，版画班有 1 个，学生大约 60 人，每周大约有 5 次版画课程。这几年，宝连胜老师所教的孩子们获得了非常多的奖项，有国家教育部级的还有自治区级的。除了教学生版画，宝连胜老师还自己进行版画艺术创作，2016 年 9 月，其版画作品《祈祷》入选第十八届全国少儿版画作品展暨第二届全国教师版画展；2016 年 12 月，版画作品《祈祷》入选第五届全市美术书法摄影展并获得优秀奖（最高奖）。宝连胜老师在奈曼旗少儿版画传承与发展方面做出了重要贡献，同时也为哲里木版画的发展贡献自己的力量。

（二）扎鲁特旗版画网络及其各关联点

接下来，我们把镜头聚焦到扎鲁特旗，对扎鲁特旗版画进行全面的考察。

扎鲁特旗位于内蒙古通辽市西北部，地处科尔沁草原深处，被誉为"全国最美丽的山地草原"。扎鲁特是以蒙古族部落的名字命名的，古老深厚的民族文化底蕴展现着马背民族游牧文化的神韵，其民族风情浓郁，文化艺术风格独特，素有"民族曲艺之乡""乌力格尔之乡""民族版画之乡"的美誉。他们的作品表现了新时代草原丰富多彩的生活，具有强烈的艺术感染力（见图 67）。

扎鲁特版画崛起于 20 世纪 50 年代，成熟于 80 年代，多以草原牧场和牧区生活为题材，从不同侧面反映农村牧区的新人、新事、新思想、新生活和新成就。扎鲁特旗版画的创作群体来自各行各业，有工人、农牧民、教师、学生、离退休干部和残疾人等。他们的作品风格朴素而热情，细致而生动，有强烈的艺术感染力，被自治区列为第二批非物质文化遗产名录。迄今已完成了老中青三代传承，创作队伍人数可观，成为国内版画界重要一翼，被誉为"版画之乡"。曾两次进京，两次赴蒙古国，多次在首府展出，多幅作品被国家馆藏，被国际友人收藏，多位版画家走出扎鲁特蜚声全国。扎鲁特旗版画创作群体的创作主要集中在扎鲁特旗文化馆、扎鲁特旗蒙一中、扎鲁特旗版画院。扎鲁特旗版画院功能与奈曼版画基地相似，为版画家提供方便、舒

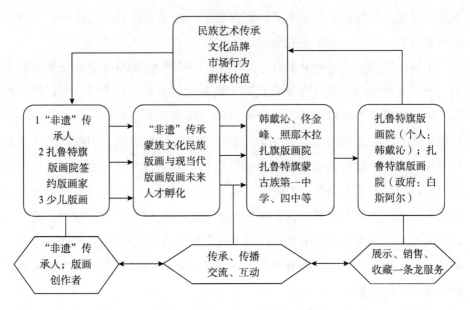

图 67 扎鲁特旗"小社区"版画艺术生态体系示意

适、安全的创作环境，为版画家提供版画创作工作室、印制工作室，并提供作品创作所用的基本耗材，组织在扎鲁特旗内开展定期的采风、写生等创作活动，并承担相应费用，提供住宿和餐饮服务，其中住宿免费，负责版画家们的展览交流活动。2008 年扎鲁特旗版画被列入通辽市非物质文化遗产名录。

扎鲁特旗版画发展的历史及现状

众多珍贵的史料证明，扎鲁特古代版画距今已有 300 多年的发展历史。清乾隆年间，藏传佛教进入发展高峰，扎鲁特旗先后建立了 270 多座寺庙，随着寺庙的发展自然产生了版画。最初的版画一般以佛像、咒符图案为特点。如从左翼扎鲁特诺颜苏木遗物中，已发现了雕刻精细、高雅、美观的十一面相观音版画，创作者是诺颜苏木的大喇嘛桑斯巴格喇嘛医生伊丹扎布，现原版珍藏于扎鲁特乌力格尔博物馆。另外，扎鲁特历史上还有雅塔、哈格拉等民间版画艺人，100 多年前就有丰富的版画作品并保留至今。

在 20 世纪 50 年代初，在扎鲁特旗鲁北镇一中任教的莫日根老师开始尝试现代版画创作。中华人民共和国建国十周年大庆时，莫日根、照日格图创作的一批版画作品，在内蒙古自治区举办的美展上首次展出，受到好评。从此，扎鲁特版画声名鹊起。1964 年，在华北局举办的美展上，莫日根的版画

《出工》等作品，为扎鲁特旗版画赢得了声誉。

经过十几年的发展，扎鲁特版画创作艺术日趋娴熟，内容更加丰富，取材更加广泛，表现手法更加多样。20 世纪 70 年代，莫日根、照日格图、白增新、张淮清、策仁多吉、金星铎等人的版画作品经常参展或者发表于各级报纸杂志。由于他们的带动和影响，扎鲁特版画创作队伍逐渐壮大，一批又一批年轻人开始进行版画创作，1972 年出版了《扎鲁特木刻》画册。

1980 年 10 月，扎鲁特旗成立版画研究会，发动会员组织创作了一大批版画作品。1982 年，在中国版画家协会主席王琦先生的指导和北京市美协副主席兼秘书长官布及《美术》杂志主编王仲同志的大力帮助下，北京美协和内蒙古美协在北京北海公园画舫斋主办了扎鲁特旗画展，展出版画作品 100 幅，受到首都各界、新闻单位和观众的好评。新华社、人民日版、北京晚报、中央电视台、中央人民广播电台、中国青年报、美术家通讯等十几家新闻单位进行了报道和评论。中国版画家协会主席李桦先生在《人民日报》上用《以神写形物象全活》的文章高度评价了敖特根巴雅尔的版画作品《有来无回》。此作品在中国美术馆收藏。当时的中国版画家协会副主席、《美术》杂志主编王琦先生在《民族团结》上发表《版画艺术之花在草原上盛开》的文章，对扎鲁特旗版画给予充分的肯定。由中国美术家协会主席江丰题词的《萨日朗》画册和《民族版画通讯》第一、二期，全面介绍了扎鲁特版画展出的盛况。1983 年《中国版画年鉴》介绍 1982 年版画活动述评时说："扎鲁特版画展揭开了少数民族版画艺术的新的一页，在推动少数民族地区版画事业的发展上，起了一定的作用。"

1984 年，内蒙古美术馆汇报展出扎鲁特版画 130 幅，《内蒙古日报》蒙汉文版进行了报道评价。此时，扎鲁特版画已趋于成熟。内蒙古人民出版社出版发行了由李桦先生撰写前言、王琦先生题词的《扎鲁特版画》。前言中，李桦先生说："现在我们高兴地看到蒙古族人民的版画已经成为版画一翼，崛起在北方。"

内蒙古人民出版社出版发行了由扎鲁特旗民族版画研究会供稿的《莫日根版画选》，这是扎鲁特旗早期出版的个人版画集。1986 年，张世荣在《内蒙古日报》上发表了《版画之乡——扎鲁特》的文章，从此，扎鲁特旗获得了"版画之乡"的美誉。

1987 年，扎鲁特版画第二次进京展出，共展出版画作品 100 幅。《美术》杂志报道说："扎鲁特版画积极反映牧区生活，发扬民族艺术特色的传统，又在新的审美观念影响下，运用新的艺术表现技巧，表达了炽热的生活激情。"首都版画家李桦、王琦等观后有感而发说："扎鲁特版画植根沃土，花开丰硕。"展出后，扎鲁特旗版画有 17 幅作品被中国对外艺术展览公司、民族文化宫收藏。

1991 年，由内蒙古电视台录制的《扎鲁特版画》在中央电视台神州采风栏目中播出。1993 年中央电视台在民族之林栏目中播出《草原版画家——照日格图》后，中央美术学院版画系主任伍必端先生和中央美术学院版画系副主任梁栋先生先后来到扎鲁特旗进行版画作品的观摩和木刻讲座。

2000 年，由中国版画协会主席王琦先生题词，由原北京美术家协会副主席、中国美术家协会常务理事、现中国少数民族美术促进会会长官布撰写前言的《扎鲁特旗版画选》编辑出版。8 月 14 日，在鲁北镇举办的《步入新千年扎鲁特美术展览》上展出版画作品 150 幅，从不同侧面展示出扎鲁特旗美术创作向多元化发展的趋势，各自的风格逐渐形成。同年，中国《美术》杂志第 10 期以"西部大开发·美术发展座谈会·扎鲁特旗"为题，发表有关扎鲁特旗青年版画的文章三篇，作品 15 件，重点推介了扎鲁特版画。

2004 年 10 月，扎鲁特旗青年版画家韩戴沁的个人版画展，在蒙古国乌兰巴托举办；2005 年 8 月，扎鲁特旗版画家杰仁台、韩戴沁、佟金峰等人再次在蒙古国举办画展获得了巨大成功，为两国文化交流做出了贡献。

扎鲁特旗版画从 20 世纪 50 年代发展到今天，在创作特点和个人风格上划分为四代人，第一代以莫日根、照日格图、白增新、色仁多吉、张淮清、金星铎为代表的版画工作者，创作特点是：作品以朴实粗犷为基调，反映现实生活，主题鲜明；第二代以敖特根巴雅尔、陶格特木勒、布日固德、海日罕、单福才、田怡丰、宝音德力格尔、刘瑞、杰仁台、必思门达来为代表的一批作者，创作特点是：思维较为活跃，开始尝试新的形式、新的技巧在版画中的应用，写真中带有细化造诣；第三代以韩戴沁、王建、安玉民、其木格、乌日罕、嘎日迪、青龙、洪格尔、王志有、铁桩、巴达夫、左先绘、李汉军、齐同月、张秀花、佟金峰、高晓东等人为代表，除继承前辈艺术特点以外，在创作思路、创作手法上更加自由、浪漫。例如，变形空间思维、创造出刻纸、席刻等新作品；第四代以照那木拉、吉日木图、哈森高娃、金山、舍弃力格尔为代表的新人如雨后春笋般破土而出，创作手法更加奇特新颖。

十几年来，在北京、上海、山东、河南、杭州、广州、厦门等地有扎鲁特旗版画作者创作活动的身影，留英博士布日固德同志还在海外任教。在国内的有海日罕、乌日切夫、王海宏等同志从事大专院校的美术教育工作。潜心绘画艺术的安玉民已经成为国内外著名的插图画家。目前，仍在家乡活跃的几十名工作者，他们来自各行各业，有工人、农牧民、教师、学生、离退休干部和残疾人等。在照日格图、白增新、色仁多吉、金星铎等人的影响下，一批批中青年版画爱好者脱颖而出。他们的作品在美国、苏联、日本、蒙古、匈牙利、土耳其、挪威、墨西哥、加拿大、捷克、美国、泰国、菲律宾等国家和中国香港、中国台湾地区的各种展览中均有作品参展。据不完全统计，在国外各级展览中获金、银、铜、一、二、三等奖和优秀奖的作品有近百件。在《人民日报》《中国青年报》《北京日报》《民族团结》《人民画报》《版画世界》《中国美术》《北京晚报》《内蒙古日报（蒙汉版）》《通辽日报》《人民教育》《半月谈》《中国技艺》《华北民兵》《美术教育》《中学生》《少年文艺》《大众美术》《内蒙古教育》《花蕾》《娜荷芽》《美术家通讯》《美术大观》等报纸杂志上都有关于扎鲁特版画的报道。内蒙古电视台的新闻、文艺等栏目都以专题形式报道过扎鲁特旗版画及草原版画家照日格图同志的事迹。新华社、中央电视台、中央人民广播电台等 20 余家宣传媒体对扎鲁特旗版画进行了报道。

2002 年 5 月 28 日，扎鲁特旗文联成立了美术家协会，这标志着扎鲁特旗美术事业揭开了崭新的一页，标志着扎鲁特旗美术事业在不断地朝着更高的层次迈进。扎鲁特旗版画是科尔沁文化艺术中一朵艳丽的奇葩，于 2009 年列入内蒙古自治区级非物质文化遗产项目；2016 年扎鲁特蒙古族第一中学被评为通辽市非物质文化遗产项目哲里木版画保护单位。

场所聚焦一：扎鲁特旗蒙古族第一中学

20 世纪 50 年代初，中国新兴版画的种子播撒到扎鲁特，经过 60 多年的耕耘扎鲁特版画取得了引人注目的成绩。

　　1955 年，扎鲁特旗鲁北镇一中的美术教师莫日根老师开始尝试现代版画创作；1981 年扎鲁特蒙古族第一中学建校之初，照日格图与师范毕业生布日固德两位美术老师组建了蒙中美术"第二课堂"；1982 年在北京北海公园画舫斋主办的扎鲁特旗办画展，展出师生作品 100 幅，受到首都各界新闻媒体和观众的一致好评；1983 年扎鲁特旗蒙古族第一中学培养的哈森其木格、黄金玲等五名学生分别考入内蒙古师范大学等美术院校，照日格图老师开始组织并成立版画研究会，发动会员和学生创作了一大批版画作品；1984 年，在内蒙古美术馆展出扎鲁特旗版画 130 幅，《内蒙古日报》蒙汉文双版进行了报道，后来内蒙古人民出版社发行了《扎鲁特版画》；80 年代初到 90 年代为了壮大蒙一中师资力量，照日格图老师从科左中旗和科左后旗把有多年教学和创作经验的美术老师杰仁台和佟金峰调入蒙中任教，为蒙中美术的传承和发展灌输了新生力量（见图 68）。

组一　　　　　　　　　　　组二

组三　　　　　　　　　　　组四

图68　组一 内蒙古师范大学纳日松指导扎旗蒙一中学生进行版画创作
　　　　组二 扎旗蒙一中美术教师杰仁台观赏学生创作的版画
　　　　组三 广军教授、乌日切夫教授、韩戴沁观赏学生现场创作版画
　　　　组四 广军教授、扎旗蒙一中美术教师佟金峰观赏学生创作草稿

80年代至今，扎鲁特蒙一中师生作品参加多次国内外大展并斩获多次大奖。1983年，哈森其木格的版画作品《在母亲身边》参加全国第八届版画展；乌日切夫的版画作品《苍狼白鹿》获中国美术"金彩奖"；照日格图老师的版画作品《女学生》《妯娌俩》分别参加全国美展；杰仁台老师的版画作品《白音忙哈》《雁来了》分别参加第九届全国版展和全国中小学师生美术摄影大赛并获一等奖；佟金峰老师的版画作品《欣欣向荣》《梦乡》分别获第五届民族百花奖、全国美术作品展览金奖和第三届民族百花奖铜奖；扎鲁特旗蒙一中师生有上千幅作品先后发表在《美术》《民族画报》等全国性报纸杂志上，并多次参加境外展出；1991年《扎鲁特版画》在中央电视台神州风采栏目中播出；1993年中央电视台民族之林栏目播出《草原版画家照日格图》；2000年学校师生展"步入新千年扎鲁特美术展"成功举办，王齐先生为美展题词：草原之鹰，展翅飞翔；2010年7月至今，学校教师内蒙古非物质文化遗产扎鲁特版画首席传承人佟金峰和版画家韩戴沁应邀在西安、呼和浩特、深圳、澳门等地区以及蒙古国乌兰巴托举办扎鲁特版画展。

扎鲁特旗蒙一中建校以来，已经向中央美术学院、鲁迅美术学院、内蒙古大学艺术学院、内蒙古师范大学美术系等多所高校输送近800名专业人才。

布日固德在英国深造现居加拿大，国际著名艺术家；内蒙古师范大学美术系第一个中央美术学院博士生色音乌力吉留校任教，现担任美术学院院长；乌日切夫考入中央美术学院版画专业博士，并任职于内蒙古师范大学雕塑艺术研究院副院长、副教授，多次在国内外举办展览。另外，图布其其格、朝鲁、乌日力嘎、李金凤、付光辉、萨仁图雅、巴雅力嘎等人在各地高等美术院校任教。还有多名学生于国内外各大城市从事美术工作，扎鲁特旗中小学美术教师90%都是扎鲁特旗蒙古族第一中学毕业。除此之外，还有从学校走出去在文化馆工作的著名版画家韩戴沁（见表11）。

表 11 扎鲁特蒙一中历任美术教师及学生在各大艺术院校工作一览表

时间	蒙一中美术教师	学生姓名	工作单位
1981 年 9 月至 1984 年 9 月	照日格图；布日固德；阿丽古娜	布日固德	在英国深造后定居加拿大，职业画家
		哈森其木格	内蒙古通辽市职业学院任教
		塞音乌力吉	中央美术学院博士生（内蒙古师范大学第一个博士生）
			现任内蒙古师范大学美术系院长
		乌日切夫	中央美术学院造型艺术研究所博士
			现任内蒙古师范大学雕塑系院长
		图布其其格	日本东京艺术大学美术学科博士
			内蒙古艺术学院版画系任教
		朝鲁	内蒙古师范大学美术系任教
1984 年 9 月至 1991 年 9 月	照日格图；杰仁台；达来；佟金峰；海记；王春花	乌日力嘎	内蒙古师范大学民族艺术学院任教
		额尔敦巴特尔	内蒙古师范大学鸿德学院艺术系任教
		萨仁图雅	内蒙古民族高等专科学校任教
		吴国荣	内蒙古师范大学民族艺术学院任教
		包志勇	内蒙古通辽市职业学院任教
1991 年 9 月至 2007 年 9 月	照日格图；杰仁台；佟金峰；海记；王春花；哈斯巴根；朱金林；高晓东	启明	内蒙古通辽市职业学院任教
		萨仁	赤峰学院美术系任教
		乌兰高娃	呼伦贝尔学院美术系任教
		陈文丽	内蒙古民族大学美术系教师
2007 年 9 月至 2018 年	佟金峰；海记；哈斯巴根	李金凤	内蒙古民族大学美术系教师
		付光辉	内蒙古民族大学美术系教师
		白雅力格	广西师范大学任教

注：图表来源于《版画摇篮》。

场所聚焦二：扎鲁特旗版画院

扎鲁特旗版画院，在 2017 年之前是以韩戴沁个人名义申请建立，当时就是韩戴沁的一个版画工作室（见图 69）。

2017 年 7 月扎鲁特旗政府决定以政府名义筹建新的扎鲁特旗版画院，安排白阿斯尔作为版画院的院长，版画院住址定在前扎鲁特旗旗政府宾馆，宾馆改建成大约 20 个版画工作室，供版画创作者创作和休息，版画院旁边的侧院改造成版画展览厅，定期举办相关的展览。同年 9 月，扎鲁特旗版画院正式成立，20 多位版画创作者签约入驻，包括通辽市的资深版画家乌恩琪、山

组一   组二

组三   组四

图69 组一 组二 韩戴沁个人工作室——扎鲁特旗版画院
组三 组四 扎鲁特旗版画院正楼和展厅

丹老师，版画创作需要的印刷设备、纸张、工具都由版画院办公室统一免费提供，为版画创作者们提供轻松优越的版画创作环境。版画院建立之初，院长白阿斯尔和笔者以及杰仁台老师的儿子一同去奈曼版画院学习取经，参观了奈曼版画院的建制、管理、工作室环境、创作设备等。

  版画院的建立，为扎鲁特旗的版画创作者们提供了优质的交流创作平台，打破了之前版画创作者们各种为艺单打独斗的局面，把他们团结起来，一起为扎鲁特旗版画的发展贡献力量。版画院建立后举办了宣传党的十九大精神主题画展、中美国际艺术联展、国际儿童画展等几场重要的展览。为了举办展览，版画创作者们在一起集体创作了四幅大型作品《看到金门山》《秋染特金罕》《盛夏旅游点》《新兴草原城》（见图70）。扎鲁特旗版画院在旗委旗政府的指导下，正发挥其文化部门职能，带领扎鲁特旗版画创作群体向前迈进，共同为扎鲁特旗版画的发展贡献力量。

组一

组二　　　　　　　　　　　组三

组四　　　　　　　　　　　组五

图70　组一 集体创作：佟金峰、舍其力格尔在为展览创作大型版画
　　　　组二 组三《看到金门山》《秋染特金罕》
　　　　组四 组五《盛夏旅游点》《新兴草原城》

（三）科尔沁区版画网络及其各关联点

接下来，我们把镜头聚焦到科尔沁区，对科尔沁区版画进行全面的考察。

科尔沁区位于整个通辽市的中心地带，是通辽市行政公署和通辽市人民政府所在地，全市政治、经济、文化和交通中心。

科尔沁区的版画艺术主要由通辽市美协、通辽市文联、通辽画院直接领导。

科尔沁区版画的创作群体有文联的工作人员、画院的版画家、高校的美术教师，中小学的美术教师，还有版画爱好者等。他们的创作比较分散，画院没有为版画家提供集中创作的基地，单个版画创作者基本上有自己的工作室；中小学以及高等院校都有版画基地及工作室。

科尔沁区组织的版画培训、展览等活动主要集中在通辽市画院、通辽市博物馆、通辽市科尔沁版画艺术中心、通辽二中、内蒙古民族大学、通辽市职业技术学院等。画院主要负责组织版画的培训活动；博物馆、科尔沁版画艺术中心负责展览活动；内蒙古民族大学美术学院和通辽市职业技术学院主要负责成人版画的教育和教学；通辽二中、通辽实验小学主要是少儿版画教育与教学（见图 71）。

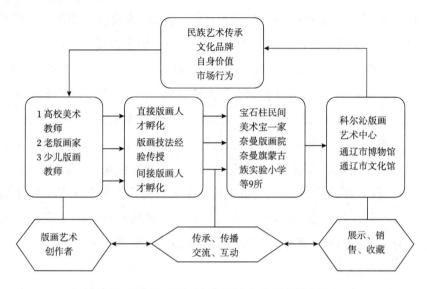

图 71　科尔沁"小社区"版画艺术生态系统示意

1996 年 11 月，通辽市获得中国文化部命名的"少儿版画之乡"。2018 年6 月，科尔沁区被评为 2018—2020 年度全区民间文化艺术（科尔沁区少儿版画）之乡。

场所聚焦一：哲里木盟师范学校❶

哲里木盟师范学校在哲里木版画历史上占有极其重要的地位，它在 20 世纪七八十年代培养了大批美术创作人才。他们成为哲里木版画创作队伍的主力军，为哲里木版画的辉煌在教育层面奠定了深厚的基础。

1951 年，哲盟师范学校建立，曾经是科尔沁草原上中小学教师的摇篮，获得"全国优秀师范学校"的殊荣。1959 年伊木舍楞调到哲盟师范学校任美术教师，充实了哲盟师范的美术教师队伍，后伊木舍楞被哲盟教育厅保送到

❶ 哲盟师范建校于 1951 年，曾经是科尔沁草原上中小学教师的摇篮，获得"全国优秀师范学校"的殊荣。在 1969—1979 年的 10 年时间里，随同哲里木盟归吉林省管辖。2000 年，与通辽教育学院合并，主要承担蒙汉授小学师资的培养、初中教师的继续教育及成人函授教育和各类培训业务。2004 年，与哲盟卫校、哲盟教育学院、内蒙古通辽电大分校合并组成通辽职业学院。学院以高职教育为主，涵盖中职教育，兼顾成人函授及电大教育功能，是目前通辽市唯一一所综合性高职院校（经内蒙古自治区人民政府内政字〔2004〕129 号文件批复成立，在国家教育部备案）。

中央美术学院版画系插班学习两年，1962 年，伊木舍楞毕业后重新回到哲盟师范任教，为提高哲盟师范的师资水平做出重要贡献。

1977 年以前，哲盟地区院校还没有美术专业，为培养美术教师，哲盟师范学校成立首个美术班，共 19 名学员，由苏和、伊木舍楞、山丹、郭建明任教，其中，教研室主任苏和，班主任山丹，教师伊木舍楞。1978 年和 1980 年又相继招收两届美术班，6 年间培养了造型基础较好、美术知识全面的年轻教师 91 人。这些人充实到哲里木盟版画创作队伍和后来的儿童版画教育中，对整个哲里木盟的美术事业繁荣发展起到了重要的作用。图门乌力吉、杨悦、李秋新、哈日巴拉、邵春光、王作才、王爱科、赵卫国、包丰华、邰永春、黄占元、刘瑞、张延、马成武、董建国、甲夫、德力格尔等十几人后来成为哲里木版画创作的主力。比如，王作才的作品《秋风》获 1992 年第十一届全国版画作品展览铜奖；邵春光的作品《乌珠穆沁的傍晚》获 1996 年第十三届全国版画作品展览金奖。

进入 2000 年，在国家教育体制改革的大背景下，哲盟师范学校和科尔沁区的其他学校开始合并，之前的普师班也就随之合并成为艺体系，主要承担蒙汉授小学师资的培养、初中教师的继续教育及成人函授教育和各类培训业务；后期二次合并主要以高职培训为主。直到 2006 年，山丹老师申请的内蒙古教育科研所立项项目"科尔沁版画创新与发展"，首次课题研讨会在通辽职业学院艺体系召开，哲盟师范在版画历史的作用才得以延续。

毫无疑问，哲盟师范学校为 20 世纪哲里木版画的辉煌贡献了重要的力量，而进入 21 世纪，它也在继续为科尔沁版画的传承和发展做出贡献。

场所聚焦二：内蒙古民族大学美术学院❶

如果说 20 世纪七八十年代，哲里木盟师范学校的几届美术班为哲里木盟

---

❶ 内蒙古民族大学美术学院前身为内蒙古民族大学艺术学院美术、艺术设计专业，成立于 2010 年，2000 年通辽地区三所高校合并后，改为内蒙古民族大学直属艺术系，2002 年底改制晋升为内蒙古民族大学艺术学院，2010 年改制晋升为美术学院。学院现有 2 个本科专业，美术学（师范类）、艺术设计（非师范类）。美术学始建于 1997 年，招收培养专科生，2000 年晋升本科。2003 年又建艺术设计专业（本科），美术学、艺术设计是内蒙古东部区设立艺术教育最早的本科专业。在 13 年的办学时间里，美术学院在改善办学条件、依托学校政策和支持促进师资队伍建设提高教学质量等方面取得了一定的成绩，现有教学逸夫楼使用面积 6508.5 平方米。多媒体教室、微机室、展览厅、天光画室、图书资料室等。美术学、艺术设计专业现有计算机 70 台，打印机、扫描仪、数码摄相机和照相机共 20 台，教学用品（静物、石膏像）等 974 件，铜版机、木版机、丝网印刷设备近 10 台，书画装裱机一台。现有的教学基础设施，为美术学院教学工作提供了较好的条件。

版画创作群体培养了大批主力军，那么，进入 21 世纪，通辽市内蒙古民族大学美术学院版画方向的设置，为科尔沁版画创作群体培养了大批的美术教育人才，尤其是在版画方面（见图 72）。

图72　内蒙古民族大学美术学院王永波教授办公室

内蒙古民族大学建校于 1958 年，2000 年由原内蒙古民族师范学院、内蒙古蒙医学院、哲里木畜牧学院合并组建而成。三校合并以后，美术创作、美术教育归为内蒙古民族大学直属艺术系，开始招收本科，当时在艺术系设立版画方向，培养版画创作人才。2002 年，艺术系改制晋升为艺术学院，2010年又改制晋升为内蒙古民族大学美术学院。时任美术学院副院长的王永波教授谈到，自 2009 年，版画教学中就聘请了通辽市五位资深版画家作为客座教授（萨因章、田宏图、乌恩琪、山丹、邵春光）指导学生的创作，美术学院自 2011 年开始，在版画课程方面也进行了改进，每学期的外出写生是必备课程。此外，开始在传统的版画教学中，加入版画创作理念和当代版画创作技法的课程，目标是让本院学生的版画学习更加多元，了解当代最为先进的丰富的版画信息，与时俱进与国际接轨。

除了在课程设置方面做出了改进以外，美术学院在学生的创作环境等也做了改进，学院购买最新的版画创作设备，木板机器、铜板机器、丝网印刷设备、书画装裱设备，加起来有十多台。学生们在美术学院的前两年，综合学习文化课程和国画、油画、水彩、版画、雕塑等各门艺术，到了大三、大四开始上手专业课程，选择版画专业方向的学生就主攻版画，学习版画方面的课程，创作技巧，大四的时候着手大学毕业展。美术学院每年大四的毕业生作品展都极为重视，都会留底备份，也是学院教师们和同学们的共同劳动成果。

王永波副院长说，通过这十几年的美术教学，他明显感觉到每一届学生都会有不同的特点，有自身的优势与短板。作为一名大学美术教师，他在大学的美术教学尤其是版画教学中不断地思考，一是思考怎样才能培养出合格的、出色的美术教师，为通辽市甚至是各旗县培养优秀的美术教师；二是思考如何传承和延续版画前辈们所创造的哲里木版画的辉煌，如何让"学院派"版画和传统的群体版画科尔沁版画完美地融合在一起，在版画创作方面培养出优秀的版画创作者，也为科尔沁版画的发展提供优势的版画人才。

经过十几年的不懈努力，内蒙古民族大学美术学院为整个通辽市培养了大批的美术教育人才，他们活跃在通辽市科尔沁区或是各个旗县的初高中，有的还继续从事版画的教学与创作，有的还考入内蒙古师范大学美术学院的研究生继续深造等。内蒙古民族大学美术学院在新世纪、新时代的当下，为科尔沁版画的传承与创新，为科尔沁版画创作人才的培养贡献重要力量。

场所聚焦三：通辽二中少儿版画培训基地

从 20 世纪 80 年代起，科尔沁区各个中小学逐渐开设版画课，掀起了前所未有的"版画热"。1996 年文化部将科尔沁区命名为全国第一个"少儿版画艺术之乡"。科尔沁少儿版画构思新颖、想象独特，小作者们以草原的自然风光为主线，刻画蓝天碧水，刻画远山旷野，刻画毡房牧场，刻画挤奶、出猎、套马、牧归，作品充满浓郁的生活气息和时代特色。版画这一独特的艺术形式，让孩子们有了施展才艺的空间，同时也传承了民族文化。

通辽二中位于广阔的科尔沁草原腹地，美丽的西辽河畔。始建于 1954年，是内蒙古自治区首批重点民族中学，1992 年被通辽市教育局正式确定为"通辽市窗口学校"。1997 年被评为"科尔沁区少儿版画基地"。自 2009 年新一届领导班子成立以来，学校重视学生素质教育的发展，充分利用"版画之乡"的优势，积极开展以版画为龙头的美术教育，成立少儿版画培训中心，全面提升学生素质和品位。60 年薪火传递，在这片蕴含着丰厚的文化积淀和充满盎然生机的沃土上，通辽二中以无畏的勇气开拓进取，以无限的忠诚执着追求，为社会培养了一批批品学兼备、素质优良的人才。

作为通辽二中少儿版画培训基地的主要负责人，周慧参与了少儿版画基地的组建，也见证了它的成长，见证了少儿版画培训基地为传承民族文化艺术所做的努力。

在通辽市各级政府部门的协调、扶持下，2015年6月，通辽二中建成了600余平方米的"科尔沁青少年版画基地"，并特邀鲁迅先生的学生，已98岁高龄的版画界泰斗王琦老先生为基地题字，邀请全国前少年版画协会会长李玉良先生书写前言，并收藏了已故艺术教育家、版画家、美术活动家李桦老先生的作品。青少年基地将优秀的学生版画获奖作品实时展示，培养学生的荣誉感，激发他们学习版画的兴趣。此外，学校还承办各级各类的参赛展、巡回展，既提升了科尔沁版画的知名度又扩大了辐射面，为科尔沁版画更深远的发展提供了广阔的空间（见表12）。

表12　科尔沁区通辽二中少儿版画传承民族文化所获奖项

学校层面	获得奖项类	2007年至今，我校连续10届获科尔沁少儿版画一等奖；
		2014年被通辽市科区政府评为"科尔沁版画教育基地"；
		2014年8月被"全国青少儿版画教育研究协会"授予"全国青少年版画教育活动基地"并授予全国青少儿版画"理事单位"称号；
		2015年10月通辽二中"科尔沁青少年版画基地"举办的重庆、厦门、广东、浙江、科尔沁、台湾等11地"全国少儿版画巡展"中被授予优秀集体奖；
		2015年在"科尔沁区首届少儿版画教师作品展"中荣获优秀集体奖；
		2016在"第十八届全国少儿版画精品展"中获优秀集体奖；
教师层面	论作专辑	版画编写校本教材《通辽二中版画校本课程》；
	论文发表类	近三年来，美术组老师在《中国少儿版画》等专业杂志发表若干学术论文；
	辅导学生类	周慧老师、崔艺凡老师先后在国内外学生辅导中荣获20余次"优秀辅导教师"称号；
	课堂教学类	先后在省市级教学比赛中有3人次获等级奖，周慧老师向全市骨干教师展示通辽二中版画校本课程；

教师层面	校内展出类	2015 年 8 月，通辽二中举行了隆重的"全国少儿版画教育基地作品巡展"，有来自全国各地的优秀少儿版画作品展出，人民日报、光明日报等多家新闻媒体报道；
		2015 年 11 月在各界领导的支持下，与科尔沁文化局合作在通辽二中"科尔沁青少年版画基地"举办"科尔沁首届教师作品展"，作品被版画基地收藏；
		2014 年 8 月在厦门青少年宫举行的"全国第三届少儿版画精品展"中荣获集体奖，9 位学生作品分别荣获一、二、三等奖，作品被厦门青少年宫收藏；
		2014 年 8 月在通辽博物馆举办的"东海——科尔沁少儿版画联展"中 5 位同学荣获了一、二、三等及优秀奖；
		2015 年 10 月通辽二中"科尔沁青少年版画基地"举办的重庆、厦门、广东、台湾、浙江、科尔沁等 11 地"全国少儿版画巡展"中学生作品荣获了一、二、三等奖，被"盘溪画院收藏"；
		2015 年在东海举办的"全国少儿版画双年展"3 位同学作品入选，并被"东海版画院"收藏；
		2016 年 8 月在扎旗举办的"第五届全国少儿版画精品展中"4 位学生作品入选展览，并获得一、三等奖；
		2016 年 9 月在大美中国国际青少年书画大赛中荣获 4 金 7 银的好成绩，作品被举办单位收藏；
		2016 年 12 月在广东东莞举办的"东南西北中全国五省市作品联展"有 2 位同学作品应邀参展；
		2016 年 12 月在重庆王琪美术馆举办的"中日少儿版画展"有 2 为学生作品入选，作品并被王琦美术馆收藏；
		2017 年 3 月在"科尔沁少儿版画节"中有 32 位学生作品入选，并有 18 位学生分别获得一、二、三等奖；
		2017 年 6 月二中学生作品代表科尔沁少儿版画到法国参展；
学生层面	比赛获奖类	近年来，共有 300 多名学生在国家级及省市级少儿版画比赛中获奖；
	大型活动类	2015 年二中版画——《舌尖上的内蒙古》在内蒙古卫视播出；
		2016 年，通辽二中少儿版画在科尔沁频道播出。

版画课程设置与教育方面，通辽二中版画课程突出课内打基础，课外求发展，旨在促进每一位学生的素质发展和生命品质的提升。在国家课程脚本

实施建设中，注重将版画课程置于整个《地区特色课程规划》（学校课程规划）的框架之中，基于每一位学生的发展，基于学校的办学传统和师资专长，在传承中发展，在发展中创新。七年级开设少儿版画启蒙课，八年级开设少儿版画综合实践课。在科尔沁青少年版画教育活动基地里，学校开设了木刻版画、纸版画、综合版画、石膏版画、拓色添彩版画、金刚砂版画、水印版画、吹塑纸版画、玻璃版画等十几个校级少儿版画兴趣小组，为有版画爱好和特长的学生提供进一步学习发展的平台。同时，美术教研组还编写了校本教材《科尔沁青少儿版画》，全部配备专业教师和专用教室，旨在培养学生的兴趣，开发学生的美术潜能，使每一位学生的美术素养都得到不同程度的提高，并大力弘扬地区文化。

版画教学师资力量方面，通辽二中不仅拥有校内优秀的专职优秀美术教师（2 人本科学历，1 人为博士学历，3 人均为市以上骨干教师），还特聘著名版画家山丹、乌恩琪老师专门进行版画的教学，常年聘请北京、深圳、黑龙江、重庆等地名师来校指导。除此之外，通辽二中还十分注重社会力量的加盟办学。

在少儿版画教育方面，近年来，中国版画艺委会主任、著名版画家、天津美院院长姜陆，中央美院副教授、研究生导师、著名版画家康剑飞等专家到学校参观指导，著名版画家、中国艺术研究院中国版画研究员、中国美术家协会会员、内蒙古美协副主席、通辽市美协主席邵春光，杰出的著名版画家、中国美协会员、中国版画家协会会员、中国美术教育研究会会员、通辽市美协副主席山丹，及其爱人著名版画家、中国美协会员、中国版画家协会会员、中国美术教育研究会会员、原通辽市美协主席乌恩琪等先后来学校传播版画文化，传授版画技能。在与版画大家们的学习、互动与交流中，让学生快速领略版画艺术的精髓，在艺术观念、艺术理念上对版画有一个更深的认识，从而提高学生的艺术认知审美水平，这对于民族文化艺术的传承意义重大。

五、艺术生态之二：多元互动与区域联合

哈里斯在《文化唯物主义》中提道：人类为了生存要利用一切可能的技术条件去适应特定的环境。技术生态原则坚持，在相似的环境中使用相似的

技术，会产生相似的劳动分工和分配形式，这些又会产生相似的社会群体，这些相似的群体会运用相似的价值和信仰体系来证明和协调自己的行为。❶

技术或者技艺的传承与发展，需要"人"这一实践主体来完成。若想全面了解一门技艺，首先要对掌握这一技艺的群体进行研究，技艺的群体来自哪里？技艺获得的源头来自哪里？技艺又是如何传承延续的？追溯技艺的源头，也成为笔者田野考察的重要环节。

那么，科尔沁版画的创作群体，他们的版画艺术技能是如何获得，又是如何传承延续的呢？

根据2017年笔者在通辽市及其各旗县对于科尔沁版画创作群体的实地考察，笔者认为，不管是20世纪逐步走向辉煌的哲里木版画，还是进入21世纪不断进行调适的科尔沁版画，版画群体的技艺来源主要有两条脉络：一条是民间派，拜师学徒形式；另一条是学院派，专业版画教学。

在历史透镜中我们提到，哲里木版画逐步走向辉煌，离不开版画群体的共同努力，这其中有以伊木舍楞、宝石柱、照日格图、莫日根为首的民间自学成才的版画家，还有以萨因章、张德恕、刘宝平等为首的版画专业科班出身的版画家。就是这支"土洋"结合的队伍，使得哲里木版画走上中国美术的最高殿堂，并创造了哲里木版画的辉煌。

那么，进入21世纪，在社会转型大时代背景下的科尔沁版画受到了极大的挑战，市场经济体制的逐步建立，与市场行为好像格格不入的版画艺术走进了死胡同。全国范围内的版画艺术都在进行不断调适，科尔沁版画也不例外，它在进入21世纪的这十几年里，不管是版画家、美协领导者，还是政府领导者都在积极调整文化策略，打造科尔沁版画这张文化品牌。在这十几年的共同努力中，以奈曼旗为首，版画创作基地在各旗县不断建立，科尔沁版画也呈现出全面复兴的新格局。

科尔沁版画全面复兴的新格局，具体到各旗县的版画群体，他们版画群体的技艺获得与传承延续各有什么样的特点？我们通过梳理奈曼旗、扎鲁特旗和科尔沁区的版画群体的技艺发展脉络，全面观察科尔沁版画于21世纪以来的发展变化。

---

❶ ［美］马文·哈里斯. 文化唯物主义 ［M］. 张海洋，王曼萍，译. 北京：华夏出版社，1989：67.

（一）奈曼旗版画创作群体人员结构分析

在前面我们提到，横向比较通辽市各个旗县版画的发展，奈曼旗版画群体的数量可谓最多，也最具有代表性。接下来，我们就通过对奈曼旗版画群体年龄阶段、人员来源及数量、学历及专业方向等几个方面的考察，探究他们的技艺来源以及传承方式。

根据笔者2017年的田野考察，奈曼旗的版画创作者从奈曼版画基地这15期的培训班来看，绝大部分来源于全旗中小学的美术教师队伍。其中第13期奈曼旗为迎接内蒙古自治区成立70周年大型主题版画创作活动培训班，版画创作者的数量达到90人。通过对这90人的取样分析，我们就可以大致了解奈曼版画群体的创作队伍人员结构分布情况（见图73）。

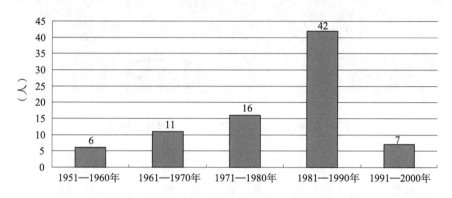

图73　奈曼旗全旗版画创作群体人员构成分布示意

注：分析对象共计82人。男33人；女57人。

奈曼旗版画创作群体队伍的基数庞大，老中青三代梯队明显。其中1971—1980年有16人，占18%；1980—1990年有42人，占46%，两者比重占到创作队伍总数的65%，说明奈曼版画创作队伍中，年轻有活力并且能担未来版画重任的人才储备充足。

目前，奈曼旗版画创作群体中，能够独自完成版画整个创作过程，并且创作水平比较高的还是集中在老一辈版画家中，像乌兰巴拉老师，他虽然不是美术专业科班出身，但是他很早就跟随萨因章那一代老版画家学习版画知识；王作才老师画版画画了30多年，他们经过了时间的历练与实践积累，已经形成了自己的版画语言和版画创作风格。而年轻一代的版画创作者基本上是大学刚刚毕业，即使是在学校学习版画，大部分也是专业理论的学习，而实实在在的版画创作实践较少（见图74）。

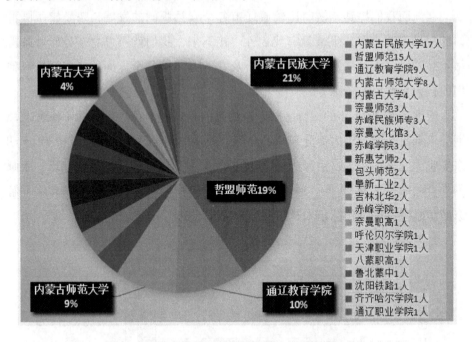

内蒙古大学 4%

内蒙古民族大学 21%

哲盟师范19%

内蒙古师范大学 9%

通辽教育学院 10%

■ 内蒙古民族大学17人
■ 哲盟师范15人
■ 通辽教育学院9人
■ 内蒙古师范大学8人
■ 内蒙古大学4人
■ 奈曼师范3人
■ 赤峰民族师专3人
■ 奈曼文化馆3人
■ 赤峰学院3人
■ 新惠艺师2人
■ 包头师范2人
■ 阜新工业2人
■ 吉林北华2人
■ 赤峰学院1人
■ 奈曼职高1人
■ 呼伦贝尔学院1人
■ 天津职业学院1人
■ 八蒙职高1人
■ 鲁北蒙中1人
■ 沈阳铁路1人
■ 齐齐哈尔学院1人
■ 通辽职业学院1人

图74 奈曼旗全旗版画创作群体人员构成分布示意

根据版画创作人员毕业的高校及数量分布统计图，我们可以了解到，奈曼旗版画创作人员毕业的高校主要来源于通辽市，其中通辽市科尔沁区内蒙古民族大学有 17 人，占 21%；通辽市哲里木盟师范学校有 15 人，占 19%；通辽教育学院有 9 人，占 10%，三者相加占整个版画创作队伍的 50%，已经是一半的创作者了。这说明，通辽市高校为整个通辽市及其各旗县的版画人才队伍贡献着巨大的力量。而内蒙古自治区其他两所高校，也为通辽版画人才提供了重要支持，他们都位于省会城市呼和浩特，分别列第四和第五，其中内蒙古师范大学有 8 人，占 9%；内蒙古大学有 4 人，占 4%。这还说明，科尔沁版画的创作群体他们大部分还是活跃在内蒙古自治区，他们的民族属性以及地域属性决定他们的美术创作，尤其是版画艺术创作的选择性。

从学历以及所学的专业方向来看，奈曼版画创作者队伍的学历层次普遍较高。其中美术专业的硕士有 4 人；本科美术专业 38 人，其他专业 10 人；大专美术专业 20 人，其他专业 3 人；中专美术专业 5 人，其他专业 2 人（见图75）。在这 90 人的版画创作队伍中，美术专业毕业的有 67 人，占总人数的

75%。这说明，在奈曼旗版画创作队伍中，经过学校美术专业学习的创作者占据大多数，他们在版画创作中的构图能力、造型能力、色彩运用能力有一定的基础，较之其他人员比如工人、农民、牧民、版画爱好者等有着绝对的优势。

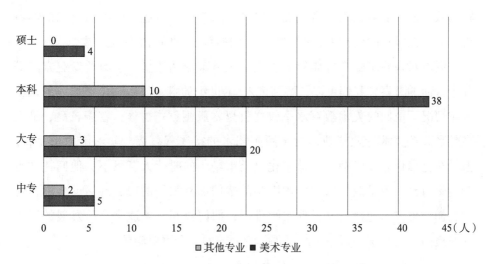

图 75　奈曼旗全旗版画创作群体人员构成分布示意

经过美术专业训练的学员在上手版画比较快，比如，学水彩的齐达拉图老师和王铁柱老师，他们大学学习的是水彩专业，水彩画画了很长时间，并且水平非常高，具有极强的造型能力和色彩运用能力。他们来版画培训学习创作版画，就非常容易上手，因为在版画草稿的绘画中，构图、造型、色彩，基本功都非常扎实，他们只需要锻炼的便是版画语言的寻找。因为版画语言对于每一位版画创作者而言都极为重要，每一位版画创作者，都是要经过长时间版画知识的学习和不断的训练积累，才有可能形成自己的版画语言和版画艺术风格。

与 20 世纪的哲里木版画不同，科尔沁绝大部分的版画创作群体都毕业于高校的美术专业，在版画创作上，"学院派"的意味更浓，他们的版画创作可能缺少了哲里木版画前辈们的那种浓厚的民族生活，但是他们在版画创作思想、创作理念上与全国顶尖的版画界相靠拢。即使是民间版画家，也在不断地找寻突破，突破自己的艺术创作理念，像乌拉巴拉老师，接近 70 岁的高龄，还在版画创作上不断追求创新，追求改变，通过与版画名家们的交流与学习，在版画人物造型上做出新的尝试；王作才老师画了30多年的版画，已经形成了自己的版画语言、版画风格，但是他也在不断地追求更高的艺术水准，在与著名版画家们的学习与交流后，版画的创作也是更加细致；王爱科老师，在十几年的版画创作中，不断找寻自己的版画语言，在以农民画为主题的版画创作上有独到心得，现在也在追求改变，通过与版画名家们的学习与交流，在版画的创作中，更加注重构图的精细与场面的宏达叙事。

通过对奈曼旗版画群体年龄阶段、人员来源及数量、学历及专业方向等几个方面的考察，我们可以了解到进入21世纪的科尔沁版画创作群体的人员分布情况。他们的美术教育水平较之哲里木版画创作群体，普遍较高，绝大多数是高校美术专业毕业，对于版画艺术的接受程度高、学习能力上手快。但是在全球化、互联网化、信息化以及市场化的时代大背景下，他们往往也会迷失自己，由于缺少像哲里木版画前辈们那种浓厚的民族地区的生活，他们的创作也在当地性与世界性之间徘徊，如何找到一条适合自己发展的版画创作道路，也是摆在每一位版画创作者面前的一个重要问题。

（二）奈曼旗版画群体技艺传承的方式

根据2017年在奈曼旗版画基地的田野考察，笔者将奈曼版画群体的传承脉络归结为两种途径六条线（见图76）。

两种途径，即民间自学途径和高校学院派途径。

六条线，即非遗传承宝石柱——乌兰巴拉；

文化馆自学安广有；

版画培训班自学高鹏；

哲盟师范学校伊木舍楞、山丹——王作才、王爱科、陈立；

内蒙古师范大学美术学院苏和、张存刚；

内蒙古民族大学美术学院王永波。

民间自学途径有三条线。

第一条线：非物质文化遗产传承人宝石柱——乌兰巴拉——宝连胜、宝香玲、王秀春、赵玲玲。

宝石柱长期收集民间图案，博采众长、勤于探索、勇于创新，他绘制留下的民间图案是蒙古族宝贵文化遗产，也是全人类的宝贵文化遗产。

在他70岁时，凭着创作的记忆，把蒙古族民间图案素材整理出来。他青

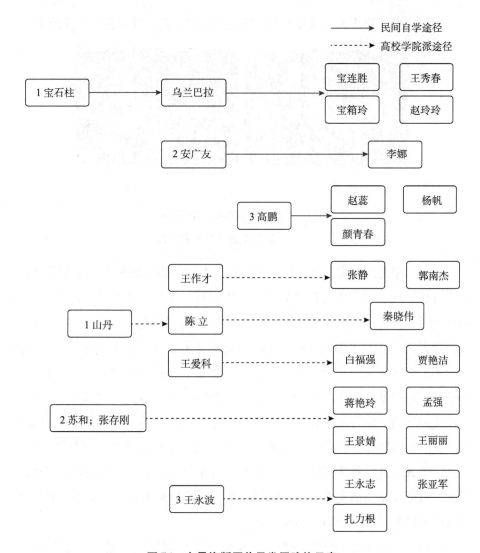

图 76 奈曼旗版画传承发展脉络示意

少年时代就在藏传佛教寺庙中度过，他知道云朵的节奏，流水的曲线，花儿的绽放，色彩的过渡；他熟谙腾龙的姿态，舞狮的狂放，八宝的造型，奔马的嘶鸣。

宝石柱将传统蒙古族图案融合在自己的创作之中，始终是在传统文化的基础上，吸收、融合、再创造，久而久之就形成当地民间所喜闻乐见的文化艺术。如回纹、各种云纹、万字形图案，各种盘长和交叉图案、卷草纹、犄纹等。

宝石柱最大的艺术贡献在于蒙古族民间图案工艺设计和创新（见图77）。

组一　　　　　　　　　　　　组二

图77　组一 庙宇壁画八宝图之一
组二 庙宇壁画八宝图之二

传统的蒙古族图案工艺就是一切器物造型和一切器物装饰的平面设计图。但宝石柱不拘泥于传统的蒙古族工艺图案设计，他以现实生活为基础，善于观察生活，但又不照搬生活，巧妙运用美好的幻想和艺术夸张，但又极具现实生活意义。他大胆创新，成功地将传统图案的实用性上升到艺术性，并赋予新的美感和意义，从而体现出了吉祥、富贵、典雅的艺术境界。他作画自制毛笔、自研颜色，作品内容丰富，色彩艳丽，对比强烈而又典雅。他把中原汉族和藏族、蒙古族的纹样成功地结合在一起，达到了和谐统一的画面布局，令人赞叹和心悦诚服。几十年的艺术实践，使他的技艺熟能生巧，巧中生辉，炉火纯青，终于积淀成了一幅幅精美的图画作品。他绘制的寺庙装饰图案，富丽堂皇、情趣横生，色彩鲜明强烈，线条流畅自如，设色优美细腻，具有浓重的蒙古族特色而又别具一格。

1989年，也就在他去世的当年，他荣获"中国民间工艺美术家"称号。2008年宝石柱民间美术获得内蒙古自治区非物质文化遗产。2015年宝石柱的儿子乌兰巴拉成为通辽市及内蒙古自治区非物质文化遗产名录传承人。

乌兰巴拉从他从事版画创作20余年，继承了父亲宝石柱的创作工艺和手法，注重将现实与传统相结合，创作的题材多来源于内蒙古人民的生活，汲取了民间美术的精华，又以极具现代性的元素用活了寺庙美术艺术，其创作的剪纸、雕塑、版画等精品频出。其中，雕塑的佛像达428尊，绘制的壁画达3000多幅，创作展出的版画80多幅。作品在市级、省级国家级展出、发表并获奖。其中作品《吉祥》入选第二十二届全国版展。

宝连胜和宝香玲是奈曼旗中小学的美术教师，也都担任少儿版画的指导教师。他们自小也受到父亲乌兰巴拉老师的影响，在版画创作上也遵循蒙古族佛教元素的创作风格，不管是人物造型、版面构图还是色彩的搭配运用，都在继承他们父亲的创作手法和理念。他们两个现在都是内蒙古美术家协会会员，其中宝香玲的版画作品《云》入选第二十二届全国版展（见图78）。

组一　　　　　　　　　　　　　　　组二

组三　　　　　　　　　　　　　　　组四

图78　组一 第二十二届全国版展乌兰巴拉、宝香玲、王秀春师徒合影

组二 王秀春和乌兰巴拉在奈曼版画院他们的工作室一起创作

组三 组四 王秀春、乌兰巴拉在奈曼版版画院印画室印画

王秀春和赵玲玲都是乌兰巴拉老师入驻奈曼版画院后收的两个徒弟。王秀春之前是奈曼旗针织厂的工人，后来到奈曼版画院做保洁工，在版画院耳濡目染下喜欢上了版画，后拜乌兰巴拉为师父，当其助手，从版画的草稿、构图、刻板、调色、印刷一步一步学习，现在也已经成为内蒙古自治区美术家协会会员。赵玲玲是美术专业毕业，但是接触版画还是跟乌兰巴拉老师学习以后，她比王秀春在构图造型能力上要强，毕竟经过正规的美术科班学习，但是由于实践经验较少，并且对于版画色彩的调配还是新手，还需要进一步多加实践。她的作品在人物形象、画面主辅结构及二维平面设计上传承了乌拉巴拉老师。

第二条线：文化馆自学成才安广有——李娜。

安广有老师自幼喜欢画画，喜欢美术，也正是因为画画画得好，才因缘巧合被当时文化馆的馆长发掘，直接调到文化馆的美术组工作，和乌兰巴拉老师成为同事。当时文化馆美术组的职能，一是培训乡下来的学员们的美术画画，或是下乡给乡亲们培训画画；二是响应哲里木盟文化局下达的美术工作任务。所以，安广有老师和乌兰巴拉老师在没有接触到版画之前都是在美术馆从事美术教育和美术培训工作。直到当时的哲里木盟美协主席萨因章主导的哲里木盟第一期版画培训班，安广友和乌兰巴拉便开始从事版画的创作，同时在文化馆美术组也进行版画的培训。而在市场经济的浪潮下，安广有、乌兰巴拉选择"下海"。据安广有老师说，那个年代他和乌兰巴拉做了大量的墙绘，但没赚到什么钱都吃喝了。进入 21 世纪，尤其是在奈曼旗李玉山书记的带领下，安广有积极参与奈曼版画院的建立，同时担任每一期版画培训班的指导老师，给学员们教授版画技法，讲授自己的版画创作经验。李娜是2015 年招入版画院的，她学习设计，之前也没有接触过版画，后来拜安广有老师为师父，跟安老师学习基本的版画创作。李娜在版画创作中注重蒙古族服饰等元素，将设计专业与蒙古族服饰元素相结合，找到自己的版画创作语言，形成自己的风格。

第三条线：版画培训班自学成才高鹏——赵蕊、颜青春、杨帆。

安广有老师和乌兰巴拉老师接触版画，从事版画创作，直到现在取得不小的成就，成为奈曼版画的元老，担任奈曼旗版画创作队伍的指导老师，都因 20 世纪萨因章、刘宝平等老一辈版画家、版画领导者组织的版画培训班。也正是版画培训班的举办、宣传和推广，哲里木盟及其各旗县才形成了庞大的版画创作队伍。在这浓厚的版画艺术创作氛围中，哲里木版画经过几代人的不懈努力，才最终登上了中国美术的最高殿堂。

版画培训班的形式，成为哲里木版画传承和延续的重要途径。

同样受版画培训班的影响，喜欢上版画而从事版画艺术创作的还有奈曼三中的地理老师高鹏。高鹏老师说，他自小喜爱美术，工作后分配到奈曼三中当地理老师，但是一直喜欢美术的心未变，在学校也带过美术的课。他说他第一次接触版画还是在山丹老师主持的关于版画的项目"科尔沁版画的传承与发展"，当时奈曼旗全旗县在文化馆召开座谈会，他也参加了。山丹老师呼吁大家多进行版画艺术的创作，奈曼旗旗委旗政府也大力支持，那个时候，高鹏老师受到了极大的鼓舞。2009 年奈曼版画院举办首次培训班，通辽市的美协主席邵春光和资深版画家田宏图前来授课，高鹏老师全程都参加了（见图79）。自此，走上了版画创作的道路。奈曼版画院以后的每一期培训他都参加，2013年，奈曼版画院投产入驻，他便签约入驻有了自己的版画创作工作室。最近几年也是在不断地学习版画知识，外地的著名版画家们前来指导，他也积极主动地学习，平时也非常努力刻画不断实践。由于自身不是版画专业科班出身，自己在学习的过程中遇到了很多困难，所以，他对初学的学员都会主动地指导，回答他们提出的关于版画创作的任何问题。

组一 组二

图79 组一 奈曼版画院第一期培训班全体学员合影 2009 年
组二 奈曼版画院第十五期培训班开班仪式 2018 年

赵蕊、颜青春、杨帆都拜高鹏老师为师，平时的版画创作，从草稿、构图、刻板、印制，他们都积极与高鹏老师沟通，他们有时候也在一起进行创作，由于印画的时候也比较累，他们在印画室也是相互帮忙，对于印制中出现的问题随时指出，修改，直至完善。

经过这几年的刻苦努力，积极实践，高鹏创作了大量的版画作品，也获得了不少奖项。他的版画作品《赛罕塔拉风情之正步走》和他学生赵蕊的版画作品《梦·春风》都入选第二十二届全国版展。

高校学院派途径也有三条线。

第一条线：哲里木盟师范学校伊木舍楞、山丹——王作才、王爱科、陈立。

哲里木盟师范学校在哲里木版画历史上占有极其重要的作用，它培养的大批美术创作人才都成为哲里木版画创作队伍的主力。

1977年以前，哲盟地区院校还没有美术专业，为培养美术教师，哲盟师范学校成立首个美术班，由苏和、伊木舍楞、山丹、郭建明任教。1978 年和1980 年又相继招收两届美术班，6 年间培养了造型基础较好、美术知识全面的年轻教师 91 人。图门乌力吉、杨悦、李秋新、哈日巴拉、邵春光、王作才、王爱科、赵卫国、包丰华、邰永春、黄占元、刘瑞、张延、马成武、董建国、甲夫、德力格尔等十几人后来成为哲里木版画创作的主力。

奈曼版画的两位"元老"——王爱科和王作才都是哲里木盟师范学校毕业，王爱科比王作才高一级。陈立老师也是哲盟师范毕业，但是他要晚他们两个好几级。这三位老师现在在奈曼版画都有着极高的地位。

王作才老师，从小就喜欢唐诗宋词，酷爱读书。他画画从临摹连环画开始，后来接触素描和写生，以优异成绩考入哲盟师范学校，后进修于内蒙古师范大学。他毕业后分配到奈曼一中当美术老师，主要带高考艺术生，教学生高考的素描、速写、色彩等。2007 年，他成立了自己的大漠蒙古风版画工作室。上班的时候教学生，平时下了班就待在自己的工作室专心画画，没想到这一画就是 30 多年。王老师说他工作也已经有 30 多个年头，教过的学生有 1000 余人，考上美术院校的达 300 多人，考上研究生的就有 30 多个。奈曼版画院的办公室主任兼版画家蒋艳玲就是他高中带过的学生；奈曼旗教体局的王景婧，现在入驻奈曼版画院，也是他高中带过的学生，包括奈曼版画院院长秦晓伟和副院长张静，都是他高中带过的美术生。这一点非常重要，王作才老师对奈曼旗版画或是整个哲里木版画的贡献也就在于此，他培养了这些学生的美术基础，同时让他们很早就了解到版画这门艺术，这对他们在大学美术学院选择版画，然后回到家乡从事版画创作有着重要的贡献。还有，在奈曼版画院的每一期培训班，他也会给学员们教授版画的技法以及版画创作经验。

王爱科老师自小受其父亲和兄长王爱国的影响，酷爱美术。他以优异的成绩考入哲盟师范学校美术班。毕业后分配到奈曼小学，后调入奈曼四中，直至今年退休。他和王作才老师一样，同样是美术教师的工作，上课教学生素描、速写和色彩，平时有时间就创作些版画。王爱科老师擅长农民画，在版画创作专业方面有着自己独到的见解，他在奈曼版画院也带徒弟，版画院厨师白福强就跟王爱科老师学习，但是白师傅毕竟是没有专业的版画知识，跟随王爱科老师主要是学习色彩和刻印，白师傅学习能力强，再加上王爱科老师细心的指导，白师傅已经有三幅作品入选内蒙古自治区的展览，证书一到便可成为内蒙古自治区美术家协会会员，这对于他们都是不小的鼓励。王爱科老师除了带白师傅外，也曾指导过赵玲玲，不过后来赵玲玲又跟乌兰巴拉老师学习佛教元素版画。除此之外，作为奈曼版画四大"元老"之一，每一期的培训班，王爱科老师都会授课或担任组长带学员（见图80）。

图80 王爱科、陈立、乌兰巴拉老师在奈曼版画院印画室

陈立老师同样是奈曼小学的美术教师，不过在20世纪90年代，市场经济大潮的带动下，他南下海南，在海南的一所民办中学担任美术教师，期间从事书法、剪纸等美术活动。2009年应李玉山书记和王书博局长邀请，回到奈曼旗开始从事版画艺术的创作。所以，就技艺传承来讲，陈立老师的版画技能传承了哲盟师范学校所学的剪纸，他把剪纸的元素运用到版画创作中，所以，他的版画装饰性特别强。在平时大家创作或是印制版画的时候，他也会指导新的学员，为他们提供自己的版画创作经验。

第二条线：内蒙古师范大学美术学院苏和、张存刚——蒋艳玲、王景婧、王丽丽、孟强。

如果说哲盟师范学校为哲里木版画的发展培养了版画人才生力军，那么，进入新世纪呼和浩特市的内蒙古师范大学美术学院和通辽市的内蒙古民族大学美术学院为科尔沁版画的发展培养了大批的人才。

奈曼版画院的蒋艳玲、王景婧、王丽丽、孟强等都是版画专业科班出身，都毕业于内蒙古师范大学美术学院版画系。蒋艳玲是土生土长的奈曼人，高中跟王作才老师学习美术素描、速写，但当时只是见到王老师创作版画，而自己没有实践过，大学选择专业国画、油画、水彩画和版画时，她就选择了版画，跟随苏和老师学习，后工作考取到奈曼版画院，现为版画院的办公室主任，在为版画家们服务的同时，自己也从事版画艺术创作。

王景婧初中在奈曼四中跟随王爱科老师学习美术，高中在奈曼一中跟随王作才老师学习美术，那时候虽没有亲自创作过版画，但是耳濡目染，受王爱科老师和王作才老师创作版画的影响，后考入内蒙古师范大学美术学院，在选择专业的时候就选择了版画。后来奈曼版画院投入使用时，便签约入驻有了自己的版画创作工作室。

王丽丽和孟强都是版画系研究生。王丽丽和蒋艳玲和王景婧一样，都是奈曼人，初中高中都是在奈曼上的，大学选择专业也是受到王爱科和王作才老师的影响，选择版画作为自己的专业，后也签约入驻奈曼版画院。孟强是张存刚老师的研究生，他是科左后旗人，是作为美术人才引进到奈曼版画院的，他的本职工作是奈曼五中的美术教师，平时上课带学生美术课程，下了课在版画院自己的工作室进行创作，暑假寒假版画院的两期版画培训班也都参加。

第三条线：内蒙古民族大学美术学院王永波——王永志、扎力根、张亚军。

哲里木盟师范学校在世纪之初就和通辽市教育学院几个学校合并组成了通辽市职业技术学院，在版画教学方面也就相应减弱。进入21世纪，为了传承和延续哲里木版画的辉煌，内蒙古民族大学美术学院专门开设版画专业课程，培养版画艺术人才。

奈曼版画院签约版画创作者王永志、扎力根、张亚军正是内蒙古民族大学美术学院毕业，王永志和扎力根是版画系，张亚军是水彩画系，他们的老师都是现在美术学院的副院长王永波教授。王永志和扎力根现在也都是奈曼旗初中的美术教师，工作上班都是给学生们教授美术课程，平时一有时间就会到版画院的工作室进行版画创作（他们也都签约入驻奈曼版画院，在版画院有自己单独的工作室）。他们在奈曼版画队伍里也算是主力军，版画院的活动也都积极参加，每一期的版画培训班也是主动报名参加。张亚军本是学习水彩画，后来也入驻奈曼版画院，开始从事版画艺术的创作。他毕竟有深厚的美术功底，草稿、构图、造型、色彩水平很高，就是在版画语言方面要寻找突破口。

蒋艳玲、王景婧、王丽丽、孟强、张静、王永志、扎力根等，他们加入为奈曼版画创作群体注入了新鲜的血液。由于他们是版画专业科班出身，所以画院对他们也非常重视，也是作为版画队伍的生力军来培养。版画院有什么外出学习的名额，基本上给他们，让他们代表版画院出去学习新的版画知识、开阔眼界提高技能，为版画院未来的发展以及哲里木版画辉煌的传承和延续，培养新一代的版画人才而作准备。

（三）科尔沁版画的多元互动与区域联合

艺术及其行为，绝不是孤立存在的，它总是镶嵌在社会整体网络中的一个环节。

在西方人类学中，同为功能主义者的马林诺夫斯基与拉德克里夫·布朗，对于社会功能的定义有着不同的见解。与马林诺夫斯基运用"个案研究"表明社会结构是由人类的实际活动建构而成的看法不同，布朗更倾向于从完整的社会体系的具体结构中去解释人类的习俗。

当然，美国芝加哥人类学家林顿更是清晰地阐述了这一点。他认为，如果根据社会互动的权利与责任采取行动，并被待以特定的方式，他就获得了地位。如果他的表现和人们对他的地位的期望相一致，他们就扮演了相关的（Associated）角色。❶

由此，功能主义者将社会结构设想为一个由互相联系的角色连接而成的地位网络。即某一地位是一种社会关系互动模式中的一个位置；某一角色包括了与地位相关的各种行为模式。那么，个体的人可以拥有几种地位，这取决于他所参与的是何种互动模式，以及在互动模式中所充当的角色。这一个个的生命个体共同组成了群体，而社会群体超越个体生命并使得社会结构得以稳固与再生。❷

对于奈曼旗版画创作群体的考察，资料和数据仅仅是标准之一，如果想

---

❶ ［英］罗伯特·莱顿. 他者的眼光——人类学理论入门 ［M］. 蒙养山人，译. 北京：华夏出版社，2005：33.

❷ ［英］罗伯特·莱顿. 他者的眼光——人类学理论入门 ［M］. 蒙养山人，译. 北京：华夏出版社，2005：33.

进一步了解版画群体现代性的发展模式，还是要具体到通辽市及其各个旗县的版画创作骨干群体，通过考察他们的具体创作活动、行为活动，考察他们在版画活动中的互动与融合，从而切中科尔沁版画发展的脉络。

通过实际的田野考察，笔者把通辽市科尔沁版画群体活动的互动过程归结为四种模式和两条线索。

四种互动模式，即区域内的互动；区域间的互动；全国范围的互动；国际范围的互动。

两条线索，即作为版画艺术实践群体的"人"的双向流动和作为版画艺术本体作品的"物"的流动。

区域内和区域间的互动，是指通辽市科尔沁区及其各旗县"本社区"范围内和"社区"与"社区"间群体的互动。全国范围的互动与国际范围的互动，是指科尔沁版画群体创作者在全国范围甚至世界范围观摩学习、集体创作、游学参班、举办展览等活动。

就科尔沁区来讲，资深版画家乌恩琪老师、山丹老师经常去通辽二中科尔沁区少儿版画培训基地授课，与基地负责人周慧老师也经常交流版画的创作，交流"少儿版画"的教学与发展；同时，两位老师作为内蒙古民族大学美术学院的客座教授，他们每个学期也会到美术学院讲授版画创作的课程知识，与美术学院的副院长王永波以及版画教研室主任金宝军共同探讨当代版画的创作，探讨"学院派"版画与"地方群体"版画的关系，探讨大学版画知识的传授与 20 世纪哲里木盟版画的传承或者是进入新世纪以来科尔沁版画的发展等问题。

关于"少儿版画"，通辽二中的科尔沁区少儿版画培训基地负责人周慧，也经常跟科尔沁区其他中小学的美术教师经常交流，也为每一年在通辽市博物馆举办少儿版画艺术节。除了区域内的互动交流，区域与区域间也会有互动与交流。山丹、乌恩琪老师不仅入驻了奈曼版画院，和奈曼版画群体经常在一起进行版画艺术创作，而且他们也入驻了扎鲁特旗版画院，跟扎鲁特旗的版画创作者们一起交流创作。如果各个旗县有着重要的版画展览活动，乌恩琪、山丹老师也大都到场支持。如果各个旗县有比较大型的版画培训，像奈曼版画院办的培训班、扎鲁特旗的版画培训班、科左中旗的版画培训班，山丹、乌恩琪老师也都会作为指导教师前去指导学员们的创作（见图 81）。

图81　山丹、乌恩琪在通辽二中少儿版画培训基地

除了在通辽市及其各个旗县，科尔沁版画创作者还经常出去进修，像早期的伊木舍楞老师、山丹老师、乌恩琪老师、王永波老师去中央美术学院进修；周慧去深圳观澜版画基地进修，跟随黑龙江版画院院长于承佑老师学习。同时，中央美术学院等高校的著名教授们也会来到科尔沁区，对科尔沁区的版画创作群体进行互动交流。山丹、乌恩琪老师入驻深圳观澜版画基地，和全国知名版画家们以及国际知名版画家们一起交流创作，并且把版画创作的最新知识、最新信息都与家乡科尔沁版画创作群体们及时分享，把深圳观澜版画基地的经验带回到家乡奈曼、扎鲁特旗等。最后，科尔沁版画群体一直和国外保持着联系，中日版画交流、中俄版画交流、中蒙版画交流，这种国际交流，同样对科尔沁版画的发展有着重要的意义。

就扎鲁特旗来说，在照日格图、莫日根老一辈版画家的深刻影响下，杰仁台、韩戴沁、佟金峰、照那木拉可以说是当今扎鲁特旗版画的主力，他们各自都有自己的工作室。去年扎鲁特旗版画院成立，他们也都入驻版画院，之间的交流也就更加频繁。佟金峰是扎鲁特旗蒙一中的美术教师，也是扎鲁特旗版画非物质文化遗产的传承人；韩戴沁与照那木拉也是非遗传承人，他们经常参加扎鲁特旗举办的关于版画的活动。

吉日木图、金山、舍其力格尔也入驻版画院，他们属于扎鲁特旗版画群体年轻的一代。吉日木图、金山同样都是中小学的美术教师，他们也是扎旗少儿版画的指导教师，平时也经常举办关于少儿版画教学的交流活动。当有重要版画活动的时候，他们也会去到其他各个旗县去参加，比如奈曼版画院举办大型培训班，韩戴沁、佟金峰、照那木拉等都去参加培训学习；乌日切夫老师主持的中国文联重大项目"重塑哲里木版画辉煌"的培训班在奈曼版画院开班时，吉日木图、舍其力格尔、金山等都去参加学习（见图82）。扎鲁特旗版画很早就走出了国门，20世纪90年代，韩戴沁就在蒙古国乌兰巴托举办个人展览；进入21世纪，扎鲁特旗版画作为整体也远到俄罗斯、蒙古国、荷兰、日本等国举办群体展览。这种国际交流互动，对于扎鲁特旗版画的现代发展有着重要的意义。

组一   组二

图82 组一 乌日切夫教授荣归母校（扎鲁特蒙一中）捐赠画作仪式
组二 重塑哲里木版画辉煌研讨会在扎鲁特蒙一中

就奈曼旗来讲，奈曼旗的版画群体的集体活动主要集中在奈曼版画院，奈曼版画院每年举办的两期全旗美术教师版画培训班，集合了全旗的美术教师，大家在每年的暑假寒假都能集合在一起共同学习版画创作知识，相互学习、相互交流，创作形式以小组为单位，组长负责制，这样的互动不仅快速地带动起全旗的版画创作队伍，而且在不断的交流与实践中，每个人的版画创作水平都在不断地提高，在创作思路和创作理念上也在不断地进步。

在每一期的版画创作中间阶段，涉及版画审稿，乌兰巴拉、王爱科、王作才和安广有便会组成"审稿组"，对每一个版画学员的初稿进行审核，并提出修改意见，这对于版画创作者也是一种鞭策与激励。在每一年的年底，版画院还会定期举办版画学员们创作的作品展。

此外，如果版画创作者在全国、国际，或是自治区重要展览入围或者获奖，都会有资助奖励金。奈曼版画院正是通过搭建创作平台、举办版画培训班、实行组长授课负责制、审稿组审核修改制、年末定期展览、获奖奖金制，设立专门的版画作品销售基地（一方面是展示版画创作者的作品，一方面专门负责销售版画院创作者的版画作品），这一套完善的版画艺术产业孵化机制，引领着奈曼旗版画向前发展。

奈曼版画院的建立，正可谓"栽了梧桐树、引来金凤凰"，资深版画家山丹、乌恩琪老师入驻版画院，而版画院每一期的培训班都会请到全国各地的著名版画家前来授课，这种互动与交流，对于奈曼旗版画创作队伍整体水平的提升有着重要意义。同时，奈曼版画院版画创作群体的作品也在全国展览，甚至到世界很多国家，这对于中国民族文化的发扬有着重要的作用。经过八九年的努力，奈曼旗在2018年6月终于荣获通辽市2018—2020年度全区民间文化艺术奈曼版画之乡。

（四）科尔沁版画艺术生态体系的建立

科尔沁版画已经成为通辽市的文化品牌，也是内蒙古自治区的文化品牌，是我国版画界独有的蒙古特色版画，有着鲜明的民族特色和地方特色。

近些年，在市委宣传部、市文化局、市文联以及各旗县旗委旗政府的重视下，在老一辈版画家的辛勤努力下，奈曼版画基地、扎鲁特旗版画院、科左中旗版画协会等正在积极培养新一代的版画创作者，广大版画创作者通力合作、相互学习、互相切磋，为振兴科尔沁版画投入了极大的热情。通辽市及其各个旗县版画艺术的传承与发展也在有序进行，老中青三代版画家共同努力，用版画艺术语言表现草原民族文化（见图83）。

科尔沁版画更多地走出了国门与海外，到蒙古国、俄罗斯、韩国、日本、意大利等国举办展览；版画创作群体中十几位创作者都出版了个人版画集；版画创作群体中已经有中国美术家学会会员30多人，这在全国地级城市中非常少见。一个地方的文化能够有民族特色，并跻身全国美术创作的优秀行列、得到专家和公众认可并成为当地的文化品牌，不是一朝一夕所能成就的，科尔沁版画所取得的成就，也正是60多年来科尔沁草原上百余名版画创作者共同奋斗努力的结果，科尔沁版画正在走向下一个辉煌。

六、总 结

在当下这个时间点，我们来探讨科尔沁版画的现代性发展，探讨它发生和成长的外围因素，有哪些条件促使它发展、壮大，又有哪些因素给它的发

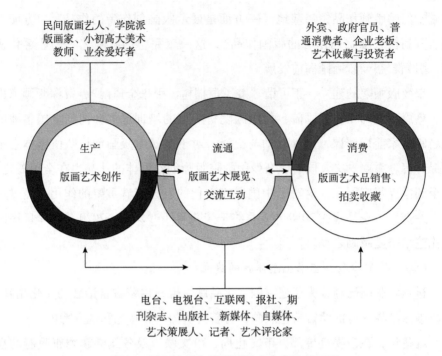

图83 通辽市科尔沁版画艺术生态体系示意

展带来挑战和机遇；探讨它的发展和当地的历史背景、人文环境有着什么样的关系；和国家政策、当地经济的发展及政府的主导又有着怎样的关系；它以地方群体的姿态或是形态出现，这跟地方群体和高校培养的美术人才有何关联。论证总结这些条件对科尔沁版画的现代性发展起到的重要作用。我们要去伪存真，去粗取精，要从众多的因素和条件中，抽出最核心的几个问题来加以论述。

第一，科尔沁悠久的历史文化，为科尔沁版画的产生提供了诸多元素。

少数民族的历史和汉族一样，它们共同产生，相互影响。科尔沁地区有蒙古族马背民族、汉族，有草原文化、红山文化，这种多民族、多文化交融的地区，便是产生科尔沁版画的基础。比如，几百年前的岩画、壁画，藏传佛教，喇嘛教、萨满教、寺院建筑、蒙古族图案、雕刻、草原三色红白蓝、成吉思汗远征、那达慕、摔跤射箭博克赛马手、好来宝、乌力格尔、民间剪纸、古代版画等，虽然那一时期的文化艺术跟 20 世纪的哲里木版画或是我们现在的科尔沁版画这种艺术形式没有直接的关系，但是这种文化艺术的基因为科尔沁版画这一艺术形式提供了不可获取的艺术创作元素。它们虽然艺术形式不一样，但是它们所要表达的艺术审美、内核和情感与现代版画并无二致，甚至可以说是一脉相承，对美的精神追求不因时代而改变，贯穿整个科尔沁地区的历史。我们纵观科尔沁版画发展的这 60 多年，通过和科尔沁版画创作群体几代人的深入交流，从他们的版画艺术活动中，从他们的版画艺术作品中，能够看出这种联系，也能够感受到科尔沁地区的地域特征和历史文化。这种地域特征与历史文化正是为科尔沁版画创作群体的创作提供了诸多元素，使得科尔沁地区的历史文化艺术基因在新世纪、新时代得以传承延续与再生长。

第二，当地的民族性格和政府的主导，与科尔沁版画的发展紧密相关。

纵观科尔沁版画这 60 多年的历史，我们发现当地政府的主抓和主导对其发展有着极为重要的作用。当地政府主抓和主导一种文化艺术形式会考量多重因素，当地的草原文化、当地的民族构成、当地的艺术群体构成等，这些因素反映在版画上，版画艺术的那种大气、明快、简洁、粗狂、刚强、雄健；那种力量感、美感；那种强悍的"刀味"，正好符合当地少数民族尤其是蒙古族的文化条件和性格特征（版画与国画、油画不同，国画讲究写生，南方一般有很多画派，他们对于笔墨的运用，技艺与境界极高，这与南方的山水环境相关。较之南方，北方的这种环境，相对而言，在历史上就缺少国画方面的大家。由此可见，每一种艺术形式的显现，都会有相应的一种民族性格作为支撑）。而科尔沁地区的版画家们、版画创作群体本身也会意识到这一特点，他们在 20 世纪通过实实在在的版画作品已经证明，他们缔造了哲里木版画的辉煌历史。也正是因为这一辉煌历史，进入 21 世纪，在国家"非遗""文化产业"大发展的背景下，不管是通辽市政府还是各旗县政府都在将版画作为文化品牌在抓。版画也陆续被纳入到"非遗"程序的轨道中，版画非遗传承人、版画非遗传承学校、版画之乡、少儿版画之乡等也都在"非遗"的保存名录中。各旗县版画创作基地、版画院、美术馆纷纷建立，版画培训班的开设、版画交流活动的组织、展览、展出，版画作为文化产业的培育等活动开展得有声有色。通辽市各级政府一方面为科尔沁版画文化品牌的打造创造了得天独厚的条件；另一方面为科尔沁版画创作群体提供了无比优越的创作环境。进入新世纪，政府主导下的科尔沁版画正在迈向另一个辉煌。

第三，通辽市的民族美术教育，为科尔沁版画群体的壮大提供了重要条件。

在内蒙古整个地区的所有高校，版画专业相对于其他画种比较强势（在全国八大美院，版画专业和其他画种占劣势，数量少，毕业后从事版画创作的极少）。我们追溯到 20 世纪哲里木版画诞生之初，以伊木舍楞为首的版画创作群体，他们的本职工作其实大都是美术教师，同时他们又都是版画家。那么，学生在耳濡目染中接触到了版画，甚至学习了版画，创作了版画，这对于哲里木版画队伍的形成极为重要。哲里木盟师范学校在伊木老师和山丹老师的授课下，培养了大批的版画创作者，并且这一批版画创作者成为 20 世纪八九十年代的主力军，他们分布在内蒙古甚至是全国各个高校，就算是留在通辽本市的版画创作者，而今在科尔沁版画创作群体中也已经是"元老级"。鲁北蒙中（现在的扎鲁特旗蒙古族第一中学）在照日格图等老一辈的版画美术教师的带领下，培养了大批的版画创作人才，直至现在，扎鲁特旗蒙一中还在设置"版画第二课堂"，还在培养高中孩子们的版画课程（即使版画课程的学习在高考中并不加分），为的也是民族文化艺术的传承。内蒙古民族大学美术学院每年都会培养一批版画专业毕业的大学本科生、研究生，他们大部分都回到各旗县自己的家乡，充实到美术教师的队伍中，同时也充实到版画创作队伍中。除了高中和大学，通辽市科及其各个旗县的少儿版画也在如火如荼地进行中。以通辽二中为代表的科尔沁区少儿版画、以奈曼旗蒙古族实验小学为代表的奈曼旗少儿版画、以扎鲁特旗实验四小为代表的扎鲁特旗少儿版画，都在为民族艺术的传承与延续培养新生代的力量。正是由于通辽市强大的民族美术教育基础，科尔沁版画才能实现群体艺术的发展。

第四，市场经济主导下的多元文化，对科尔沁版画的发展既是挑战又是机遇。

改革开放以来，尤其是进入 21 世纪，全球化、互联网化、信息化、城市化进程全面加快，市场经济体制更加成熟，知识更迭更加迅速，东西方文化的碰撞也更为激烈。在这样以市场为主导的多元文化时代背景下，中国的各行各业包括美术界都意识到自身需要与时俱进，需要实现更深层次的发展，版画艺术也是一样。自 20 世纪 30 年代由鲁迅倡导的中国新兴木刻开始，到改革开放再到新世纪之初，著名版画评论家齐凤阁老先生指出了当代中国版画发生的三种语境转换；《美术》杂志的主编尚辉先生也提到跨越新世纪当下中国版画所面临的问题；版画艺术评论家龙圣明直言不讳，指出新世纪中国版画脱离最具群众广泛性的广袤地盘，已经萎缩到只在高等美术院校课堂和铁杆版画家画室相对狭窄的圈子里的真实情况和现实问题。

在新世纪的当口，科尔沁版画同样遇到这样的问题，自 20 世纪 90 年代初开始，科尔沁版画创作群体的数量骤减，版画创作者已经少得可怜，这种情况不仅发生的科尔沁区，通辽市各个旗县同样存在。王爱科老师回忆道，20 世纪 90 年代末，有一次乌恩琪、邵春光、山丹去各旗县参观考察，发现没有几个人搞版画创作。当时邵春光就大声疾呼：大家为什么不创作版画，难道哲里木版画的辉煌到咱们这就断了吗？

很显然，一门艺术的生长发展离不开孕育它滋养它的外部环境，如果外部环境发生了改变，那么对于这门艺术而言，会是极大的挑战。我们打开哲里木版画走向辉煌的那段历史，不难发现，当时是计划经济时代，政府对于文化单位有着资金经费的大力支持，这给予文联、美协、文化馆办版画培训班、组织展览等版画活动以足够大的空间，同时给予版画创作者们创作活动提供免费的设备设施优越环境。在这样宽松的环境中，再加上版画创作者们的辛勤劳作和不懈努力，推动哲里木版画最终走向中国美术的最高殿堂，也创造了属于哲里木版画的辉煌。20 世纪 80 年代，中国改革开放的大门刚刚打开，市场经济时代也在开启，到了 1992 年社会主义市场经济体制建立，标志着在国家经济政策层面所做出的调整，而就是这一国家经济政策的调整，全国各地政府部门开始做出积极改制，一方面鼓励人口流动带动市场经济；一方面鼓励企业自主经营自负盈亏政府拨款尤其是对于文化口的拨款相对较少。由此，计划经济的时代已经过去，取而代之的便是市场经济。外围环境的变化直接导致科尔沁版画创作群体的骤减和萎缩。工资减少人口流动下海创业带走了一批版画创作者；政府没有拨款文联美协文化馆举办不了版画培训班，也不可能再为版画创作者个人提供免费的机器设备和纸张颜料；版画作品根本没有市场，除了比较出名的版画家零星的卖几张作品外，版画作品的功能也只能是作为政府宣传的工具；再加上创作版画非常辛苦也耗体力，当时一台机器几千几万元，能买起设备的寥寥无几，没有创作设备，何谈创作？由此可见，当时科尔沁版画创作群体的骤减是政治、经济、文化、社会等多重因素作用的结果。

机遇与挑战并存。进入 21 世纪，通辽市新的美协领导班子没有坐以待毙，而是积极主动地从自身做出不断调适。没有经费，美协主席乌恩琪自拿经费购买印刷设备、纸张、颜料，举办培训班；没有场地，山丹、乌恩琪把自己的家收拾出来，召集仅有的版画创作者来家里开会、辅导、创作；没有市场，乌恩琪、山丹积极在全国组织科尔沁版画群体的展览，并且和美术馆、画廊谈合作、跑市场；没有足够的版画创作者，他们多次去到各旗县宣传、鼓励更多的美术教师加入到版画创作队伍当中来；政府不够重视，他们申请科尔沁版画方面的课题，然后再去到各旗县文化馆开研讨会，探讨科尔沁版画的传承与发展；没有交流与互动怕创作者闭门造车，他们积极与外界联系，邀请全国知名的版画界大家来通辽市授课。他们不断地做出调适，不断地去适应不断变化的外部环境，不断地让自己成长，推动着科尔沁版画不断向前发展。

经过十几年大家的共同努力，科尔沁版画的发展呈现出新的风貌，通辽市各个旗县纷纷建立版画创作基地，有的建立了美术馆，还设置了版画作品销售部，同时版画创作队伍也在逐渐庞大，每个旗县都在实现版画自身的更新、调适，积极开办班版画培训班、邀请版画大家前来授课、辅导，举办各种版画展览，宣传版画艺术，把版画作为政府的文化形象工程，并且纳入到政府"文化产业"的发展规划之中。

第五，知识经济信息获取的便捷性，对科尔沁版画创作群体起到双重作用。

互联网信息时代，知识经济的更迭更为迅速，同时对于知识的获取也更为便捷。20 世纪七八十年代的哲里木版画创作群体更多的是表现本民族、本地区的真实生活，凭借浓郁的风土民情作为版画创作的"特质"在全国版画界占据一席之地，进入 21 世纪，科尔沁版画的创作群体不能只停留在"民族性"上，他们要考虑版画创作的"与时俱进"，考虑新的版画艺术"生存之道"。在新世纪的这十几年，科尔沁版画群体的创作内容、创作观念、创作思路、创作风格甚至是创作的形式都呈现了诸多新的面貌。

知识获取的便捷性，一方面，为版画艺术家们提供了新的版画学习渠道。之前版画创作者只能通过前辈老师的讲解，购买仅有的版画书籍，或者偶尔听一听全国某个版画大家的授课；现在情况发生了翻天覆地的变化，大家通过互联网，通过手机移动设备，可以随时随地收集到任何一位国内外版画大家的创作、教学、展览信息等，大家学习版画知识、接触版画信息的速度大大加快。另一方面，知识的快速获取也带给版画创作者"迷茫"：一是知识大量的涌现，各种版画艺术形式、艺术观点、艺术观念的出现，反而使版画创作者更加迷茫，他们好像一下子找不到了"方向"。二是版画创作水平反而停滞不前，还像 20 世纪哲里木版画的"老一套"。就全国范围而言，群体版画的一个重要的局限就是"单一化""同质化"问题严重，毕竟大家生活在同一个区域，有着共同的生活，这反映在版画艺术创作中，肯定会出现类似情况，然而"群体版画"也正是因为他们的"群体性"而存在，"群体共性"就是他们最为重要的特点。但"群体共性"并不等同于"单一性"，它对每一位版画创作者的要求其实更高，即如何在群体中彰显自己的风格与特色，而这种"艺术个性"又与群体风格保持一致。

因此，"群体共性"与"艺术个性"是摆在版画艺术家尤其是"群体版画"创作者面前的关键问题。如何更好地解决这个问题，通过实际的田野考察和访谈，笔者归结为"动静结合"两步走。动，即版画创作者与国内外优秀版画家、艺术家们多方面、多层次的交流与互动，这是第一步；静，版画创作者静下心来，多学习版画知识，多思考、多实践，在自己的潜心创作中提高自己版画作品的质量，这是第二步。

不管是 20 世纪的哲里木版画，还是进入新世纪的科尔沁版画，他们与全国版画界最高端的资源、版画界的大艺术家们都有着密切的联系。李桦、古元、宋源文、广军、张桂林等老一辈资深版画家，还是现在版画界的主力军苏新平、乌日切夫、布日固德、张敏杰、于承佑等都经常到科尔沁这片草原来指导、授课，并且对科尔沁版画有着很高的赞誉。广军先生多次到奈曼旗版画基地授课，他所讲解的并非是版画技法，而是版画创作的理念问题，版画的构图、造型、色彩、黑白灰的处理，版画创作元素的提取，版画情感的表达等。乌日切夫教授对于版画艺术创作的理解也是观念问题，对于自己形成的创作风格或是作品要不断地颠覆、重构，或是毁坏、再重构，然后不断走向艺术巅峰。布日固德讲到版画艺术形式多样性的问题，讲到油画、书法对于版画艺术创作的问题。张敏杰教授更是剖析了自己一路走来所汲取的版画之外的不同画种艺术形式的特点，包括西方的壁画、油画、中国的古代版画等。他们不仅仅是授课，还现场对每一位版画创作者的作品进行点评，指出优点和缺点，并且提出作品修改的中肯意见以及今后发展的方向。这种互动与交流都是美术最高学府也就是"学院派"所教授的课程，这对奈曼旗的版画创作群体来说无疑是很好的学习机会，这种艺术观念的改变是最难的，但是这样的"种子""基因"必须种下，假以时日总会生根、发芽。

通过这种学习交流与互动，奈曼版画院的版画创作者们打开了眼界，开阔了视野，他们都在积极地做出改变，突破自己，提高自己。其实，版画大家们这一优质的高端资源带给科尔沁版画的不仅仅是这一堂课，更重要的是科尔沁版画与他们建立的这种联系，再加上现在互联网信息时代，互动与交流极为方便，版画大家们会把所有的全国版画甚至是世界性的版画的参展活动、展览活动等信息传达给科尔沁版画的创作群体们，让他们更多地走出科尔沁地区，走到全国各个地方、走向世界。科尔沁区、奈曼旗、扎鲁特旗整个科尔沁版画去到世界十几个国家展出交流，不管是版画创作者个人作为代表的外出委派学习，还是版画创作者以群体的姿态外出展览交流，这种多方面、多层次的交流与互动，无疑开阔了版画创作者们的眼界，让他们看到了全国性甚至是世界性的优秀版画家们的创作，同时也意识到自身版画创作的局限以及今后创作的方向和思路，从而避免版画作品"同质化""单一化"的问题。

第六，传统民族文化艺术不同的传承与发展模式。

在当下，探讨传统民族文化艺术的传承发展与再创造问题，具体到科尔沁版画及其实践群体，虽然这只是一个地方性的艺术，但却是形成了一个由环境生态、群体互动、经济往来、民族认同共同组成的一个社会结构的整体生态。而生活在这里的版画艺术实践者们，他们的集体生活与集体无意识与集体活动，他们所发生的审美观念、价值观念、创作观念等的变化，正是社会结构整体形态的表征。由此，科尔沁大草原传统民族文化景观的变化，无不反映着它的历史变迁轨迹和这种民族文化传承、重构与再造背后的种种动力，而由版画艺术而带来的民族认同感、民族凝聚力，以及所带来的文化产业经济的发展、社会政治的稳定，却是长远长久的。

笔者正是从国际、国家；地方、区域；时间、空间；市场、政府等多个维度进行系统分析，认为在传统民族文化艺术的现代传承和发展中，传承者并非只是拥有国家"传承人"头衔的"艺人个体"，它还包括与之相关的"艺人群体"和一切"实践群体"，传统民族文化的传承和发展是多种因素综合的结果，所以其传承和发展可以有多种模式，并且不同文化艺术类型拥有不同的传承模式。

就艺术创作本身而言，民间群体艺人不能固步自封，也不要妄自菲薄，要增强"文化自信"，要与时俱进，要多学习"学院派"版画的艺术思想、艺术观念，与国内、国际优秀的艺术家互动、交流、学习，打开艺术思考的思维模式，注重民族传统文化，重新思考学习传统优秀的艺术门类，同时在继承传统中不断创新，创造出"思想精深、艺术精湛、制作精良"的艺术作品，唯有不断创新，才能保持艺术的持续向前发展。"学院派"版画创作者，应利用好学校的平台和资源，在艺术理念和艺术形式上有所引领，与国际接轨并且勤于钻研、敢于创造，发挥本专业应有之能力，在艺术创作实践中不断学习新的技法、新的思路、新的观念，创作出"高、精、尖"的艺术作品，同时，"学院派"版画创作者也是属于"群体艺人"的一部分，在本地区的群体版画中占有重要地位，而"民族性"与"地域性"是其绕不开的话题，这是"本"，也正是他们安身立命之关键，即使是在国际上饶有名气的版画家们，在他们的艺术作品总能够看到本民族的元素，能够看到传承之中的创新。

就艺术外围条件而言，版画院、版画基地、美术馆、文化馆要承担起文化艺术职能部门之职责，为文化艺术、版画艺术、美术的发展提供可持续发展的条件，努力打造文化艺术良性发展的外部条件，做好宣传工作，多组织相关的艺术培训、交流、展览活动，根据当地的文化传统特色合理配置资源，为每一门艺术的发展量身制订发展策略、搭建良性发展的资源平台。学校民族文化传承方面，地方各个小、初、高注重美术尤其是少儿版画艺术的培养，学校美术教师、版画指导教师担负起少儿版画的重要责任，在孩子艺术观念、艺术思维的培养上多下功夫，或是开启孩子的艺术创作天性，为后期版画创作人才储备力量。高校美术学院的教师责任更为重大，在大学阶段，不仅仅要提高学生的艺术创作技能，更要培养学生的艺术创作观念和思想，让他们在以后的美术工作中发挥其艺术才能。中国美协及版画艺委会，要发挥其领导职能，要站在一定的高度去指引各地美协的活动展开，多组织、多宣传、多督促，多举办相关的美术活动，为艺术创作者提供更多的参与活动、参与展览的机会。随着移动互联网、手机 4G 移动客户端、微信平台的兴起，经纪人、经纪平台、经纪公司和经纪机构也在相应出现，他们在艺术作品的"出口"端要做到精准定位，遵守艺术行业的市场规范。各大媒体，包括电视媒体、电台媒体、纸质媒体、自媒体、微媒体要做好宣传、报道工作，根据艺术本真的特质去讲述艺术发生的故事，为地方艺术创作者提供好的宣传渠道，为地方文化传播发展，为国家"文化重塑"的发展策略贡献应有力量。各级政府和相关的部门应根据不同类型的文化艺术，采取不同的文化传承的策略，具体问题具体分析，为文化艺术的传承发展创造良好的环境和氛围。同时，地方政府在市场经济主导下，在"文化产业"领域积极发挥政府协调、统筹服务职能，为文化艺术体系的建立和完善打造优质的服务平台。

总之，每一种文化艺术的现代性的发展，必须是多方资源、多种因素的共生共力，必须不断寻求和建立新的传承与发展的运行机制，不断调适与优化，从而达到文化生态系统的总体平衡与良性发展。

参考文献

中文专著：

[1] 王伯敏. 中国版画史 [M]. 上海：上海人民美术出版社，1961.

[2] 哲里木盟版画创作组. 哲里木盟版画选 [M]. 长春：吉林人民出版社，1972.

[3] 哲里木盟版画创作组. 哲里木画选 [M]. 呼和浩特：内蒙古人民出版社，1985.

[4] 陈光林. 蒙古族文化研究 [M]. 呼和浩特：内蒙古人民出版社，1985.

[5] 吴文藻. 吴文藻人类学社会学研究文集 [M]. 北京：民族出版社，1990.

[6] 陈兆复. 中国古代少数民族美术 [M]. 北京：人民美术出版社，1991.

[7] 王岳川. 后现代主义文化研究 [M]. 北京：北京大学出版社，1992.

[8] 齐凤阁. 中国新兴版画发展史 [M]. 长春：吉林美术出版社，1994.

[9] 德力格尔. 哲里木史话 [M]. 呼和浩特：远方出版社，1995.

[10] 方李莉. 新工艺文化论：人类造物观的大趋势 [M]. 北京：清华大学出版社，1995.

[11] 李亦园. 人类的视野 [M]. 上海：上海文艺出版社，1996.

[12] 李允经. 中国现代版画史 [M]. 山西：山西人民出版社，1996.

[13] 范梦. 中国现代版画史 [M]. 北京：中国青年出版社，1997.

[14] 李平凡. 版画 60 年回忆录版画沧桑 [M]. 北京：北京出版社，1997.

[15] 林耀华. 民族学通论 [M]. 北京：中央民族大学出版社，1997.

[16] 阿木尔巴图. 蒙古族美术研究 [M]. 沈阳：辽宁美术出版社，1997.

[17] 鄂苏日台. 蒙古族美术史 [M]. 呼和浩特：内蒙古文化出版社，1997.

[18] 张岱年，汤一介. 文化的冲突与融合 [M]. 北京：北京大学出版社，1997.

[19] 色音. 蒙古游牧社会的变迁 [M]. 呼和浩特：内蒙古人民出版社，1998.

[20] 段炼. 世纪末的艺术反思 [M]. 上海：上海文艺出版社，1998.

[21] 高丙中. 居住在文化空间里 [M]. 广东：中山大学出版社，1999.

[22] 庄孔韶. 银翅：中国的地方社会与文化变迁 [M]. 北京：生活·读书·新知三联书店，2000.

[23] 张奠宇. 西方版画史 [M]. 杭州：中国美术学院出版社，2000.

[24] 纳日碧力戈. 现代背景下的族群建构 [M]. 云南：云南教育出版社，2000.

[25] 项飚. 跨越边界的社区：北京"浙江村"的生活史 [M]. 北京：生活·读书·新知三联书店，2000.

[26] 王伯敏. 中国版画通史 [M]. 石家庄：河北美术出版社，2002.

[27] 中共通辽市科尔沁区委地方志编纂委员会 编制；通辽市志 [M]. 北京：北京方志出版社，2002.

[28] 色音. 居延故地——黑河流域的人文生态 [M]. 成都：四川人民出版社，2003.

[29] 乌恩琪，山丹. 科尔沁版画 [M]. 呼和浩特：内蒙古人民出版社，2003.

[30] 周宪. 激进美学的锋芒 [M]. 北京：中国人民大学出版社，2003.

[31] 黄树民. 林村的故事 [M]. 北京：生活·读书·新知三联书店，2003.

[32] 额尔德木图，包满都拉. 科尔沁民俗 [M]. 呼和浩特：内蒙古人民出版社，2003.

[33] 黑崎彰，张珂，杜松儒. 世界版画史 [M]. 北京：人民美术出版社，2004.

[34] 潘耀昌. 中国近现代美术史 [M]. 上海：百家出版社，2004.

[35] 黄淑娉，龚佩华. 文化人类学理论方法研究 [M]. 广东：广东高等教育出版社，2004.

[36] 费孝通. 论文化与文化自觉 [M]. 北京：群言出版社，2005.

[37] 张旭东. 全球化时代的文化认同 [M]. 北京：北京大学出版社，2005.

[38] 刘小玄，朱彧. 中国版画艺术源流 [M]. 湖南：湖南美术出版社，2006.

[39] 费孝通. 乡土中国 [M]. 上海：上海人民出版社，2007.

[40] 宋生贵. 传承与超越——当代民族艺术之路 [M]. 北京：人民出版社，2007.

[41] 王玉辉，张鸣. 绝版套色木刻 [M]. 昆明：云南大学出版社，2007.

[42] 李仲. 现代版画艺术教程——木版画 [M]. 重庆：西南师范大学出版社，2007.

［43］方李莉. 遗产：实践与经验［M］. 昆明：云南教育出版社，2008.

［44］于洪. 凝聚与争执：从版、画、人的角度论版画创作［M］. 杭州：中国美术学院出版社，2008.

［45］翟明安. 当代中国文化人类学［M］. 昆明：云南人民出版社，2008.

［46］孔国桥. "在场"的印刷——历史视域下的版画与艺术［M］. 杭州：中国美术学院出版社，2008.

［47］薛毅. 西方都市文化研究读本（四卷）［M］. 桂林：广西师范大学出版社，2008.

［48］周晓红. 人类学跨文化比较研究与方法［M］. 昆明：云南大学出版社，2009.

［49］邓振铎. 中国古代刻画史略［M］. 上海：上海书店出版社，2010.

［50］齐凤阁. 中国现代版画史（1931—1991）［M］. 广州：岭南美术出版社，2010.

［51］费孝通 著，方李莉 编. 全球化与文化自觉——费孝通晚年文选［M］. 北京：外语教学与研究出版社，2013.

［52］方李莉，李修建. 艺术人类学［M］. 北京：生活·读书·新知三联书店，2013.

［53］杨勇. 版画的嬗变与跨界实践［M］. 北京：中国文联出版社，2015.

［54］郭味蕖. 中国版画史略［M］. 上海：上海书画出版社，2016.

［55］李延辉. 奈曼旗文化志［M］. 北京：中央民族大学出版社，2017.

外文专著：

［1］［日］秋山光和. 日本绘画史［M］. 常任侠，译. 北京：人民美术出版社，1978.

［2］［美］丹尼尔·贝尔. 后工业社会的来临——对社会预测的一项探索［M］. 高铦，王宏周，魏章玲，译. 上海：商务印书馆，1984.

［3］［英］马林诺夫斯基. 文化论［M］. 费孝通，译. 北京：中国民间文艺出版社，1987.

［4］［美］R. E. 帕克，E. N. 伯吉斯，R. D. 麦肯齐. 城市社会学——芝加哥学派城市研究文集［M］. 宋俊岭，吴建华，王登斌，译. 北京：华夏出版社，1987.

［5］［美］R. M. 基辛. 文化·社会·个人［M］. 甘华鸣，陈芳，甘黎明，译. 沈阳：辽宁人民出版社，1988.

［6］［美］怀特. 文化科学——人和文明的研究［M］. 曹锦清，等，译. 杭州：浙江人民出版社，1988.

［7］［美］F. 普洛格，D. G. 贝茨. 文化演进与人类行为［M］. 吴爱明，邓勇，译. 沈阳：辽宁人民出版社，1988.

［8］［美］克莱德·M. 伍兹. 文化变迁［M］. 施维达，胡华生，译. 昆明：云南教育出

版社，1989.

[9] [美] 朱利安·史徒华. 文化变迁的理论 [M]. 张恭启，译. 台北：台湾远流出版事业股份有限公司，1989.

[10] [美] 弗朗兹·博厄斯. 原始艺术 [M]. 金辉，译. 上海：上海文艺出版社，1989.

[11] [美] 马文·哈里斯. 文化唯物主义 [M]. 张海洋，王曼萍，译. 北京：华夏出版社，1989.

[12] [英] 芮克里夫·布朗. 社会人类学方法 [M]. 夏建中，译. 台北：桂冠图书股份有限公司，1991.

[13] [美] 阿列克斯·英克尔斯，戴维·H. 史密斯. 从传统人到现代人 [M]. 顾昕，译. 北京：中国人民大学出版社，1992.

[14] [法] 布尔迪厄. 文化资本与社会炼金术 [M]. 包亚明，译. 上海：上海人民出版社，1997.

[15] [英] 拉德克里夫·布朗. 原始社会的结构与功能 [M]. 潘蛟，等，译. 北京：中央民族大学出版社，1999.

[16] [美] 弗朗兹·博厄斯. 人类学与现代生活 [M]. 刘莎，谭晓勤，张卓宏，译. 北京：华夏出版社，1999.

[17] [德] 斐迪南·滕尼斯. 共同体与社会 [M]. 林荣远，译. 上海：商务印书馆，1999.

[18] [英] 迈克·费瑟斯通. 消费文化与后现代主义 [M]. 刘精明，译. 南京：译林出版社，2000.

[19] [美] 戴安娜·克兰. 文化生产：媒体与都市艺术 [M]. 赵国新，译. 上海：学林出版社，2001.

[20] [英] 埃文思·普里查德. 努尔人 [M]. 褚建芳，阎书昌，赵旭东，译. 北京：华夏出版社，2001.

[21] [德] 乌尔里希·贝克，[英] 安东尼·吉登斯，[英] 斯科特·拉什. 自反性现代化：现代社会秩序中的政治、传统与美学 [M]. 赵文书，译. 上海：商务印书馆，2001.

[22] [美] 马歇尔·萨林斯. 文化与实践理性 [M]. 赵炳祥，译. 上海：上海人民出版社，2002.

[23] [英] 马凌诺斯基. 西太平洋上的航海者 [M]. 梁永佳，李绍明，译. 北京：华夏出版社，2002.

[24] [英] 雷蒙德·弗思. 人文类型 [M]. 费孝通，译. 北京：华夏出版社，2002.

[25] [美] 戴安娜·克兰. 文化生产 [M]. 赵国新, 译. 南京: 译林出版社, 2002.

[26] [英] 戴维·理查兹. 差异的面纱——文学、人类学及艺术中的文化表现 [M]. 如一, 等, 译. 沈阳: 辽宁教育出版社, 2003.

[27] [美] 乔纳森·弗里德曼. 文化认同与全球性过程 [M]. 郭健如, 译. 上海: 商务印书馆, 2003.

[28] [美] 克利福德·吉尔兹. 地方性知识——阐释人类学论文集 [M]. 王海龙, 张家瑄, 译. 北京: 中央编译出版社, 2004.

[29] [英] 拉德克利夫-布朗. 安达曼岛人 [M]. 梁粤, 译. 桂林: 广西师范大学出版社, 2005.

[30] [美] 麦克尔·赫兹菲尔德. 什么是人类常识——社会和文化领域中的人类学理论实践 [M]. 刘珩, 石毅, 李昌银, 等, 译. 北京: 华夏出版社, 2005.

[31] [美] 古塔·弗格森. 人类学定位——田野科学的界限和基础 [M]. 骆建建, 袁同凯, 郭立新, 译. 北京: 华夏出版社, 2005.

[32] [英] 罗伯特·莱顿. 他者的眼光——人类学理论入门 [M]. 蒙养山人, 译. 北京: 华夏出版社, 2005.

[33] [挪威] 巴特, 等. 人类学的四大传统 [M]. 高丙中, 等, 译. 上海: 商务印书馆, 2008.

[34] [英] 罗伯特·莱顿. 艺术人类学 [M]. 王建民, 译. 桂林: 广西师范大学出版社, 2009.

[35] [美] 杰里·D. 穆尔. 人类学家的文化见解 [M]. 欧阳敏, 邹乔, 王晶晶, 译. 上海: 商务印书馆, 2009.

[36] [美] 迈克尔·C. 菲茨杰拉德. 制造现代主义——毕加索与二十世纪艺术市场的创建 [M]. 冉凡, 译. 王建民, 审校. 桂林: 广西师范大学出版社, 2010.

[37] [美] 丹尼尔·米勒. 物质文化与大众消费 [M]. 费文明, 朱晓宁, 译. 南京: 江苏美术出版社, 2010.

[38] [英] 安东尼·吉登斯. 现代性的后果 [M]. 田禾, 译. 南京: 译林出版社, 2011.

[39] [英] 贝拉·迪克斯. 被展示的文化: 当代"可参观性"的生产 [M]. 冯悦, 译. 北京: 北京大学出版社, 2012.

[40] [美] 克利福德·格尔茨. 文化的解释 [M]. 韩莉, 译. 南京: 译林出版社, 2014.

[41] [美] 霍华德·S. 贝克尔. 艺术界 [M]. 卢文超, 译. 南京: 译林出版社, 2014.

[42] [意] 伦莎·沙拉蒙, [意] 玛塔·阿尔法雷斯·冈萨雷斯. 版画鉴赏方法 [M]. 杨韵涵, 译. 北京: 北京美术摄影出版社, 2016.